WEMUST

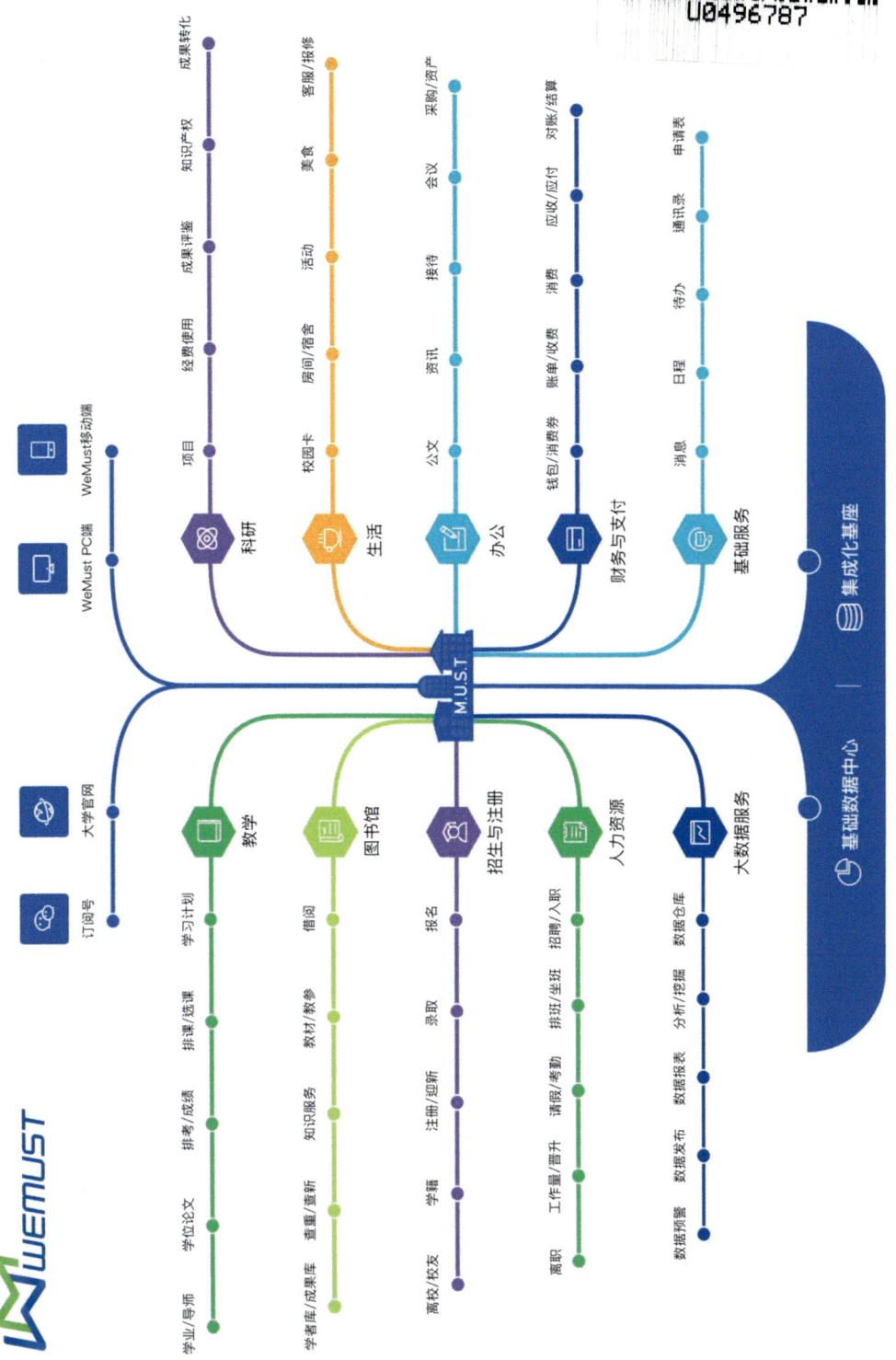

U0496787

集成化基座
基础数据中心

WeMust移动端 / WeMust PC端

科研
- 项目
- 经费使用
- 成果评鉴
- 知识产权
- 成果转化

生活
- 校园卡
- 房间/宿舍
- 活动
- 美食
- 客服/报修

办公
- 公文
- 资讯
- 接待
- 会议
- 采购/资产

财务与支付
- 钱包/消费券
- 账单/收费
- 消费
- 应收/应付
- 对账/结算

基础服务
- 消息
- 日程
- 待办
- 通讯录
- 申请表

订阅号 / 大学官网

教学
- 学习计划
- 排课/选课
- 排考/成绩
- 学位论文
- 毕业/导师

图书馆
- 借阅
- 教材/教参
- 知识服务
- 查重/查新
- 学者库/成果库

招生与注册
- 报名
- 录取
- 注册/迎新
- 学籍
- 离校/校友

人力资源
- 招聘/入职
- 排班/坐班
- 请假/考勤
- 工作量/晋升
- 离职

大数据服务
- 数据库
- 分析/挖掘
- 数据报表
- 数据发布
- 数据预警
- 数据仓库

M.U.S.T

IPv6助力数据流通
IPv6 FACILITATES DATA FLOW
ACADEMIC AND TALENT SUPPORT
SPACE
Jeep
MUST

高校数智转型
WeMust 理念、路径、实践与运营

唐嘉乐 赵洗尘 袁虎声 著

电子工业出版社
Publishing House of Electronics Industry
北京·BEIJING

内 容 简 介

高校数智转型是国家战略和时代发展的需要，是实现高校治理现代化，全面提升教学、科研效能和大学服务水平的重要途经。澳门科技大学从 2017 年起践行新发展理念，全面实施数智转型发展战略，创设 WeMust 品牌引领转型，打造软件基座促进全方位系统集成、深度融合与应用创新，坚持软件产品化和同步构建健康化运营体系，实现健康运维，通过 AI 赋能促进各领域效能提升与软件平台服务转型。在实践中形成了一整套数智转型的理念、模式、路径和体系架构，建立起覆盖教学、科研、图书馆、招生与注册、校园支付、校园生活、办公管理、人力资源服务、财经服务、大数据服务等业务的统一服务平台、统一数据中心和可持续的技术发展生态，并持续深化和延展。WeMust 的构建与完善是澳门科技大学迈向世界一流大学的重要举措，正在助力大学实现跨越式发展，有助于提升澳门科技大学的知名度和影响力。

未经许可，不得以任何方式复制或抄袭本书之部分或全部内容。
版权所有，侵权必究。

图书在版编目（CIP）数据

高校数智转型：WeMust 理念、路径、实践与运营 / 唐嘉乐，赵冼尘，袁虎声著. -- 北京：电子工业出版社，2024.11. -- ISBN 978-7-121-49059-0

Ⅰ．G649.2-39

中国国家版本馆 CIP 数据核字第 2024T79Y47 号

责任编辑：冯　琦
印　　刷：天津画中画印刷有限公司
装　　订：天津画中画印刷有限公司
出版发行：电子工业出版社
　　　　　北京市海淀区万寿路 173 信箱　　邮编：100036
开　　本：720×1 000　1/16　印张：15.75　字数：277.2 千字　彩插：1
版　　次：2024 年 11 月第 1 版
印　　次：2024 年 11 月第 1 次印刷
定　　价：95.00 元

凡所购买电子工业出版社图书有缺损问题，请向购买书店调换。若书店售缺，请与本社发行部联系，联系及邮购电话：（010）88254888，88258888。
质量投诉请发邮件至 zlts@phei.com.cn，盗版侵权举报请发邮件至 dbqq@phei.com.cn。
本书咨询联系方式：010-88254434 或 fengq@phei.com.cn。

序　言

作为一所以"科技"为核心的综合型大学，澳门科技大学长期致力于科技创新和应用，数字化、智能化、科技感在校园内无处不在。近年来，是得益于WeMust的研发、应用及其不断生长、迭代，校园突破了物理上的空间限制，已经实现"无远弗届"。师生们身处世界上任何有网络的地方，都可以随时进入课堂或实验室，以从事教学及科研活动。

WeMust是澳门科技大学可持续校园建设的关键环节，是大学实现数智转型的创新品牌，代表着大学面向未来、拥抱科技、追求卓越的理念和决心。其名称和设计灵感来自澳门科技大学的英文缩写 MUST（Macau University of Science and Technology），蕴含着"我们必须"的信念和精神。从2017年启动至今，WeMust助力澳门科技大学在短时间内实现跨越式发展，极大地提升了大学的知名度和影响力。

从建设者的角度来看，WeMust理念形成、路径选择、应用实现和健康运营的过程，体现了学校领导层和工作团队对大学未来发展的深度思考，对日新月异的数字技术的不断学习和掌握，对打造一个充满生命力并能够茁壮成长的数字平台的基本共识。在这个过程中形成的经验和教训、成果和亮点，在软硬件系统及运维体系建设中的点点滴滴，非常值得记录、纪念、总结，并作为一个案例向同行和大众介绍，从而形成本书的主要内容。

2017年，澳门科技大学践行新发展理念，凝聚共识，下决心全面推进数字化转型和智能化升级，促进大学业务重构，以提升大学服务水平、业务处理效能和师生的体验感。大学为此创立WeMust品牌，专设"资讯科技发展办公室（ITDO）"，充实IT团队，遵循可持续发展模式，建立多元合作机制，采用先进技术，打通关键业务环节，对原有近一百个应用系统进行全面重构，对引进系统进行深度集成融合，面向新领域研发高质量产品，逐步构建大学全方位、一体化、智慧型服务与管理平台，建立起良好的技术发展生态。

"画鼓声催莲步紧"，WeMust的成长一步一个脚印：经过短短两年时间，2019年8月，WeMust"一卡通"校园支付服务平台闪亮登场，彻底消除了师生支付"排长队"现象，实现了校园消费与业务缴费及时提醒、一键完成；2020

年 1 月，WeMust 高度集成化的"云课堂"上线，实现了基于课表的一键上课、自动签到和参考资料关联等，同时为大学提供了"云会议"，支持在线考试、线上答辩等；2020 年 8 月，WeMust 聚焦迎新活动，将一系列应用串联起来，学生可依次完成各节点事项，教职员则聚焦各节点提供服务支持，管理人员实时掌握全校迎新进度；2022 年 8 月，基于空间资源统一调度的宿舍管理系统上线，选房、候补选房、暑期选房、宿舍考勤响应顺畅，令人耳目一新；2022 年 12 月，重构后的全新选课应用上线，多种技术确保在学生集中选课时段的系统响应能力和数据的一致性；2023 年 8 月，基于多模型深入集成的 WeMustGPT 推出，使教职员和学生无论身在何处都能享用 AI 服务。

着眼未来，WeMust 建设实践是大学必须经历的过程。也许采用的方法或实现的程度有差异，但总的思路和方向是一致的，就是通过统一基座、全面重构、深度集成和规范拓展，实现大学全要素聚合和全场景智能，不断提供更优质和便利的使用体验，不断深化基于数据的决策服务，不断完善建设与运维一体化的组织模式。在建设过程中，必须坚定信念，以服务为中心，应用系统引进研发、基础设施升级重构、健康化运维体系建设三位一体持续推进，围绕应用协同推进设备引进和基础设施升级。同时，不断凝聚共识，激发师生特别是各院所、各机构的参与热情，形成良好的业务合作共建生态。

WeMust 的建设过程虽然艰辛，但成就令人振奋。从智能手机上看，它像一个蓝色的小精灵，既轻盈灵动又无所不能，超越了传统意义上的智慧校园，深入教学研究、科研服务、校园生活、学生与教职员管理、决策与评鉴等各领域，实现了组织管理与组织服务的高效协同，大幅提升了大学管理与服务效能，成为广大师生工作、学习、生活的得力助手。

目前，WeMust 正致力于在数据驱动、AI 赋能下，全面迈向 2.0 时代，利用数据基座促进全要素聚合，基于数据仓库推进智慧管理与决策，依托 AI 能力实现大学全场景智慧，借助 WeMust 实现更广泛的互联和共享，为大学发展、为国家科技创新做出自己的贡献。

创新永远在路上，我们将永不止步。期待本书的出版能够给高校数智转型实践带来启发和参考，敬请同行和读者多提宝贵意见。

唐嘉乐
2024 年 5 月 30 日

目　录

第1章　WeMust 理念：愿景驱动　创新赋能　拥抱智慧 ……………001

1.1　澳门科技大学跨越式发展 …………………………………………002
 1.1.1　澳门科技大学发展总体定位 …………………………………002
 1.1.2　融入粤港澳大湾区发展战略 …………………………………004
 1.1.3　追求卓越、多元化办学理念 …………………………………005
 1.1.4　发展过程中存在的问题与困境 ………………………………006

1.2　数智转型总体策略 ……………………………………………………010
 1.2.1　统筹建设、分步实施 …………………………………………010
 1.2.2　统一数据、规范先行 …………………………………………011
 1.2.3　聚焦服务、应用主导 …………………………………………012
 1.2.4　健康运营、保障安全 …………………………………………013

1.3　智慧平台建设模式 ……………………………………………………014
 1.3.1　基座 + 微应用 …………………………………………………014
 1.3.2　需求 + 数据 ……………………………………………………017
 1.3.3　产品 + 项目 ……………………………………………………019
 1.3.4　集成 + 安全 ……………………………………………………020

1.4　数智转型发展生态 ……………………………………………………023
 1.4.1　业务生态 ………………………………………………………023
 1.4.2　技术生态 ………………………………………………………024
 1.4.3　合作生态 ………………………………………………………025

第2章　WeMust 路径：创立品牌　打造平台　全面统筹 ……………027

2.1　创立品牌，引领全面转型 ……………………………………………028
 2.1.1　WeMust 品牌释义 ……………………………………………028
 2.1.2　WeMust 品牌形象视觉 ………………………………………029
 2.1.3　WeMust 品牌价值引领 ………………………………………030

2.2 打造平台，重构应用体系 ···································· 031
2.2.1 WeMust PRUS 模型 ···································· 031
2.2.2 WeMust "1+3+4+N" 总体架构设计 ···················· 034
2.2.3 从基座到应用的构建路径 ································ 038
2.2.4 集约化与融合的技术路线 ································ 043
2.3 全面统筹，保障高效推进 ···································· 044
2.3.1 统一规划与组织 ·· 045
2.3.2 协同建设与运维 ·· 045
2.3.3 分步实施与长短结合 ···································· 047
2.3.4 规范先行与质量控制 ···································· 048

第3章 WeMust 实践：脚踏实地 循序渐进 聚沙成塔 ········ 057
3.1 WeMust 建设历程 ·· 058
3.1.1 WeMust 一期：统一规划、构建基座
（2017 年 10 月至 2019 年 2 月）·················· 059
3.1.2 WeMust 二期：夯实基础、示范应用
（2019 年 3 月至 2020 年 10 月）·················· 062
3.1.3 WeMust 三期：支撑业务、彰显能力
（2020 年 11 月至 2021 年 12 月）················· 065
3.1.4 WeMust 四期：迁移迭代、积厚成势
（2022 年 1 月至 2023 年 2 月）··················· 067
3.1.5 WeMust 五期：拥抱智慧、引领发展
（2023 年 3 月至 2024 年 4 月）··················· 070
3.2 WeMust 架构实现 ·· 072
3.2.1 WeMust 应用总体构成 ································ 072
3.2.2 WeMust 总体数据关系 ································ 074
3.2.3 WeMust 应用分平台实现 ······························ 077
3.2.4 WeMust 微应用模块构建 ······························ 079
3.2.5 WeMust 流程化应用组织 ······························ 084
3.2.6 WeMust 跨平台业务协同 ······························ 086
3.2.7 WeMust 全流程服务轨迹 ······························ 087
3.2.8 WeMust 主要技术架构实现 ···························· 087
3.3 WeMust 基座构建 ·· 091

3.3.1　基础数据中心 …………………………………………… 091
　　3.3.2　集成服务平台 …………………………………………… 099
　　3.3.3　基础服务平台 …………………………………………… 108
3.4　WeMust 应用平台 ………………………………………………… 121
　　3.4.1　教学服务平台 …………………………………………… 121
　　3.4.2　科研服务平台 …………………………………………… 134
　　3.4.3　图书馆服务平台 ………………………………………… 138
　　3.4.4　招生与注册服务平台 …………………………………… 146
　　3.4.5　支付服务平台 …………………………………………… 151
　　3.4.6　生活服务平台 …………………………………………… 157
　　3.4.7　办公服务平台 …………………………………………… 169
　　3.4.8　人力资源服务平台 ……………………………………… 173
　　3.4.9　财经服务平台 …………………………………………… 179
　　3.4.10　大数据服务平台 ………………………………………… 184

第 4 章　WeMust 运营：健康运维　基础升级　提质增效 …………… 191

4.1　WeMust 健康化运维体系建设 …………………………………… 192
　　4.1.1　运维管理模式转型 ……………………………………… 192
　　4.1.2　开发运维一体化 ………………………………………… 194
　　4.1.3　运维监管数字化 ………………………………………… 195
　　4.1.4　安全治理系统化 ………………………………………… 202
4.2　基础设施升级与重构 ……………………………………………… 208
　　4.2.1　校园网升级提供基础保障 ……………………………… 208
　　4.2.2　云平台建设打造智慧基座 ……………………………… 212
　　4.2.3　5G 随身校园无限延伸服务 ……………………………… 213
　　4.2.4　智慧安防建设提升安保水平 …………………………… 214
4.3　WeMust 效益与影响力 …………………………………………… 215
　　4.3.1　体系渐成，助力大学跨越式发展 ……………………… 215
　　4.3.2　影响提升，成为大学的靓丽名片 ……………………… 216
　　4.3.3　能力凸显，促进大学产学研落地 ……………………… 217
　　4.3.4　数据积累，成为创新发展的新能源 …………………… 218
　　4.3.5　生态发展，展示资讯科技治理能力 …………………… 219

第 5 章 WeMust 展望：AI 赋能　重构基座　智慧运维 ·············· 221
　5.1　未来已来：AI 技术的全面融合 ·············· 222
　5.2　应用+AI：利用 AI 增强应用 ·············· 223
　5.3　升级基础设施，夯实 AI 基座 ·············· 225
　5.4　AI+应用：围绕 AI 融合应用 ·············· 226
　5.5　全面实现基础设施即代码 ·············· 226

附录　WeMust 主要微应用版本及建设方式 ·············· 229

参考资料 ·············· 242

致　　谢 ·············· 243

第 1 章

WeMust 理念：愿景驱动　创新赋能　拥抱智慧

1.1 澳门科技大学跨越式发展

1.1.1 澳门科技大学发展总体定位

1999年12月20日,澳门回归祖国。以廖泽云博士为首的澳门各界社会贤达致力于为澳门的长期发展做出贡献,致力于澳门青年学子的培养。在澳门回归之际,廖泽云博士向澳门特别行政区政府递交了成立澳门科技大学的申请,并于2000年3月27日正式得到批复成立。廖泽云博士任校监,同时成立澳门科技大学校董会,确立"意诚格物"为校训。

澳门开埠400多年,是中国历史长河中一段波光粼粼的闪耀溪流,映射出中西文化荟萃交融的文明之光。澳门回归的故事,更是一个化茧成蝶的美好传奇。回归以来,澳门经济持续发展,社会和谐稳定,市民安居乐业,文化多元包容。在这片"一国两制"催生的沃土上,澳门科技大学在氹仔岛的海岸边欣然生长。这座由澳门人自己创建的"回归大学"像一朵美丽的莲花迅速绽放,在祖国的精心哺育下香飘四海。

澳门科技大学的建立与发展,是"一国两制"实践在教育领域的一个缩影,是澳门高等教育发展与改革的重要标志。自1999年澳门回归以来,在澳门特别行政区政府的大力推动下,高等教育质量持续提升,全球美誉度不断提高。2017年,《高等教育制度》(澳门特别行政区第10/2017号法律)颁布,澳门高校进入快速发展的新阶段。如今的澳门科技大学,已是澳门规模最大的综合型大学,在高等教育版图中举足轻重。

2024年,澳门科技大学位列英国"泰晤士高等教育世界大学排名"300强及世界年轻大学排名第38名。2022年5月,澳门科技大学成为澳门第一所成功全面通过英国高等教育质量保障局(Quality Assurance Agency for Higher Education,

QAA）高等教育素质评鉴——院校认证（Institutional Accreditation）的高校。

澳门科技大学现设有创新工程学院、商学院、法学院、中医药学院、酒店与旅游管理学院、人文艺术学院、医学院、国际学院、博雅学院、通识教育部等，涵盖文、理、工、法、管、商、医、药、旅游、艺术、传播、语言等学科门类。2023年7月，澳门科技大学商学院获得国际商学院协会（The Association to Advance Collegiate Schools of Business，AACSB）认证，跻身全球6%顶尖商学院之列。目前，全校在校生逾21500人，其中博士研究生约2700人，硕士研究生约5800人，本科生约13000人。经过20多年的发展，澳门科技大学已拥有3个国家级研究平台，即中药质量研究国家重点实验室、月球与行星科学国家重点实验室和澳门海岸带生态环境国家野外科学观测研究站，同时建立了20多个研究院所及研究中心，在多个领域开展了战略性跨学科前沿研究。

在澳门科技大学成立之初，荣誉校监、澳门特别行政区首任行政长官何厚铧先生题赠"飞迈纪元"，对澳门科技大学寄予殷殷厚望，持续关注澳门科技大学的每一步成长；前任行政长官崔世安先生带领澳门特别行政区政府按照"国家所需、澳门所长"的战略定位，全力推动高等教育发展；现任行政长官贺一诚先生高度重视高等教育，在历年施政报告中大力推动教育改革，助力经济适度多元发展。

澳门科技大学作为一所年轻的综合型、研究型、创新型大学，秉持"意诚格物"之校训，恪守"增进文化交流，致力人才培育，促进经济发展，推动社会进步"的办学宗旨，紧贴中国发展所需，始终致力于培育人才并推助社会进步，始终站在高等教育改革的前端，以意诚和创新探索世界，以格物和卓越创造未来，扎根澳门，心系粤港澳大湾区，服务国家。

《澳门科技大学策略规划（2014—2020）》提出的愿景为："以国际学术标准为参照，在培养才德兼备、具有创造能力的学生，推动创新及跨学科的研究，提供高质素的社区服务，丰富多元文化遗产等方面追求卓越，并籍此成为亚太地区知名的高等学府，为澳门建设知识型社会做出贡献。"《澳门科技大学策略规划（2021—2025）》提出愿景目标为："秉承大学'意诚格物'之校训，坚守大学使命与核心价值，持续创新，追求卓越，将大学建成文化多元、国际化、开放包容、负有社会担当、享有国际声誉、亚洲知名的私立大学，成为内地及国际学生以及优秀人才首选的大学，为粤港澳大湾区的科技创新和发展做出贡献。"

《大数据产业发展规划（2016—2020年）》（工信部规[2016]412号）提出要

围绕实施国家大数据战略，以强化大数据产业创新发展能力为核心，以推动数据开放与共享、加强技术产品研发、深化应用创新为重点，以完善发展环境和提升安全保障能力为支撑，打造数据、技术、应用与安全协同发展的自主产业生态体系，全面提升我国大数据的资源掌控能力、技术支撑能力和价值挖掘能力。2017 年，澳门科技大学聘请英国高等教育质量保障局（QAA）对澳门科技大学的发展进行了全面检视。QAA 在总结报告中提出 3 点建议：加强数据收集以适应未来发展趋势分析，做出更加有效的行动计划；制定并实施一系列与学生交流和互动的标准；开发在线教学环境，更有效地系统性收集与分析教学数据，以提升教学质量。

针对国家发展战略及 QAA 的建议，澳门科技大学于 2017 年 10 月开始制订数字化转型和智慧化建设发展规划，提出建设智慧服务一体化平台 WeMust（Work Engine of Macau University of Science and Technology），明确跨越式发展需要数据的融合与支撑，需要技术的引领与应用系统平台的支撑，需要各项业务的融合与重整，需要智慧技术应用的赋能和推动，需要技术、业务与数据的多轮驱动。

2018 年 7 月，WeMust 一期应用系统正式推出上线，标志着围绕大学服务与管理的数字化转型和智慧化建设全面展开。澳门科技大学在随后编制的《澳门科技大学策略规划（2021—2025）》中明确提出："低碳环保，建设绿色智慧校园；加快推进资讯科技基础设施升级与资讯安全，不断完善 WeMust，支持大学数字化转型、智慧化升级、融合创新，提升校园综合服务保障能力。"

随着 WeMust 建设的不断深入，澳门科技大学的数字化转型和智慧化建设不再停留在狭义的"智慧校园"范畴，而是在全方位数字化和数据治理的基础上，全面统筹智慧化建设，推进智慧技术深度融合，同步构建健康化运维体系，走向全面数智转型。数智转型不仅是技术应用的变革，更是业务模式、组织结构与文化，乃至整个生态系统的全面转型与升级。

1.1.2　融入粤港澳大湾区发展战略

澳门特别行政区政府发布的《澳门高等教育中长期发展纲要（2021—2030）》提出："把握区域合作机会，开拓发展空间，推动高等院校积极参与粤港澳大湾区建设，促进与外地高等院校的交流与合作；协调院校善用各自特长，发挥本澳优势学科领域的影响力。"为立足澳门，引领澳门高等教育发展，《澳门科技大学策略规划（2021—2025）》提出："大学始终站在高等教育改革的前沿，努力开创新型、服务社会的高效办学模式，扎根澳门、拓展大湾区、服务国家；重视与澳门及大湾区的社会及文化的紧密且广泛的联系，并为之提供服务，助力大湾区的建设和国家'一带一路'倡议的实施；探索统一品牌的'一校二制三区'发展模式，提出具体的发展规划与实现路径；开展各类政策研究，为澳门发展和大湾区建设提供及时有效的专业性建议，以高端智库之研究成果助力政府决策；加快各类研究机构在大湾区布局，成为大湾区，尤其是珠江西岸科技创新中心的前导者，合作打造大湾区创新生态环境；高度认同促进澳门及大湾区小区居民全面发展的责任，为大湾区的经济与社会发展创造更多机会，培育更多具有创新能力及国际视野的专业人才；与大湾区高校建立紧密的合作关系，形成优势互补联合发展之态势。"

2019年，澳门科技大学与珠海市人民政府签署框架合作协议，在创新教育、前沿科技、优质医疗与医学研究、医药与健康产业、下一代互联网、空间大数据、人工智能、航空航天、优秀文化传承、青年创新创业创造等领域拓展深度合作，共同推进粤港澳大湾区的科技创新发展。澳门科技大学在横琴粤澳深度合作区设立了珠海澳科大科技研究院，围绕大健康、生物医药、现代中医药、新材料、人工智能、太空研究与应用等粤港澳大湾区的核心产业发展需求，开展面向产业应用的前沿科技创新和重点领域科研成果转化，广泛凝聚资源，致力于产业人才培养聚集，努力建成具有示范效应的综合创新平台。

2021年，澳门科技大学与珠海市人民医院合作共建澳门科技大学医学院第一附属医院。2022年，澳门科技大学中医药学院附属珠海医院成立。两家教学医院为学生实习、医护人员培训、前沿跨学科研究的开展等方面带来广阔的机遇。

澳门科技大学融入粤港澳大湾区发展战略，需要业务和网络的广泛延伸，需要强有力的应用系统平台支撑与拓展。在"一国两制"的前提下，以满足各方需求和符合各种安全要求为目标，给澳门科技大学的技术发展带来了极大的挑战。

1.1.3 追求卓越、多元化办学理念

《澳门科技大学策略规划（2014—2020）》提出："教与学应具有真实性、参

与式，以学生为中心的体验式学习；建立与国际上同类大学相一致的学术管治架构与管理制度；持续改善学生的学习与校园生活经历。"《澳门科技大学策略规划（2021—2025）》提出："应用新技术更新教育理念、创新教学模式，加快构建'以学习者为中心'的开放灵活、具有真实性和参与性的教学体系，提升学生自主学习意识及能力，支撑教学质量的有效提升；健全学术文化及管理机制，建立公平及透明的学术资源分配标准，促进研究创新与学术能力的深化，鼓励具有国际声誉和社会效益的高质量研究成果，透过对前沿科学及技术创新的认同及所有潜在资源的整合，将现有的优势研究领域发展成国际一流的研究平台；在教与学、研究创新、人才培养等多方面实现多元化与国际化，发挥大学作为中西文化探索和交流的平台作用，丰富对多元文化遗产的见解，建立多元文化思维方式，在推动国家国际化发展方面发挥更大、更积极的关键作用。"

拥有学识渊博、造诣精湛、经验丰富的国际化师资队伍是发展优质教育和卓越研究的关键。澳门科技大学的教研人员来自世界各地，拥有不同的文化背景及在世界知名大学、研究机构的工作和学习经验。除了既有师资队伍，澳门科技大学还特聘一批名师，包括中国科学院院士、中国工程院院士、英国皇家工程院院士、美国国家科学院院士、全球高被引科学家等顶尖学者，为本科生授课及指导研究生，不仅传授最新知识和科研成果，还拓宽学生的国际视野，使其接受世界多元文化的熏陶，使大学的教学体系更加丰富多样。

澳门科技大学追求卓越和多元化、国际化发展，需要同时具备国际化的智慧互联时代、5G时代的理念，以及基于高度智慧化的服务体系与创新机制，以重塑校园形态，促进资讯、数据、业务、应用、服务的深度融合，让国内外师生和家长获得最佳体验和高满意度，并通过智慧决策提升教育治理现代化水平，支持未来创新人才和智慧人才培养，这对澳门科技大学的技术发展提出了更高要求。

1.1.4 发展过程中存在的问题与困境

澳门科技大学在"规划—建设—运营"一体化方法论的指导下，全面检视大学已有系统，深入调研国内外信息化、数字化、智慧化建设经验，深度分析存在的问题，探索澳门科技大学的建设与发展模式。

1. 应用系统检视与问题

1）应用系统检视与调研

截至 2017 年年底，澳门科技大学已陆续建立数十个应用系统，支持学校教学与科研的基本需求，但各系统基本都是独立运行的，存在诸多急需破解的问题。2017 年，澳门科技大学自行组织了一次应用系统全面排查，针对各系统开展使用情况调研与分析，主要情况如下。

（1）主要的应用系统。

- 统一认证：微软的 Active Directory，部分实验室采用 IP 认证。
- 邮件服务：邮件服务器，Outlook 邮件。
- 微信公众号或服务号：主要有澳科大 MUST、澳科大小助手等。
- Web 服务：澳门科技大学官网。
- 内部网络服务：内联网上的资讯公告、电话薄、各类文件服务等。
- 校园卡管理：主要用于门禁、公寓、考勤、上课签到等。
- 图书馆管理：图书馆 Web 服务，网站（包括 PC 版和 WAP 版）；图书馆自动化管理系统（品牌：美国 Millennium）；学位论文系统（提供方：台湾华艺）；资源统一发现系统（品牌：EDS，由 EBSCO 公司提供）；档案管理系统（提供方：清华紫光）；大学学者库（提供方：北京爱琴海）；RFID 门禁、自助借还系统（提供方：美国 3M）；地图特藏系统（品牌：LUNA）；数据库访问控制（品牌：EZProxy）。
- 人事管理：自研 HRMS，涉及人事管理、请假管理、考勤管理、评核系统、薪资与在职证明打印系统等。
- 招生管理：自研 OAS 系统，涉及报名、录取等。
- 教务管理：自研 COES 系统，涉及学生注册、选课、成绩、教师评核等。
- 科研管理：自研科研管理系统，仅涉及科研项目经费管理。
- 教材管理：自研教材系统，涉及教材预订、发放等。
- 虚拟学习环境（VLE）：采用开源课程管理系统（Moodle）。
- 场地管理：自研康体场所管理系统，涉及场所及配套设施预订等。
- 总务管理：主要为自研的系统，涉及采购管理、仓库管理、钥匙管理等。

（2）存在的主要问题。

部分应用系统是自行开发的，部分是引进的，但这些系统陆续建设，历时较长，采用的架构与技术受到局限，主要存在以下问题。

- 系统大多从各部门业务的角度出发进行独立建设，设置独立访问入口，系统之间缺乏联系和数据共享。
- 系统功能普遍不够完善，大部分需要升级或深入开发，部分业务领域功能缺失，移动服务尚未起步。
- 业务流程局限于各部门内部，缺乏跨部门乃至全局性业务流和信息流设计。
- 除用户数据相对完整外，各类资产数据不完整，有的类别几乎没有；事务性数据较为缺乏，不规范、不一致，留存的历史记录较少。
- 大多系统缺乏接口设计，操作便捷性不够，用户体验度不高。
- 部分系统已有改进需求，但未从大学整体出发考虑发展实际，难以推进实施。
- 自行研制比例较高，运维各自独立，缺乏统一性，运维成本较高。
- 各类系统在新的信息安全要求下难以持续。

澳门科技大学的应用系统 77%由本校 IT 部门自行开发，虽然满足了当时各部门的主要管理需求，但问题依然突出：在服务层面，各系统没有有效聚合，用户无法依托一个窗口获得不同的服务；在数据层面，各系统相互独立，互不连通，数据冗余和不一致情况普遍存在，无法有效汇集数据、加工数据，未能最大化发挥数据的潜力。

2）CCI、PwC 检视与评估

2016 年，澳门科技大学聘请 CoSolutions Consulting Inc. Limited（CCI）公司就数据中心管理与信息化应用等方面进行检视和评估。2019 年，澳门科技大学针对网络安全成熟度与网络架构，聘请普华永道（PwC）进行了总体评估。

经过综合检视与评估，CCI、PwC 给出以下主要建议：

- 建立网络架构战略与校园网建设规划。
- 建立一个专业的、以业务为中心的 IT 组织，并建立 IT 规划和遵循治理原则，以推行"行业最佳实践"助力服务的增长与卓越化。
- 采用新技术，如云计算、IPv6 网络、先进网络架构等；更新老化的 IT 设备，以提高运营效率、可靠性和可持续性。
- 合理优化 IT 资源分配与服务，提供多种方案，以提高效率。

- 将低价值的一般工作外包，建立与第三方服务合作的模式。
- 注重应用开发，在技术与应用上提供基于价值的解决方案与服务，更好地服务大学与用户。
- 加强数据收集的一致性，以促进持续的趋势分析，从而更有效地为行动规划提供信息，实施数据仓库与企业智能（BI）。
- 制定并实施一套通用的学生沟通和信息告知标准。
- 构建全面的网络安全体系以提升网络安全水平，从而突破智慧校园建设和规划中的六项主要挑战，即优化开发过程、强化主机与补丁管理、制定并执行相关政策、改进网络架构、持续进行监控及加强网络和端点保护。

2. 数智转型困境与误区

高校数智转型的重要性不言而喻，但实践中出现的问题也很普遍。不少高校在认识上常常存在误区，在实践上走入困境。通过对国内外高校信息化、数字化、智慧化建设的深入调研与分析，总结主要困境与误区表现如下。

1）有目标，欠落实

统一规划，从顶层设计入手，是高校数智转型的共识。但往往是整体设计高端上档次，实施起来却有些混乱，各部门相互扯皮，推进乏力。其根本原因在于对数智转型的整体把握不足，有的过度依赖第三方，未建立起有效的落实机制，未能在高校中形成统筹力，或未能有效推进部门间的协同。

2）多孤岛，少连接

高校数智转型不是一蹴而就的，在长期的实践过程中，多数高校以业务部门为主导，将经费分配到业务部门，难以突破部门原有业务模式，忽视了与其他部门业务的连接与数据共享，呈现"一类业务、一个门户、一个系统、一个数据库"的封闭式系统架构，建成烟囱式孤岛系统，导致系统间数据大量冗余且不一致，限制了平台整体效率的提升和业务模式的创新发展，也阻碍了新技术的规范化、集成化应用。

3）重技术，轻业务

在高校数智转型中，各高校都非常重视新技术的应用，但存在盲目地追求"新"而忽视技术的特性和适用性，较少考虑与业务的有效匹配和应用效能的现象；同时，部分高校将重心放在技术引进上，忽视如何发挥技术特性、如何同步改进应用模式、如何重构原有业务流程、如何全面提升业务效能等问题。

4）主设备，次应用

以设备为中心，网络、设备建设与应用系统建设脱节，设备罗列堆砌，应用敷衍了事；不是按照应用需求去找设备，而是看到设备去思考应用，导致全校业务的规范统一无从下手；各部门分别引进设备，很少考虑全校应用的整体问题，互联困难，师生体验不佳。

5）强建设，弱运维

建设时轰轰烈烈，建设后搁置一边。未建立起配套的数字化、智能化运维体系，运维能力不足，运维成本叠加上升。面对日益增长的应用系统只能加大人力投入，即使建立起统一运维平台，也显得力不从心，难以整合与集成各类系统的运维。

1.2 数智转型总体策略

2017年，澳门科技大学进行了国内外高校信息化、数字化、智慧化建设案例调研，各高校主要发展思路可总结为：建立高校基础数据中心和数据仓库，提供数据服务；建立以核心数据中心为基础的集中化、精细化应用与管理模式；建立模块化、易扩展的应用系统架构；以服务为中心实现多场景智慧化。

借鉴国内外高校的实践经验，澳门科技大学认真分析存在的问题，深入研究改进思路和未来发展方向，明确了数智转型的基本方向与要点，提出四个总体发展策略：统筹建设、分步实施；统一数据、规范先行；聚焦服务、应用主导；健康运营、保障安全。

1.2.1 统筹建设、分步实施

澳门科技大学将数智转型列入大学发展策略规划，从各部门独立建设与管理转向大学总体规划与全面统筹。澳门科技大学明确由校长办公室统筹建设，依托IT部门组建大学资讯技术核心团队（以下简称"核心团队"）具体负责建设，确保各部门间的有效协调，保证系统平台的互联互通，避免信息孤岛的产生。

高校数智转型必须突破部门的界限，整体引进相关技术，体现跨部门业务融合，发挥新技术应用效能。高校各部门业务独立性较强，部门设置从某种程度上也割裂了业务，导致业务流程整体不畅或组织上的缺失，很多高校不得不采用人工业务协调模式或建立数据交换平台。因此，依托业务部门的应用系统建设存在很大限制，部门间的业务难以融合；同时，长期以来形成的各自独立的系统运营模式，强化了各部门之间的壁垒，连负责系统运维的IT部门也被迫拆解成一个个小组甚至个人分别对应各部门，在整个高校范围内形成条块式的应用系统布局。例如，学生从报名、录取、注册、报到、住宿，到选课、上课、考试、学籍，再到毕业离校、校友管理，从部门上可能涉及招生管理部门、注册管理部门、教学管理部门、学生事务管理部门、研究生管理部门、校友会等，各部门分散建设势必形成多个学生数据库、多个入口，业务与数据交叉现象严重。

在总体规划和全面统筹下，一个业务流程并不属于一个部门，而是在大学整体视野下的统一设计；每个业务流程都拥有完整的信息链条，人员、资源数据的变化和关联过程被清晰记录；一个业务流程也不限于一个部门的业务，可以被组织在多个部门的不同业务中，成为通用性基础业务流程；一个较大的业务流程可能串联起多个部门的一组业务，其中包含多个子流程。统筹建设与业务整合也将深刻影响高校IT部门的运维组织，需同时重构IT运维模式。

澳门科技大学采取分步实施的策略，确定每年的重点业务线和目标，稳步推进数智转型。全校按业务的特性（如基础性、关联性、用户数、使用频率等）评估实施的优先级，将目标进行分解，保障任务可执行，避免"有目标，难落实"。

澳门科技大学明确数智转型发展的基本原则，即不影响现有业务发展，不影响现有IT资源的正常使用，通过建立全新的系统应用环境，重新组建核心团队，寻找可持续发展的合作伙伴，对所有的应用系统采取新建、重构或更换的策略，边建设边迁移。除图书馆采用专业图书馆自动化管理系统外，澳门科技大学内各主要业务管理系统基本都是IT部门自行开发的，可以通过统一规划、制定标准与规范、数据迁移和治理，以及系统改造或重建，来构建大学数据中心，集成大学主要业务平台，同时对外部接入系统进行全面规范。

1.2.2 统一数据、规范先行

澳门科技大学从明确数据来源入手构建基础数据平台，加强数据资源建设，提升数据治理能力。大学数据从本质上可划分为若干类别，其中用户数据中的学生基础数据通常从学生报名系统中产生，并在录取、注册、报到等环节得到补充与确认；用户数据中的教职员基础数据通常从教职员招聘系统中产生，并在录用、入职阶段得到补充与确认。学生基础数据、教职员基础数据一旦产生，就应由指定来源应用系统负责维护，并与其他应用系统普遍共享，同时，其他系统可为学生数据、教职员数据不断增加新的维度和业务相关信息。

澳门科技大学明确通过建立数据规范，从根本上解决各系统数据不一致的问题，加强数据共享和对历史数据的有效利用。统一数据需要建立一系列数据规范，通过数据规范化，汇集、积累有效的可统一识别数据，让数据在大学中"流动"起来，让数据在共享过程中得到检验并不断充实，保证数据的准确性和完整性，为大学智慧化建设提供数据支撑，为大学提供全方位深层次的数据服务。数据规范化应覆盖用户数据、资源数据、用户行为数据等多个方面，确保所有数据在大学范围内统一编码，符合共同的标准。同时，将这些数据集成到全局性基础数据中心和数据仓库中，以满足各种业务需求，保障数据的一致性，形成完整的用户画像，尤其是用户行为画像，并统筹建立学生成长轨迹、教职员发展轨迹，以及校园服务和协同办公的大数据系统。

1.2.3 聚焦服务、应用主导

澳门科技大学明确智慧服务平台建设"以应用为中心"，重视应用体系构建，聚焦服务体验提升，应用与服务先行，确保可持续发展，不因供应商或系统开发商的变更而受影响。应用系统是高校数智转型的核心，应用系统贯穿整个大学业务的全过程，而设备引进应服从应用系统设计要求，并具有可替代性。以设备为主导往往会受限于设备及其软件系统，导致信息互通和数据共享方式单一，不利于设备更新换代，提高了维护成本和运行风险。以应用为主导尤其强调的是选择匹配应用系统业务要求的设备，并强调其规范接入，允许存在多种设备选择。随着人工智能、云计算等技术的发展，未来大学将更加依赖以应用为中心的设计和实践。

澳门科技大学明确从"以管理为导向"转变为"以服务为导向"，全面提供方便且有效的线上服务，尤其强化移动端的功能与服务。以服务为导向就是要注重服务质量和师生体验，立足服务视角，重构业务模式，让用户充分感受到服务的便捷，让管理成为服务的基础和保障，提升大学服务水平和业务流转效能，推动智慧化和服务化的融合发展。智慧化服务平台应针对不同的用户设置个性化页面和系列应用，设置不同的权限组和帮助指引，设计有针对性的服务流程。未来，服务会成为大学发展的关键战略要素之一，大学管理者和服务人员应加强服务能力建设，不断提高服务质量，为师生提供更好的服务和支持。

移动服务是提升用户体验的重要方式之一。大学应利用用户个人终端及各类智能设备全面提升服务体验，构建无处不在的服务体系，借助网络和用户终端设备实现跨地区不间断服务。大学应防止设备的无效堆叠，防止系统对设备本身与性能的过度依赖，注重应用的随身与无感。大学应采用 All in One 模式，不仅要确保应用系统兼容多种移动设备，更要让应用系统在移动设备上尽可能地部署，在降低投入成本的同时，为用户带来极大便利，将数智转型的重点放在围绕应用引进智能化设备、围绕用户终端构建服务体系上。

1.2.4　健康运营、保障安全

澳门科技大学重视健康运营与系统效率，通过多方协同与合作，完善运营模式，降低运维成本。高校数智转型必须并行推进健康运营体系建设，建立业务部门与技术部门、开发团队与运维团队、本校团队与合作团队等多方协同的工作机制，从建设开始就进行整体统筹，明确运营模式与策略，为运营奠定技术基础，体现以预防为主的理念，及时发现问题，持续改进和迭代升级，避免"强建设、弱维护"，同时实现资源的最大化收益。在健康运营中，数据是支撑决策的重要工具，应通过主动布局、广泛收集和深化分析相关数据，精确反映运营整体状况，从而制定更有效的优化与改进策略。健康运营应通过标准化、平台化、自动化和精简流程，缓解和降低不断增长的运营压力，实现整个体系的高效运营及持续稳定发展。

澳门科技大学综合考虑全校范围内的数据与应用系统安全管理机制，从整体系统架构、各应用系统建设的技术层面上采取必要措施，确保应用系统的运行安全及数据操作安全，避免系统异常和数据泄露造成的影响。

1.3 智慧平台建设模式

《智慧校园总体框架》（GB/T 36342—2018）对智慧校园的定义是：物理空间和信息空间的有机衔接，使任何人、任何时间、任何地点都能便捷地获取资源和服务。高校数智转型应践行新发展理念，构建智慧应用新模式，聚焦服务和应用场景，将软硬件无缝连接，基于提升用户体验和流程再造，强化产品开发与集成过程的全面管控，推进运营模式的转型，为高校发展提供全场景的智慧服务和全过程的运营保障。

1.3.1 基座 + 微应用

基座是智慧服务平台底层系统，提供基础数据和基础服务能力，支撑上层系统有机集成，构成一个应用体系。微应用（Micro-Application）是一种轻量级应用程序，通常专注于完成一项具体的任务或服务于特定的业务需求。与传统的大型应用程序相比，微应用具有更小的体积、更短的开发周期、更简单的用户界面和更强的可独立部署性。微应用可以独立运行，也可以作为一个模块嵌入其他应用或平台，提供具体的功能或服务。微应用的设计理念与微服务架构（Microservices Architecture）相似，强调的是应用的模块化和解耦。微应用可以根据业务需求快速开发和部署，做到"热插拔"，而无须对整个系统进行大规模修改或升级。

"基座 + 微应用"是一种建设模式，是平台化思维的具体体现，是从单一应用系统或单一业务平台建设转向整体平台建设，构建具有可扩展性的一体化智慧服务平台的实现模式。"基座 + 微应用"模式，一方面需要构建强大的支撑基座，为各类应用系统的建设与接入提供基础和保障；另一方面应自下而上，通过持续搭建、持续集成、不断迭代一系列微应用，实现各类业务的全流程平台化与智慧服务。"基座 + 微应用"模式支持灵活的业务创新和快速的市场响应，同时降低了系统的复杂度和维护成本。

1. 统一数据夯实数据基座

统一数据有诸多优势，如能保证数据的一致性、提高效率、增强协作与共享、便于数据集成、便于数据分析与人工智能应用等，但实现起来并非易事，尤其对于运行多年、数据量很大的系统来说，将数据统一起来非常困难。很多时候，往往是数据无法统一，阻碍了数智转型。

澳门科技大学在数智转型建设之初同样面临数据统一的问题，经过深度研究和分析，澳门科技大学制定"六个一"原则，即"一人一号""一物一码""一数一源"，并依托数据基座实现。"一人一号"指每个用户有且仅有一个账号；"一物一码"指每个物品有且仅有一个标识编码；"一数一源"指每条数据有且仅有一个权威来源。数据基座是一个集中管理和整合数据的基础数据中心，能对各类数据进行标准化处理，确保数据的一致性和准确性。同时，数据基座还能提供数据共享和交换服务，使得各业务部门能够方便快捷地获取和使用所需数据。通过数据基座，可以有效解决数据孤岛问题，提升数据的整体价值。

例如，在澳门科技大学，建筑空间数据是由总务部门负责建立和维护的。考虑到空间数据属于大学的一种重要资源，应经过统一编码，并汇集到基础数据中心，以便各类活动、上课、考试、答辩、学生自习等应用统一调用空间资源，既能解决空间占用冲突问题，又能提高空间利用率。

2. 统一组件实现应用解耦

"大平台 + 微应用"是构建现代高校智慧服务平台的核心理念。微应用不应是对现有业务的简单切分，而应将平台按照业务范围分成多个子领域，将每个领域的系统分解为一系列应用。关键是要实现应用解耦，即要深入分析业务逻辑，从系统中围绕操作或事件提取全局统一的组件，让每个组件成为一个独立的功能单元，保持高度的灵活性和可插拔性。

通过统一组件与应用解耦，让各组件能够进行单独设计和开发，通过标准化接口组合成不同的业务模块和流程，有利于代码的复用和组件的升级，减小不同组件之间的干扰和影响，使得各组件易于单独调试和管理，方便进行故障排查和更新，便于团队分工与合作，提高工作效率和软件质量。

例如，在大学的众多应用场景中，都存在"选人"需求，如在发文、发布资讯、组织会议、安排接待、派工单等场景中都需要进行设定人员操作，这就涉及从大学教职员或学生中快速选择适合的个人或群体。在整个平台中，建立统一的「选人」组件，并辅以必要的身份信息，在各类业务中以统一方式"选人"，可使得操作规范简捷，也让组件更容易迭代升级。

3. 统一布局追求灵活组织

统一布局是平台研发规划组织的一个重要理念，其关键是不断追求"微应用"的有机串联、有效协同，在统一风格和整体布局的基础上，实现平台的个性化灵活组织。"微应用"建设模式意味着在整个平台上会有数百个应用，在研发中会将应用做到"最小化"单元，在实现基本功能的同时，还会不断地更新和延展。值得注意的是，并不是每个用户都能用到所有应用，也不是每个应用都要将所有用户列出。如何科学地组织这些应用？如何让用户快速找到想找的应用？如何让用户在一个入口同时看到一系列相关应用以提高处理效率？统一布局是解决上述问题的最佳途径，必须从平台整体规划入手，在统一的框架下，通过系统的科学组织，从多方面追求应用组织的灵活性和个性化。其一，应按用户习惯的类别组织应用，如人力资源（Human Resource）、教与学（Teaching & Learning）；其二，应为每个应用起一个直观好记易懂的名称，如请假（Leave）、公文（Memo）；其三，必须在每个应用的入口尽可能汇集相关的一组应用，自动实现应用间的跳转与联动，如申请表、迎新等应用；其四，应提供检索框，让用户可通过输入应用名称快速找到想找的应用；其五，应按用户个性化需求与权限，将常用的应用组织在易于访问的页面上，如允许用户自行选择构建常用应用菜单，或者根据用户使用情况自动构建常用应用菜单。在引入 AI 技术的基础上，平台还应支持用户使用自然语言进行提问式操作，根据用户的提问，AI 辅助推荐或调用相关应用，以完成操作。

4. 统一日志支持健康运营

智慧服务平台在满足高校发展需求的同时，必须考虑整个平台的健壮性，高度关注与平台运营相关的各类问题，而日志系统无疑是构建健康运营体系的关键和重要组成部分。日志系统主要是针对来自用户终端、网络、服务端和应用系统等部分的操作进行详细、全面记录。澳门科技大学采用统一日志以支持健康运营的发展目标，全面采集各种设备设施与网络的日志，并将日志系统深度嵌入应用系统研发，作为每个应用的标准组成部分，全面记录大学信息化发展历史，同时在系统出现问题时进行快速定位和纠错。

例如，在所有的应用中，将每个操作日志纳入统一日志系统，并标记日志来自哪个应用，从而在统一日志数据中心轻松地追踪由各应用的日志组成的业务轨迹。

1.3.2 需求 + 数据

需求首先来自用户，全面准确地理解用户需求是数智转型的首要任务。然而，一个应用不应仅考虑用户需求，还应融入高校数智转型的整体构想和总体需求，以及未来的发展需求，并进行超前设计。需求从提出时就将相关应用与组件综合考虑，考虑业务的跨界与融合，以及其与基础服务、大数据服务的关系。为确保能准确理解用户需求，同时使总体需求被每个用户认同，应以高保真的方式直观展示需求，完整体现应用的界面、功能流程和交互操作的样式与特点。在需求分析过程进行到最终确认环节时，务必注意数据对反映需求的关键作用，这是全局数据思维的核心，也是安全的保障。

1. 需求的有效保证：全局意识

智慧服务平台的需求主要包括两个方面：一个是来自用户的需求，用户根据业务需要与业务发展提出各种需求；另一个则是智慧服务平台建设的基础性、全局性、通用性需求，两者是相辅相成的。用户需求应以平台需求为基础，平台需求则为满足用户需求而构建，在逻辑上有主有次、有先有后。例如，学生事务处提出宿舍管理、学生自主选房的需求，但前提是平台能够解决大额缴费问题，否则学生选完宿舍不能及时缴费，不仅不方便，还会成为业务的瓶颈。因此，必须先实现大额缴费功能，再实现宿舍管理功能。

满足用户需求必须以操作简单便利为前提，以节省用户时间和减少用户思考为目标。类似的需求应采用相同的界面和操作流程，每个应用应尽可能地减少操作步骤。如果用户完成一项业务，接下来一般要做另一项业务，或者在做一项业务时需要查看其他业务的情况，这就需要将这两个或多个应用关联在一个界面上，也包括跨平台应用的关联。例如，学生「选课」与教材「订购」，这是两个应用，也是两个不同部门负责的业务。从全局的角度来看，为满足用户需求，应将两个应用的相关功能归集在一个页面上，学生选好课，一旦确认，系统即弹出与课程相关教材的界面，方便学生直接订购。学生就不必先从「选课」应用退出，再进入教材「订购」应用了。在教师「我的课表」应用中，不仅应显示当前教师的所有上课时间与课室，还应提供学生上课签到情况，通过统计数据让教师一目了然。在学期结束后，教务人员通过「教师课表」应用，可选择指定教师，查看其指定课程的学生签到情况，以及学生对教师的授课评价。用户操作页面应根据用户需求与内容的相关性，嵌入多个相关应用，帮助用户快速完成任务。

2. 需求的直观呈现：高保真原型

与用户沟通需求是非常重要的，一方面要理解用户的需求，另一方面要帮助用户梳理业务及业务流程，这是许多系统设计与开发人员需要进一步提升的能力。应用系统设计人员必须深入理解业务，深入分析平台上各类应用之间的关系，并在用户与系统研发人员之间建立相互理解与沟通的渠道，让用户充分表达自己的需求并理解最终系统的功能，同时让研发人员明确用户的具体要求和最终的任务目标。这个过程通常需要经过反复的沟通与交流，才能达成共识。

高保真原型设计是一个非常好的方法。通过高度模拟真实产品，不仅可以帮助用户、平台设计团队与研发团队在明确需求中取得高度的一致性，还可以提高平台设计团队与研发团队将需求转化为产品的准确性，有助于持续迭代改进。此外，高保真原型本身也是一种宝贵资源，将需求和设计完整地保存下来，不仅可以让新加入人员理解需求，还便于回溯整个设计与开发过程。

3. 数据的优先定义：全局一致性

确保数据的全局一致性、完整性、可靠性对智慧服务平台建设至关重要。采用全局数据思维模式进行数据定义与应用设计解耦，是建立完整的数据管理体系的重要方法。这里有两层含义。

一是在整个组织内确保数据的定义一致性和共享。以学生联系方式为例，不同的独立应用系统都涉及收集学生联系方式，如教务系统、学生事务系统和生活服务中的宿管系统等。在很多高校中，这些应用系统可能完全没有共享学生数据，也可能通过数据中台进行部分数据的有限交换。在相关系统中，学生联系方式的定义也存在差别，如有的系统将区号和电话号码用两个字段存储，而有的系统只用一个字段存储。系统各自独立采集数据容易造成没有一个系统是准确可靠的。在智慧服务平台建设中，为保证数据在全局范围内的一致与共享，应对涉及多个系统的基础数据进行全局定义，并确保数据来源的权威性。

二是在应用设计过程中，应在理解需求的基础上遵循全局定义及相关数据规范，优先实施数据库结构设计、数据定义等关键环节，同时考虑多系统、多场景数据共享和集成，让数据能够在全局范围内流动起来，并在流动过程中不断丰富，不断接受正确性和一致性检验。

1.3.3 产品 + 项目

智慧服务平台应该是一个由众多服务于不同场景的应用系统构成的生态系统，即集多方应用于一个平台，有自行开发的，有第三方定制开发的，也有引进的市场上成熟的产品。面对复杂多样的应用系统与需求，如何选择应用系统、如何保证平台的有效性与可迭代发展、如何构建一个可生长的生态环境，是智慧服务平台建设中一个难点，也是必须优先考虑的问题。产品驱动是一个有效模式，其含义包括：以产品思维统领全局，统筹需求、设计、研制、验收、上线、反馈全过程；在多方协作环境下通过统一项目管理让每个任务适当分解，有序实施；让项目的核心团队始终主导产品驱动，把控关键应用和关键环节，不断推进整个平台应用系统的产品化。

1. 产品驱动开发

智慧服务平台的建设应坚持以产品为核心的总体思路，以实现产品价值与提升用户体验为目标指导整个建设过程，致力于持续的建设与拓展、升级与迭代，致力于满足用户不断增长的需求。在将各类需求拆解成多个"微应用"的同时，将相关"微应用"有机联系在一起，形成一个整体性产品。应按照产品思维判定需求优先级并组织研发，注重产品的关联性，关注产品的用户体验和用户反馈，保持产品可更新、可迭代。不同产品存在交叉或共享的特性，以产品为核心强调的是整体性和协同性，将很多产品的共性服务集中，进行基础性产品开发并设计规范的调用接口。持续的产品化过程涉及控制版本、问题追踪等，引入敏捷开发理念和版本控制系统可实现快速迭代，避免不必要的重建和减小变更的影响，提高产品开发效率。

2. 统一项目管理

在智慧服务平台建设中，应围绕产品总体要求，将产品分解为项目，通过项目管理方法和流程实现产品开发目标。多方合作开发是普遍采用的开发模式，产品设计人员、开发人员及其他相关人员可能分散在不同地点甚至不同公司、不同团队。统一项目管理是一种有效的管理机制，即采用一致的项目管理方法，通过标准化流程、平台、工具、模板和术语，让不同团队在项目实施过程中始终保持一致性和有效性，有助于各团队之间的充分协同和知识共享。利用统一项目管理平台，可将一个项目进行分解，形成各子项目和任务，并通过持续的合并与集成过程来管控每个项目的总体进度、资源配置和持续改进，实现整体目标。

3. 主导核心应用

各高校都有其独特的办学特点，智慧服务平台建设需求复杂多样，且随着高校的发展而不断变化。在经费有限、应用系统不完备的情况下，必须合理分配有限的资源，关注核心应用，同时建立核心团队，把控整个平台的建设，全面、持续推进产品开发与集成，实现平台的一体化建设。核心应用指的是基础性应用及各类产品中的关键应用，如数据基座、集成基座、基础服务，以及各业务领域的主导性应用等。需要通过原型和数据定义关键环节，保证所有需求真正被落实，确保智慧服务平台真正符合大学的整体发展要求。大学核心团队主导核心应用，可以灵活控制和增设接口，有利于多方共同参与平台建设，实现更广泛的协作和共建。

1.3.4 集成 + 安全

采用先进、灵活的应用系统架构，制订一系列安全规范，推进应用系统的全面集成和全程安全是智慧服务平台建设的基本保障。全面集成就是要彻底消除智慧服务平台的"烟囱现象"，从简单的系统挂接、接口规范、系统有限范围集成，升级为平台的统一认证、统一调度、统一部署，推进深层次集成和充分的资源共享，将所有自主研发系统和尽可能多的第三方系统纳入统一的管理体系，形成一个有机生长的生态环境。全程安全则是要将安全贯穿于平台建设的整个流程，无论是自主开发还是外部引进，都要在需求、设计、实现、部署、运维的全程遵循安全规范和部署安全措施，实现统一的安全管控。

1. 统一认证，多级授权

统一认证普遍采用标准协议，是智慧服务平台建设的基本要求，也是最基本的应用，但各高校实现的范围和程度存在一定的差异。用户认证涉及范围广，如门禁管理、多设备 WiFi 登入、个人计算机登录与网络接入控制、访问图书馆、校园消费、签到打卡、学生服务等，在各应用场景中全面实现统一认证是很难做到的。目前，统一认证主要包括实体校园卡认证、二维码识别、扫码认证、用户名密码认证、短信验证码认证、安全 App 验证码、生物因素认证等多种认证方式。为了保证安全，在某些场景中，如在检测到非可信环境时，系统会要求用户进行组合认证，即采用双因子或多因子认证方式。构建高校智慧服务平台应统一管理用户的认证数据，构建"一人一号"的认证体系，提供多维度的统一认证服务，方便用户一键进入、一卡通行、一码通用。

统一认证必须与授权控制联系在一起，即要从总体上设计一套科学、有效的统一授权体系。传统的信息系统简单地针对用户划分角色，对应一组权限，由各应用系统进行权限判定后授权，简单但不灵活，难以满足应用的实际需要，不利于持续拓展和升级。针对多应用、多用户、多角色的复杂平台，一套完整的授权体系应独立于应用系统而设计，包括授权的内容、授权的过程、授权的实现 3 个部分。授权的内容包括应用授权、功能操作授权、数据授权 3 个方面，并充分考虑用户群体的复杂性，采用多级授权方式，在满足共性的同时解决个性的问题；授权的过程要适应系统持续部署、不断升级迭代的需要，支持新应用上线时的快捷授权；授权的实现与应用系统的部署密切相关，应将其权限点开放并可灵活配置，而不是固化在应用系统中。

2. 统一调度，高效利用

高校的教学、科研和生活服务存在多种资源，如设施设备、楼宇房屋、专业、经费、数据等。智慧服务平台建设要将各类资源数字化，统一编码，并在此基础上针对核心资源或基础资源从整个平台的层面建立统一管理与统一调度机制，为各类应用提供基础支撑，保障资源跨平台、跨应用的一致性和高效性，便于用户及时获取和处理来自各平台的业务，让各项资源能快速响应用户的需要，实现高效利用。例如，空间是一种资源，可按用途细分为课室、宿舍、公用房间等，应在整个智慧服务平台进行统一定义、统一调度，同类空间在满足一个业务需求后还会被其他业务调用。空间的统一调度应按相应的规则进行，高校中的各项规则不应是隐藏在应用中的固化逻辑，而应成为控制业务流转、可灵活配置的核心数据。时间也是一种资源，应从用户可利用资源的视角进行定义，针对用户的时间实现统一调度，实现全面的日程管理，涵盖上课、参会、考试、参加活动等，通过用户时间视角将高校各类业务活动关联起来。

3. 统一部署，持续集成

高校智慧服务平台通常由许多应用系统构成。不同的系统虽然相对独立，但在功能与数据上紧密相关，形成了一个多元化应用环境和生态。多元化应用系统的部署与集成是各高校在进行智慧服务平台建设时不得不面对的问题，是建设能力的具体体现。目前，各高校普遍采用的是统一门户的方式，将各类应用系统简单直观地集成在一个门户上，但底层统一的范围和程度千差万别。

建立面向各类应用系统的统一集成服务平台是一种从平台底层集成的建设模式，这意味着将所有自主研发的系统和尽可能多的第三方系统纳入统一的管理体系，通过应用注册、应用结构定义、应用授权控制等机制，让各类应用系统能够规范、快速地配置到大平台上，实现统一、灵活、持续部署。

4. 统一管控，全程安全

统一管控是手段，全程安全是目标。特别是在高校智慧服务平台建设中，应遵循有关规范，采取一系列措施，确保系统在需求分析、系统设计、代码实现、应用部署、运营维护等各环节的安全。在需求分析阶段，应注重数据保护、用户隐私、访问控制等方面的安全需求，明确提出可能存在的数据安全风险；在系统设计阶段，应从整体系统架构上考虑必要的安全设计，确保用户只能访问其授权的数据且权限分配与管理遵循最小化原则；在代码实现阶段，应遵循编码规范，避免代码出现安全漏洞，并精心组织代码安全测试，确保代码无安全缺陷；在应用部署阶段，应由高校的核心团队负责数据库系统部署并推进每个应用部署自动化，针对每个应用进行注册管理并运用动态的应用身份证书，保障每个系统、每个应用的使用安全；在运营维护阶段，应监控和记录所有授权操作，及时发现和响应安全事件，定期更新应用系统和升级安全防范措施。同时，从整体上进行安全加固，尤其是移动端的安全加固，防范所有可能存在的安全隐患。

1.4 数智转型发展生态

高校实现数智转型，必须全面构建发展的新生态，包括业务生态、技术生态和合作生态，实现各类资源的优化配置和高效协同，促进可持续发展。

1.4.1 业务生态

数智转型必须建立有效的长效性可持续发展机制，采取整体规划、有序推进、分步实施、持续提升等一系列有效措施。高校应高度重视数智转型对高校发展的支撑和引领作用，将其列入高校的发展策略规划，依托综合协调部门和技术部门，成立专门机构，在高校管理层的直接领导下组织实施。高校招生与注册管理、学生管理、总务管理、教务管理、科研管理、研究生院、人力资源管理、财务管理、图书馆等职能部门，以及各院系、研究所均应转变观念，通力协同建设。

高校应确定每年数智转型的重点业务线，会同各业务部门共同推进。不少高校由"信息化办公室"统领规划高校的信息化建设，每年按各业务部门的需求，审批立项、划拨经费，调配校内各类技术资源，推进数据共享和业务融合。在这种模式下，需要为信息化办公室配备一定数量的人员，且他们应具备必要的组织协调能力，与业务部门讨论落实需求，与开发商谈判建设事项，与系统供应商谈判集成事项。面对不断增长的高校业务融合与数据共享需求，尤其在系统架构比较传统的情况下，统领规划往往也只能是局部的，且程度有限，很难形成高效共享的业务发展生态。智慧服务平台规划建设，应对已有系统进行充分评估，分析其优势及存在的问题，判断是否需要改进，明确可共享的能力与机制，建立有效的联动机制，让各业务部门充分参与，让技术和业务有效连接，防止"重技术，轻业务"，防止重复性建设。

智慧服务平台一体化建设，与各业务部门原有独立的应用系统或原有的处理模式相比，可能在操作层面上会有所不同，甚至在初期会感到有点繁杂。为此，需要在全校范围内推出配套政策，引导用户使用一体化平台，让平台充分发挥效能。

1.4.2 技术生态

构建技术生态就是由原有的按业务部门组织技术应用，转化为由高校的信息化管理等专门机构牵头组织技术应用。同时，全面强化需求分析和技术选型，从"以设备为中心"向"以应用为中心，以设备为支撑"的思维模式转变，遵循集成化建设、可持续发展理念，形成统一、规范、循序渐进的技术应用生态。

任何技术都有其特性和发展成熟阶段，存在适宜的应用场景。这要求与高校已有技术和平台对接、融合。在应用系统各自独立的阶段，高校在技术选型和技术应用方式选择方面显得力不从心，难以保障技术应用效果，存在同类技术从多方引进造成标准不统一的问题。因此，需要通过构建技术生态来保障相同技术的统一服务和不同技术之间的协同服务，即高校的专门机构应联合主要负责机构，对每项应用技术的特性、成熟度、应用环境进行准确评估，选择先进、成熟的技术，采用适宜的技术实现路径、应用范围和整体架构。

"以应用为中心，以设备为支撑"意味着按应用需要配置设备，按应用需要搭建设备环境，按高校整体规划选择较为统一的设备类型。设备引进规划应服从应用系统建设总体规划，特别需要注重设备与应用的关系解耦，使应用能面向多种设备选择，让设备在应用的总控下发挥独特的效能，并可在不影响应用的前提下升级换代。高校应在充分利旧基础上，为集成化建设奠定技术基座，夯实并不断改善技术基础环境，支持多方应用接入和系统功能动态扩展的要求，在技术架构上适度超前部署。

构建技术生态面临的挑战包括经费、人员和数据 3 个方面。经费通常为一次性下发，这限制了分期分批的持续性平台建设目标的实现。在人员方面，技术部门牵头需要其人员具备较强的业务能力与协调能力，但实际情况是技术人员往往难以深入理解业务需求，难以说服业务人员从整个平台的角度考虑需求，以及平衡各业务部门的需求并明确优先级。在数据方面，多年积累的应用系统数据存在结构和格式不统一的问题，通常只能通过数据中台等进行基本的交换，无法汇集过程数据。为了重构数据平台和迁移原有应用系统数据，高校需要做出坚定的决策。然而，许多高校面临决策挑战，选择在原有平台上增加新应用和补丁，以满足日益增长的需求。

1.4.3　合作生态

任何高校都不可能独立完成所有应用系统的研发，现有商业化系统也不可能满足高校的所有需求。构建合作生态就是要细化业务，明确分工，选择相对稳定的合作伙伴，建立并不断完善合作机制。综合来看，智慧服务平台的建设主要有 3 种基本模式：一是自主开发，二是委托定制，三是引进集成。建立合作生态，可以从 4 个方面来考虑。第一，了解并评估现有市场成熟系统的架构、功能与应用情况，尽量选择市场广泛应用的、成熟的、性价比合适的系统；第二，对于核心、基础、主要业务，以实现本地化为目标，以自主开发或委托定制为主，确保数据规范与应用接口的一致性；第三，对于一般业务和外围技术应用，在规范接入整个平台的前提下，以引进集成为主；第四，对于委托开发业务，采用协同研发和深度合作模式，统一开发规范和项目管理平台，由本校核心团队负责设计原型和部署数据，委托开发方参与系统运维。

数智转型的合作生态是一个多元化的开放生态，它标志着数智转型进入一个更加复杂、更加专业化的时代。合作生态的构建是有一定难度的。不少高校由于人力不足，完全由供应商负责，甚至将管理权限直接交予供应商派驻的运维人员，安全主体失位，以至于发生数据被修改等严重事故。一些高校过度依赖第三方合作伙伴，允许其人员直接拥有数据管理权限，甚至数据库直接存放在合作伙伴的环境中，存在严重的安全隐患。强调建立合作生态，就是强调高校要加强自身核心团队的建设，使其具备掌握建设与运营的核心能力。

第 2 章

WeMust 路径：创立品牌　打造平台　全面统筹

2.1 创立品牌，引领全面转型

围绕大学发展战略，澳门科技大学优先创立 WeMust 品牌，引领数智转型，通过品牌体现高校数智转型的终极目标，展示大学为师生提供更好服务的愿景。

2.1.1 WeMust 品牌释义

WeMust 智慧服务平台品牌是澳门科技大学数智转型的突出特点和鲜明标志。澳门科技大学的英文缩写为 MUST，WeMust 是 We + MUST，释义如下。

- WeMust，我们的澳科大，建立归属感。
- WeMust，"微澳科大"，体现"大平台，微服务"的智慧服务平台建设理念。
- WeMust，Work Engine of MUST，推动澳门科技大学数智转型、全面发展的引擎。
- WeMust, We Must! 我们必须做！展示澳门科技大学数智转型的决心。

在建设之初，起一个响亮的项目名称非常重要，要求其辨识度高，易读易写易理解，是联接各方的纽带。除以上释义与内涵外，WeMust 智慧服务平台的定位也十分明确，即："以提高大学竞争力为目的，以需求为驱动力，以服务为导向，引领澳门科技大学全面实现数智转型，致力于打造更高层级的智慧服务平台，助力大学发展，彰显大学成就，方便每个人"。

WeMust 既代表整个澳门科技大学智慧服务平台，也代表澳门科技大学全体师生在数智转型中追求卓越的精神。

2.1.2　WeMust 品牌形象视觉

为更好地表现 WeMust 智慧服务平台品牌，澳门科技大学专门聘请清华大学深圳国际研究生院设计艺术研究所黄维教授团队设计 WeMust 形象视觉识别系统，使 WeMust 不仅拥有了基础识别品牌标志，更提供了一系列应用标识系统设计，保证了 WeMust 品牌形象的整体统一、传达的准确性与高可辨识度。

WeMust 品牌标志与核心识别图形如图 2-1 所示。见图 2-1（a），WeMust 品牌标志以"W"和"M"为基本型，相互交扣形成"互"字。"互"既有互联网的思想内涵，也意喻 WeMust 与全校的互动、互联、互通，了解大学的发展目标与策略，了解师生的所思所想，与大学一起成长。WeMust 品牌 LOGO 采用蓝绿两色，蓝色是澳门科技大学的校色，寓意传承；绿色象征希望与可持续发展。

见图 2-1（b），WeMust 品牌核心识别图形由标志笔画元素"M"提炼变化而来，图形完整饱满、精致大气，适合在不同场合延展使用。WeMust 品牌核心识别图形可根据实际需要进行颜色和形式上的变化和扩展，使品牌更具有时尚与现代感。

图 2-1　WeMust 品牌标志与核心识别图形

WeMust 应用标识系统（如图 2-2 所示）拥有一套完整的图标表达体系与应用命名体系，以保证 WeMust 平台的所有应用在视觉层面的整体性与一致性，以及应用功能的易理解性与可识别性。

图 2-2　WeMust 应用标识系统

2.1.3　WeMust 品牌价值引领

2017 年，澳门科技大学提出 WeMust"5F"品牌价值导向。"5F"即"面向教与学（For Teaching and Learning）、面向研究与影响力（For Research and Impact）、面向校园生活（For Campus Life）、面向管理（For Administration）和面向决策与评鉴（For Decision and Evaluation）"。

澳门科技大学通过 WeMust 品牌引领数智转型，全面践行"5F"品牌价值导向。WeMust 的定位和价值与澳门科技大学的教育理念和办学宗旨一致，因而 WeMust 被赋予极高的期望，被纳入大学发展策略规划并持续成为重点建设项目，至今已完成五期项目建设。澳门科技大学成立统筹机构和核心团队，使 WeMust 具有较强的执行力，得到持续推进。WeMust 品牌辨识度与持续产出的成果（如 WeMust App、WeMust 门户网站、WeMust 云课堂、WeMust GPT 等）相呼应，让数智转型具备了极强的感召力，体现了对师生的关注与关怀；师生因 WeMust 的快捷与方便对大学产生了荣誉感，从而高度关注并积极参与 WeMust 建设。WeMust 既是澳门科技大学智慧服务平台，也是一种全面创新的数智转型模式，是高校业务与智慧技术全面融合的典型实践。随着 WeMust 建设持续推进，其品牌影响力不断提升，在推进数智转型、对外交流合作、服务粤港澳大湾区创新发展中发挥了重要作用。

2.2 打造平台，重构应用体系

高校数智转型需要一种有影响力、高效、可广泛采用的创新方式，这种方式应能被整合到高校的各层面，个人和团队可以用它来创造突破性思想，在平台建设中发挥它的作用。为此，澳门科技大学总结 WeMust 建设过程中的各种难点与问题，将数智转智的核心关键要素进行融合，提出 WeMust PRUS 模型，即将用户、资源、规则与服务有效联接，从简单的系统间数据共享与数据交换模式转变为全面一体化设计，采用"大平台 + 微应用"弹性架构，实现了大学资源的统一调度、数智服务和智慧运维，重构了应用体系，持续推进业务体系创新发展。

2.2.1 WeMust PRUS 模型

WeMust PRUS（规则 Policy、资源 Resource、用户 User、服务 Service，简称 PRUS）模型是一个基于规则（Policy）的综合生态系统模型，旨在以合理且高效的方式利用资源（Resource），为用户（User）提供优质服务（Service）。PRUS 模型构成了 WeMust 的核心框架与核心思维模式，确保了 WeMust 平台建设与运营的系统化和人性化。WeMust PRUS 模型如图 2-3 所示。

1. PRUS 要素释义

用户（User）——WeMust 明确定义并精心细分用户，为不同的用户群体提供定制化服务，并通过规则对不同用户授权，同时约束各类用户的行为。WeMust 用户群体包括学生、教职员，并可延伸至家长、校友及其他利益相关者。通过全域的平台视角，WeMust 追求为用户打造个性化且无缝衔接的最佳体验。

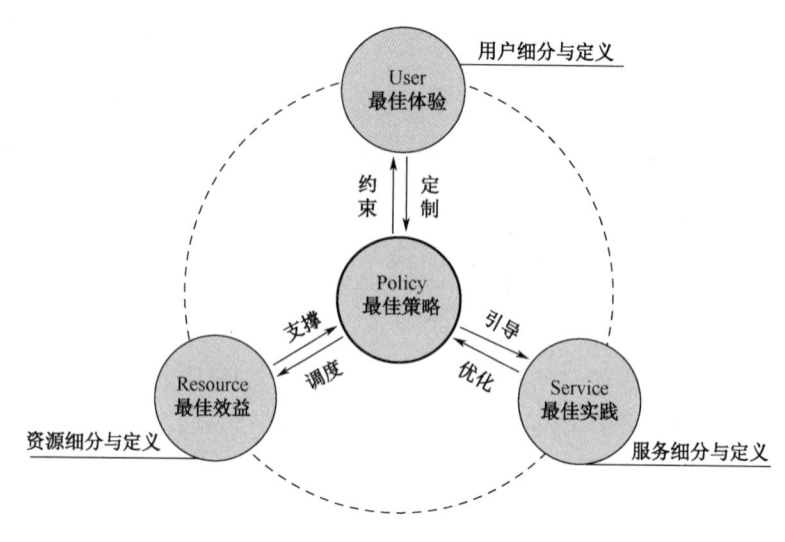

图 2-3　WeMust PRUS 模型

资源（Resource）——WeMust 对大学所有可用资源明确定义并精心细分，旨在实现资源的最优配置，追求资源利用效益的最大化。资源在 WeMust 平台中被独立识别、有效组织和高效调度，一切用于大学发展的都可视为资源，其涵盖大学的方方面面，如空间、场所、课程、专业、经费、成果、文档、数据、教师、资产等。对于 WeMust，时间与空间一样，也是重要资源，时间资源的合理利用和管理尤为重要。在一些应用中，学生、教师也是资源，涉及排课、排班等应用。

规则（Policy）——规则构成了 WeMust 平台的核心。所有的应用和功能操作都建立在明确的规则之上，包括但不限于教学安排、选课规则、休假政策、空间分配规则、宿舍管理规则等。规则是随大学的发展而不断修订完善的，规则既引导 WeMust 平台的发展和服务，也体现了大学创新发展的进程，如大学确立了学生可以跨学院选课，则 WeMust 平台在教学计划的指导下，为学生提供跨学院选课功能。

服务（Service）——WeMust 的最终目标是提供服务的最佳实践。WeMust 平台根据用户的需求和规则，细分并合理配置与有效利用资源，精心设计一系列应用，为满足用户的业务发展需要而提供各项功能，让用户满意且具有高效的服务体验。

2. PRUS 要素间的关系

在 PRUS 模型中，用户、资源、服务分别与规则建立以下必要关系。

- 用户与规则：基于规则对用户的行为进行约束和指导，同时用户的需求和反馈有助于实现规则的完善和优化，这种双向互动关系确保规则能够适应用户需求变化，同时维系业务秩序与发展。
- 资源与规则：规则为资源的使用和管理提供框架、流程、细则，确保各类资源能够高效、公平地被调度和配置。规则的存在让资源的分配和利用更为有序和可控。资源是规则制订与完善的有效支撑，没有资源支撑的规则形同虚设，无法实现。
- 服务与规则：规则对服务有引导作用，是服务授权、服务流程组织、服务效果评价的依据。良好的规则能够保证服务的质量、构建流畅的体验、促进服务的标准化。服务实践则是规则改进的推动力量，其经验又反馈到规则的优化调整中。

在 PRUS 模型中，依托规则，用户、资源、服务相互联系构成 WeMust 的具体成果表现。

- 用户与资源：反映用户如何实际利用资源，以及哪些资源受到了用户的青睐。用户的行为和选择直接影响资源的使用效率与价值实现。
- 用户与服务：揭示用户实际获得了哪些服务，以及这些服务如何满足用户的需求。服务的质量和可达性直接关系到用户的满意度和忠诚度。
- 服务与资源：体现服务如何依赖和利用资源，以及资源如何支持服务的提供。服务的有效实施需要对资源进行合理的抽象和管理，而资源的可用性和适宜性则是服务成功施行的关键。

3. PRUS 是有机生长体

WeMust PRUS 模型始终将用户体验放在首位，通过精确细分用户，合理配置针对性资源，科学制定服务规则，以保证用户获得最佳体验。WeMust 注重实现资源利用效益的最大化，通过实现对应不同用户群体、对应不同服务类别的资源细分，定制实用化规则。WeMust PRUS 模型追求的不是业务功能的简单实现，而是在规则范围内，确保各类资源得到合理、充分的利用，以及用户需求的展示和体验的提升。WeMust PRUS 模型追求提供最佳实践服务，通过服务规则的精细定义组建服务流程和服务场景，并通过服务反馈促进规则的持续优化和完善，确保服务质量始终处于最佳状态。WeMust PRUS 模型持续推进规则的优化，依托需求与反馈不断使用户群体指向更精确，不断优化服务流程，不断完善服务项目的具体规则，以形成最佳策略。WeMust PRUS 模型通过规则调度资源将服务提供给用户，追求用户、服务、资源的变化解耦，构建完整闭环。用户、资源和服务通过 WeMust PRUS 模型建立有机联系，保证了数据的有序流动和充分共享，记录了各类活动历史数据，从而进一步驱动 WeMust 平台发展和价值增长。

通过 PRUS 模型，WeMust 将用户、资源、规则和服务这 4 个关键要素紧密结合，形成了一个协同工作的有机体，并在实践中相互支撑与发展，确保 WeMust 平台能够持续满足用户需求。WeMust PRUS 模型不是一串秩序井然的规则的具体实现，而是在激发灵感、找寻解决方案、想法构思、项目实施的过程中探索创新、反复推敲、提出最佳方案的指导性思维模型。

2.2.2　WeMust"1+3+4+N"总体架构设计

WeMust 智慧服务平台围绕 PRUS 模型，采用主流架构，在大平台、微应用的基础上，高度重视规范化、一体化、集成化建设，WeMust 总体架构设计为"1+3+4+N"，如图 2-4 所示，具体如下。

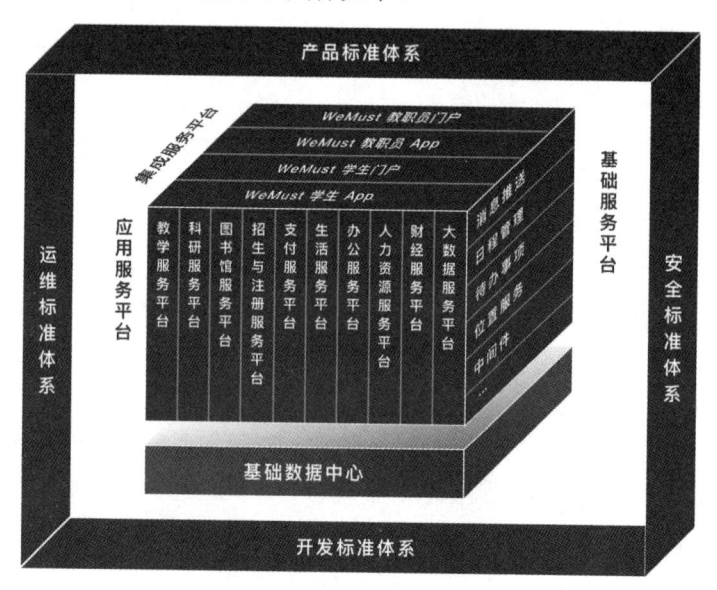

图 2-4　WeMust 总体架构设计

- 1 个中心：基础数据中心。
- 3 组平台：集成服务平台、基础服务平台、应用服务平台。
- 4 个标准体系：产品标准体系、开发标准体系、运维标准体系、安全标准体系。
- N 个应用：可随时增加与更新的多个细分微应用或组件，可持续扩展并集成在平台上。

1）1 个中心

数据集成是一种策略，其主要目标是建立一个全面且协调的环境，使得业务与业务之间、业务与数据之间，以及管理和服务之间能够有效地进行互动，解决由业务间数据强耦合导致的资源冲突问题。建立标准化基础数据中心是实现数据集成的有效手段，也是较高层级的措施。

WeMust 基础数据包括教职员、学生、部门信息及教学基础数据、资产基础数据等。构建基础数据中心，就是在规范数据格式的基础上，汇集源自不同应用的基础数据，面向 WeMust 平台的各类应用提供基础数据服务，保障大学基础数据的准确性、完整性与一致性，保障围绕基础数据的各类业务的高效协同。基础数据中心同时管理整个 WeMust 智慧服务平台的应用数据字典，包括各类应用系统的注册数据、应用结构数据、身份证数据、应用授权数据等。

2）3 组平台

（1）集成服务平台。

应用系统集成指将不同来源、具有不同功能和特性的应用程序通过一系列标准接口连接在一起，以实现数据和功能的交互与共享，统筹各应用之间的协同，从而提高整体系统的效能和灵活性，降低运营成本。应用系统集成涉及统一数据、统一接口、统一规则、统一门户、统一安全、统一监控等多个方面。

传统集成化方案与 WeMust 集成化方案对比如图 2-5 所示。传统集成化方案通常一次解决一个或几个局部问题，结果就形成了多组团、多层级相对固化的集成模式，不利于可持续发展。各高校也不可避免地要进行一部分应用系统研发工作，其中包括系统集成研发工作，导致的后果是部分"烟囱"被集成，似乎"消失"了，却又产生了新的更大的"烟囱"。

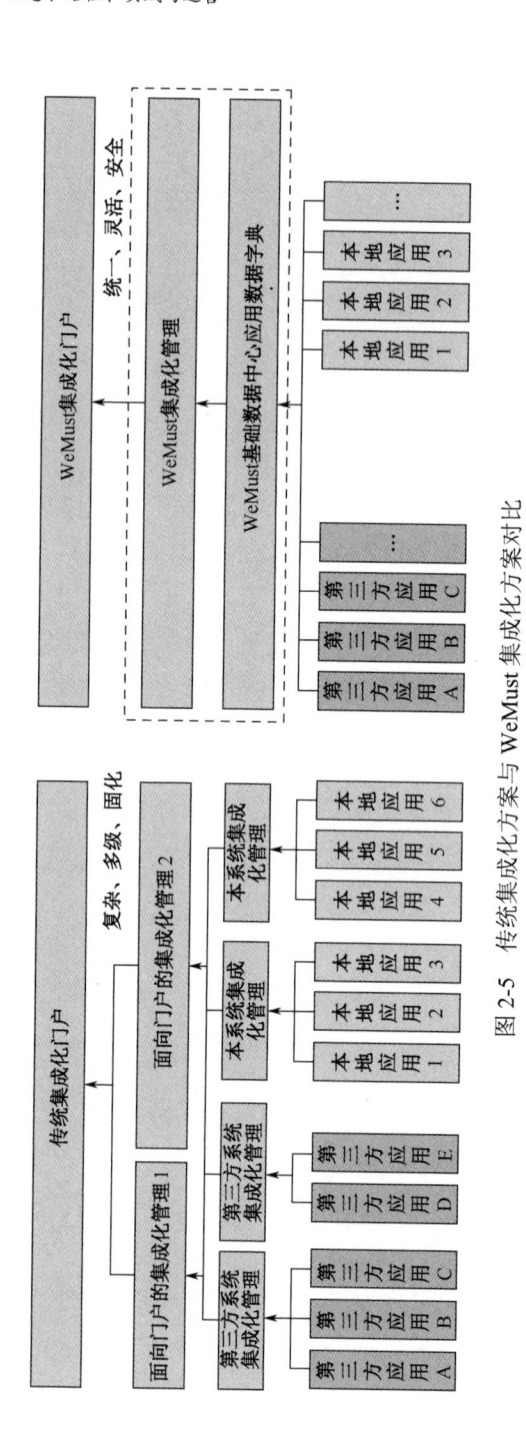

图 2-5 传统集成化方案与 WeMust 集成化方案对比

WeMust 依托基础数据中心的应用数据字典构建统一的集成服务平台，将尽可能多的应用有机组织起来，通过核实被集成应用的"身份证"后实现统一调用，按数据字典指定的应用结构框架和菜单组织应用，并赋予其统一的界面特征，通过集成化门户提供服务。

（2）基础服务平台。

高校的业务千差万别、各具特色，但必然存在一些共性。由于应用系统分别构建，这些通用的业务在很多高校被重复建设，采用的流程不一致，服务模式固化，需要分别维护和管理，不利于共享和可持续发展。

WeMust 将共性、基础的业务汇集到基础服务平台，向各平台的应用提供统一的基础组件服务，同时依托基础组件及在基础服务平台上汇集的数据，提供一系列基础应用，聚合、统筹一类业务。如针对大学的消息推送，WeMust 在基础服务平台统一管理服务渠道、服务模板，以实现消息推送服务的统一和高效管理，减少重复性建设，降低维护成本与减小工作量；WeMust 提供消息推送基础组件，让各类应用通过调用组件实现消息推送，而不必考虑发送渠道的参数变化等；WeMust 在服务门户设置消息基础应用，统一呈现所有消息，让用户一目了然，践行最佳实践服务体验。

（3）应用服务平台。

WeMust 针对大学主要业务领域，采用分平台建设模式。应用服务平台覆盖大学的各业务部门的各项业务，如教学服务平台、科研服务平台、图书馆服务平台、招生与注册服务平台、支付服务平台、生活服务平台、办公服务平台、人力资源服务平台、财经服务平台、大数据服务平台等。应用服务平台是一系列微应用及应用组群的归属，应用组群由一系列密切相关的微应用组成。

在 WeMust 平台上，每个应用都需要依托基础数据中心，由集成服务平台实现部署，其中不少应用依赖基础服务平台的基础组件或中间件。应用服务平台从表面上看存在较为明确的数据和业务边界，如教学服务平台拥有学生的全流程学习数据，拥有教师的全流程教学数据，但依然是整个 WeMust 平台的组成部分，与其他应用服务平台存在业务关联和数据共享关系，并最终归入大数据服务平台的数据仓库。

3）4 个标准体系

WeMust 的 4 个标准体系为：产品标准体系、开发标准体系、运维标准体系、安全标准体系（参见"2.3.4 规范先行与质量控制"）。

产品标准体系，是产品设计的统一规范和标准依据，为系统的交互接口、数据与数据库设计、操作方式等提供统一规范和标准，为用户提供统一的使用体验，是实现产品化和一体化的基础。

开发标准体系，是开发管理的统一规范和标准依据，为需求管理、任务管理、测试管理、缺陷管理、代码管理和发布管理等提供统一规范和标准，以提高开发效率和工作质量。

运维标准体系，是运维管理的统一规范和标准依据，为系统运行环境的搭建、系统部署、监控、备份及数据管理、预案及其演练等提供统一规范和标准，对运维的事前规划、操作过程和事后验证进行全流程的规范化管理，保证运维流程和操作的统一与完备，避免意外操作带来风险，保障系统运行的可靠性。

安全标准体系，是系统安全性要求的统一规范和标准依据，为代码的安全控制、运行环境安全、网络通信安全、日志管理、电子签名、安全监控、安全扫描、渗透测试等提供统一规范和标准依据，通过安全规范和标准的落实保障系统及数据的安全。

在 WeMust 平台上，通过不断构建产品、运维、开发、安全四维一体的标准体系，在产品设计与引进、软件开发、运维组织中实现全方位规范运作，并落实安全要求。

4) N 个应用

N 个应用是 1 个中心和 3 组平台的具体构件。在 WeMust 平台上，一个应用类似一块积木，尽可能简单、标准、可复用，通过基础数据中心和集成服务平台，实现统一应用注册、统一应用授权、统一用户认证、统一用户授权等，集成到整个 WeMust 平台。

N 个应用可针对已有应用进行重构，也要着眼未来进行研发和引进，但必须超越传统应用系统建设的概念，可以是一个模块、一个组件，甚至是一个操作。应用的细分与归类应遵循业务的内在联系，采用统一、科学的标准，赋予其统一的定义与描述。

2.2.3 从基座到应用的构建路径

在 "1+3+4+N" 总体架构下，WeMust 从构建一体化数据基座、集成基座入手，整体规划平台的各类应用，采用循序渐进方式，深度分析业务的内在联系，在追求高质量原生的同时，注重原有系统的融合改造、重构，以及第三方系统的深度集成，针对不同场景提供便捷且有质感的服务，在确保整个平台稳定、可靠运行的同时推进全面转型升级。

1. 构建应用基座，追求持续发展

构建 WeMust 数据基座是第一步，也是所有应用系统建设的基础。数据基座既是基础数据规范、归集的应用组群，又是为各应用提供基础数据服务的应用组群，还是构建集成化基座的数据字典。WeMust 在数据基座上统一管理基础数据，从全局角度针对基础性、关键性数据，在不同应用中产生、更新数据的同时，依照统一数据规范，调用统一接口，同步到基础数据中心，保障了数据的一致性，服务于全面的数据共享和数据治理。WeMust 在所用应用中，统一事务编码，规范结构设计，保障了全程化数据流的实现和全场景数据集的形成。

构建 WeMust 集成化基座是第二步，既要支持以规范、清晰、快捷的方式部署自建应用，又要具备集成符合规范的第三方应用的能力，并能够对第三方应用进行有效管理。

高校数智转型的关键是要坚定地构建应用基座，为可持续发展奠定坚实基础。不应因应用系统众多而畏难，也不应简单地汇集数据，而忽略了对系统本身的集成化管理。只有全面推进集成化管理，才能在高校数智转型中赢得主动，形成良好的技术生态，在引进各类技术中得心应手。

WeMust 应用基座示意图如图 2-6 所示，无论是自行研制系统还是第三方系统，必然将其基础数据管理坚定地纳入统一的基础数据平台，其应用系统管理必须纳入统一的集成服务平台，通过集成服务平台在统一服务门户上呈现。原有自行研制系统应通过统一数据、升级重构达成上述目标；新研制系统则应遵循统一数据、统一认证、统一授权、统一调度的原则，实现全面集成；原有第三方系统应通过升级改造，尽可能纳入统一数据和集成化管理；新引进系统应遵循平台规范，在数据共享、应用复用、业务协同等方面推进深度的集成化建设。

2. 运用平台思维，实现关系解耦

化繁为简是智慧服务平台建设的必经之路，不仅是保证开发产品质量的关键点，也是引进系统选型和全面推进微应用体系建设的关键点。简约才可理解，

简约才会有序，简约才有好的体验。在应用系统构建中，往往忽视了数据关系和业务关联的解耦，要么导致系统分立情况严重，要么导致流程混乱、并发问题频出，难以保障数据的一致性。

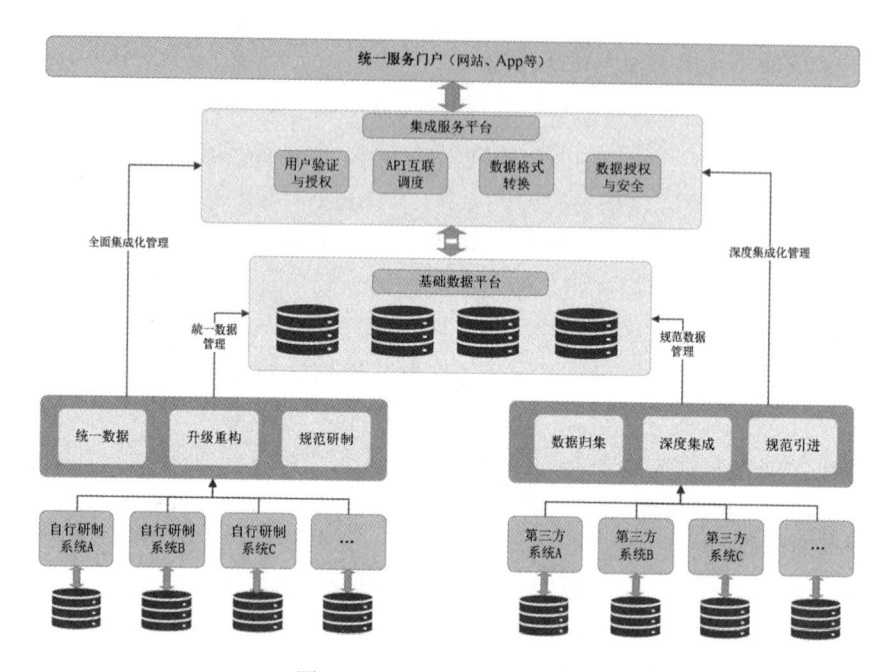

图 2-6　WeMust 应用基座示意图

在 WeMust 平台上，简约的体现就是尽可能地实现"解耦"，从整个平台的角度让每项业务更简洁、更清晰、更流畅、更高效。以高校最常见的房间使用为例，如果将与房间使用有关的应用分别构建，使其互不相关，则难以解决多个应用同时调用一组房间的需求，即无法判断同一时间多个需求是否存在"冲突"。WeMust 运用 PRUS 模型，把资源（空间和时间）、用户（学生、教师）、服务（上课、考试、会议、活动等）和规则（教学计划、教学模式等）涉及的内容层层剥离，将所有可用课室、公用房间、场馆统一成"空间"，将业务关系简化为各类应用针对不同用途空间在不同时间段的选用。

在实现机制上，WeMust 将所有空间统一定义在基础数据中心，并为其划分不同的用途，如办公用房、课室、宿舍、文体场馆、活动场所等。在每个相关应用中，针对一类空间资源再进行细分，划定可服务目标资源，对应不同用户群体，设置时间片段，从规则上解耦；针对一个空间资源，在统一资源管理的基础上，通过统一管道和线性调度，从资源上解耦。

当同一资源涉及不同应用时，在分离时间的基础上，纳入统一管道的校验，切实防止使用冲突。如课室在排课时会提前锁定，在空间资源调度体系中被明确标记，使「排考」「论文答辩」「房间预约」等应用无法选用；一旦课室排课结束，未排课的课室就被释放，其他应用都可以使用，也可以成为「空课室」供学生自习。「排考」「论文答辩」也会至少提前一天对一组空间进行锁定，在空间资源调度体系中被明确标记锁定后才能进行。WeMust 实现关系解耦的思路和方法如图 2-7 所示。

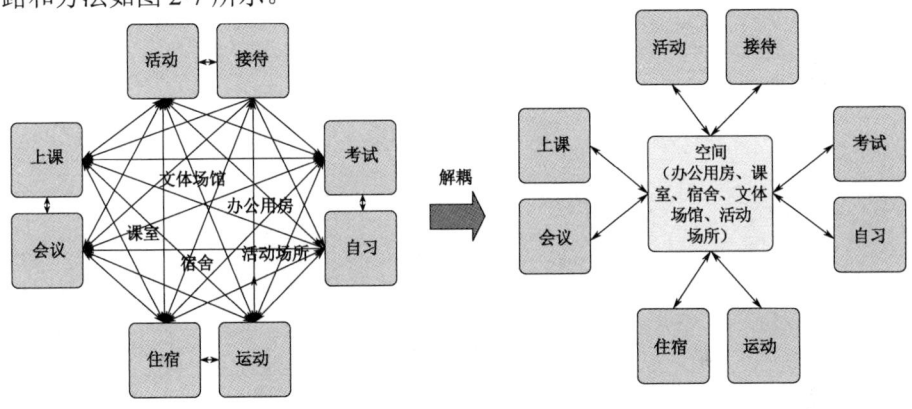

(a) 将无序、独立的关系转变为围绕空间资源的统一调度关系

(b) 从应用规则、资源调度上建立解耦机制

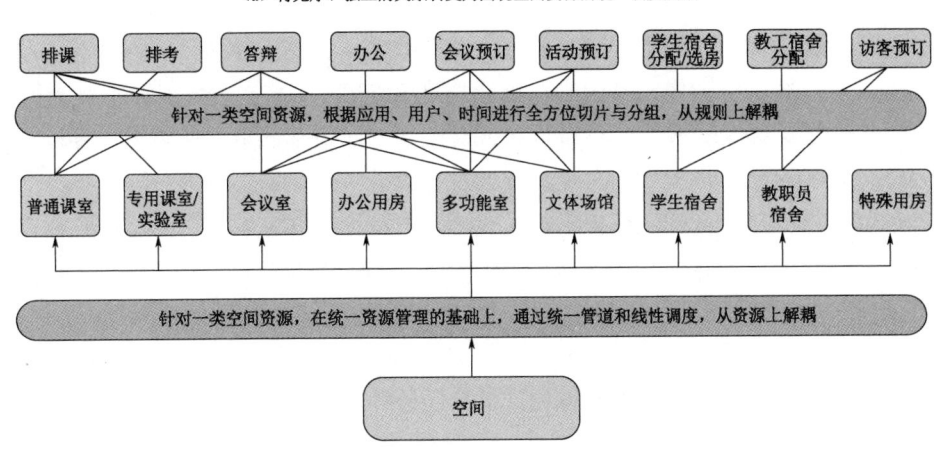

图 2-7　WeMust 实现关系解耦的思路和方法

3. 全面梳理业务，打造业务闭环

打造业务闭环是智慧服务平台建设的基本要求，更是推进各类应用系统全面融合改造的重要途径。在 WeMust 平台上，业务梳理先行，以实现跨部门业务的全面整合，打通信息断点，将众多业务整合到统一的平台上，如围绕教师的全周期教学与科研、围绕学生的全周期学习过程等，打造完整的业务闭环，让业务更有序、更完整、可拓展。以教师教学与科研业务为例，WeMust 构建业务闭环的思路与方法如图 2-8 所示。

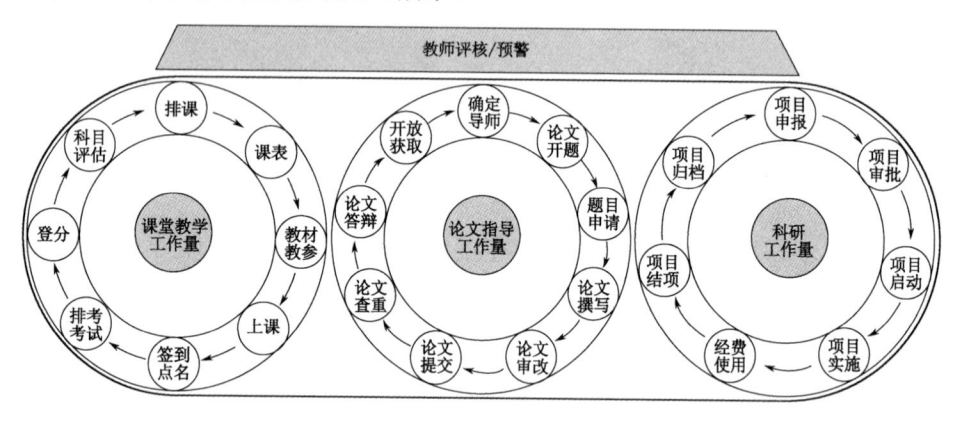

图 2-8 WeMust 构建业务闭环示意图：教师教学与科研业务闭环

以教师为例，其业务工作主要分为课堂教学、论文指导和科研项目等，每组业务可串联一组应用，其中一些可能是第三方应用。

WeMust 从教师教学、科研等业务链条上，围绕各环节业务数据，推进每组业务顺畅流转，形成数据总库，并通过各类业务提供的工作量统计信息，支撑教师评核工作。教师完成课堂教学闭环则自动形成课堂教学工作量，教师完成论文指导闭环则形成论文指导工作量，教师完成科研项目闭环则自动形成科研工作量。

除考虑单项及综合工作量外，WeMust 还设定预警阈值，在必要的时间段，对未完成教学任务、科研项目或论文指导任务的教师发出提醒，同时告知其所在机构的管理人员。

4. 从功能到场景，重构用户体验

应用场景在智慧化建设中扮演着非常重要的角色。通过设计与构建各种智

慧应用场景，可将各类智慧技术和应用系统有机结合起来，更好地呈现数字化转型和智慧化建设成果，并为大学创新发展带来更为广阔的前景和机遇。

WeMust 从注重管理转向注重服务，从注重系统功能转向注重应用场景，通过构建线上线下的各类应用场景，全面提升用户体验，让用户体会到各项服务的极简、顺畅与"丝滑"。

智慧应用场景一般涉及 App 移动端、PC 端和各类服务设施设备的使用，如课堂教学、云课堂、论文答辩、支付管理、图书馆借书等场景。以课堂教学场景为例，WeMust 重点打造云课堂、学生签到、教材、教参、科目（Course）评估等应用场景，围绕提升用户体验，强化基于课表对相关应用场景的全面统筹和对课堂应用场景的有序管理。课堂教学同时支持线上与线下混合课堂模式，上课签到数据与线上登录数据合并，并根据课表自动关联教材和教参应用，让学生便捷地申购教材，快速连接到教师指定的教学参考资料，方便学生从一个入口获得更多的信息，教务人员则能依托课表在课堂结束后随时发起科目评估工作。

"支付"是大学常见的应用场景，但"支付"服务不是一个简单的应用，涉及"钱"就涉及从招生到持续学习、校园生活的全过程，也就是说，"支付"应用场景以基础应用的方式连接大学的绝大多数应用场景，也为大学新业务的开展及已有业务的拓展提供支撑。"支付"不可避免地涉及第三方应用，如何与第三方对接，以及对接的深度，直接影响用户体验。WeMust 在构建"支付"应用系统时，不是采取简单的方式，而是尽可能通过深层次集成，提升各支付场景中的用户体验，追求支付的便捷与安全，追求对业务的全面把控，建立完整的数据链。例如，与食堂收银系统对接，通过 WeMust 订餐应用，师生可随时了解喜欢的菜品并直接下单，在食堂后厨制作完成后，可在指定时间取餐。

2.2.4 集约化与融合的技术路线

为使平台具有高稳定性和高性能，WeMust 选择了集约化与融合的技术路线，包括采用微服务架构、数据同步技术、内存数据库技术及消息队列等关键技术。

1. 微服务架构保障平台运行稳定高效

微服务架构是构建大型复杂系统的有效方法，主要通过将系统拆分为一系列相互独立的"微型服务"来实现每个服务的独立部署、扩展和故障隔离。WeMust 全面采用微服务架构，确保各服务可独立更新和维护，具有很高的灵活性与可扩展性，以减弱系统间的依赖，提高整个系统的稳定性和可维护性。微服务架构支持按需扩展，使得 WeMust 能够根据实际的负载情况动态调整设备资源，保证系统的高性能和高响应速度。

2. 数据同步技术保持数据高度一致

在分布式系统中，数据一致性是一个重要的挑战。WeMust 针对多元、复杂的场景，利用数据同步技术，确保各服务之间的数据保持必要的实时性与高度的一致性。数据同步技术包括但不限于使用分布式数据库、事务日志同步、数据复制和分布式缓存等策略。利用这些策略，WeMust 可以保证当用户在任何时间、任何地点访问数据时都能获得最新的数据状态。

3. 内存数据库技术实现高效能访问

内存数据库技术通过将数据存储在内存中来提高数据访问速度，以提升应用性能。WeMust 采用内存数据库技术，尤其是在需高速读写操作的场景中，如数据字典调用、实时数据分析、高频交易处理等，以保证用户体验的流畅性和应用的响应速度。同时，利用内存数据库的持久化机制，确保在发生故障时数据不会丢失，保障数据的安全性和可靠性。

4. 消息队列保障资源服务全局一致

消息队列是一种有效的异步通信机制。该技术允许不同服务之间解耦，保证消息的有序传递和处理。WeMust 利用消息队列技术，实现服务间的松耦合通信，确保即使在高并发场景下也能保持资源服务的全局一致性。消息队列还有助于平衡负载，提高系统的容错性，通过异步处理来提升系统的整体性能和可伸缩性。

2.3 全面统筹，保障高效推进

依托品牌、运用平台思维实现高校全面数智转型，需要强有力的组织管理机制，持续、高效地推进平台建设；需要营造开发与集成相结合、产品与运维相结合的技术环境，提升整体建设与拓展能力，追求整个平台的发展韧性和可持续增长；需要吸收先进经验，构建应用系统管理与规范运维体系，保障开发产品和第三方系统集成的质量，为安全运营奠定基础。

2.3.1 统一规划与组织

为保障 WeMust 可持续发展，澳门科技大学于 2019 年成立"资讯科技发展办公室"，由主管副校长直接领导，在策划和实行大学资讯科技发展策略上担任关键角色，从组织管理上为数智转型提供保障与发展韧性。澳门科技大学持续以 WeMust 智慧服务平台建设为主线，遵循澳门《网络安全法》（澳门特别行政区第 13/2019 号法律）和国际标准化组织发布的《信息安全管理要求》（ISO 27001），不断优化大学学习和科研的技术与网络环境，提升教职员和学生的体验。

"资讯科技发展办公室"主要履行以下职责。
- 统筹大学资讯技术规划、建设与治理。
- 统筹大学智慧服务平台建设，制定数据资源共享策略。
- 统筹大学资讯科技基础设施的规划、建设、升级与运维，保障资讯与网络安全。
- 负责资讯科技资产的采购规划及项目管理，推进教育科技的进步和创建智慧教学平台。
- 配合大学科研管理工作，推广科研资源的共享和科研数据的管理。
- 跟踪新技术的发展，为新技术的实施提出指导性建议。
- 协调和推动资讯科技宣传活动。

2.3.2 协同建设与运维

澳门科技大学按照从需求调研与分析、制订开发计划、原型设计、数据结构与数据库设计（DB 设计）、软件开发、软件测试、验收交付、系统发布，到生产运维的各环节进行科学组织，追求流程管理韧性。采取自行开发、委托开发与引进集成结合的方式，在核心团队的统筹下，广泛合作，建立可持续的建设与运维机制。

1) 核心团队统筹建设

澳门科技大学核心团队由主管副校长、IT 总监、技术总工、开发合作公司总经理及 ITDO 产品需求团队组成，统筹 WeMust 智慧服务平台建设，运用统一项目管理模式，稳步推进目标实现。核心团队牵头制定阶段性建设方案，落实年度建设规划，理解用户需求，审定每个应用的原型设计，自主完成 DB 设计，统筹项目实施，组织产品验收，完成应用部署。

核心团队对于核心组件、核心数据处理，以及急需的和临时性需求，自行组织开发，具备必要的研发、代码审核和纠错能力。

2) 多方合作敏捷开发

澳门科技大学考虑到澳门的特殊性与成本控制，采用多方合作开发的机制，基于敏捷开发模式，由澳门、深圳、横琴粤澳深度合作区三地团队联合推进整体性研发工作，通过统一开发规范、统一项目管理平台、统一工作流程，让所有参与者在一个或一组平台中协同工作，实现产品、需求、任务、测试、运维、资源的统一管理。WeMust 核心团队在澳门，离用户近，可随时了解与体验用户需求，全面统筹产品研发，并承担部分研发任务；深圳团队（一个非常有经验的软件开发公司）重点落实常规开发计划，包括原型设计、程序设计组织、产品交付等；横琴粤澳深度合作区团队的设置主要考虑澳门用人的限制及 WeMust 成本控制，由澳门团队负责管理，与深圳团队协同工作。

3) 开发运维高效承接

澳门科技大学组建开发运营团队，构建统一运维平台，以实现从计划生产到部署运营的应用系统全流程高效管理，让 WeMust 的每个变更被记录下来，保证与应用系统生命周期相关的每个职位职责更清晰，促进不同组别人员之间的信息沟通与业务协作，构建开发、安全和运维团队协同作业方式，形成 WeMust 建设与运维的全部历史数据。深圳团队与横琴粤澳深度合作区团队在一定程度上也要参与运维，以提高响应效率，有利于应用的迭代升级。

4) 专业公司协同运维

澳门科技大学针对计算机基础设施、用户终端管理等领域，采用引入专业公司的协同运维模式，购置必要的软件平台和运维服务，使核心团队将更多精力投入 WeMust 平台的建设。除网络、服务器集群、数据备份存储、超融合系统环境外，澳门科技大学还在本地搭建一套私有云环境，将硬件平台升级与底座故障维护交由专业公司负责；购置 Microsoft 365 服务，将个人终端办公软件和电子邮件统一管理。

2.3.3 分步实施与长短结合

WeMust 建设从实际出发，采取分步实施与长短结合的基本路径，以保障项目建设的韧性。分步实施就是在总体的目标框架下，通过每期的阶段性建设实现若干明确的子目标，每期重点建设 2~3 个平台（30~40 个应用）的业务体系，根据需求的优先级，以及数据的完备情况，实事求是，稳步建设。长短结合中的"长"就是长远目标，持续夯实基座，持续构建数据仓库，持续推进各应用的迭代升级，持之以恒；"短"就是注重近期效果，结合大学需要加快推进的紧要任务，以及业务体系中的重点、难点，每期解决若干关键问题，连"短"为"长"，使每期建设既有明显的显示度，又包括长远的基础建设。WeMust 一般以一年为一个建设周期。

从总体上看，WeMust 按照构建基础平台、推出示范应用、打通关键应用、深化数智转型等主要阶段，在推进项目建设的同时，逐步构建可持续发展的技术生态与业务生态环境。

1) 优先构建基础平台

WeMust 优先构建基础平台，主要包括基础数据中心和集成服务平台。各业务领域的具体应用服从统一规划，在统一认证、统一数据、统一授权的基础上展开，并部署在集成服务平台上。基础数据中心和集成服务平台既是"长"线发展的基础，也是"短"线快速实现的保障。除基础数据中心和集成服务平台外，WeMust 还将基础性服务纳入优先构建范围，建立基础组件和基础应用，如消息推送、待办事项、统一支付等。

2) 选择推出示范应用

WeMust 选择大学的主要业务领域，建立示范应用，由点及面，体现 WeMust 推进业务转型的能力和技术优势，让各业务部门快速认识 WeMust，亲身体验 WeMust，理解智慧服务平台的整体构想和建设思路，从而积极参与 WeMust 建设。示范应用虽然看似为"点"，但每期都会选择涉及面较大、用户较广的应用，如线上与线下混合课堂、上课签到等，以增强示范效果。

3) 持续打通关键应用

WeMust 各应用平台普遍对应大学的一个或几个部门的业务，每个业务部门都有关键或主要的业务应用，如人力资源服务平台的关键应用是人力资源管理，涉及请假、考勤、业绩评核等，其中业绩评核需要课时数、科研成果等数据基础，初期难以实现；教学服务平台的关键应用是排课，并通过排课形成课表，而课表是一系列课堂教学活动的核心。于是，WeMust 先实现关键应用——"排课"与"课表"，积累教师课时数相关数据。同样，在科研平台上先建设"科研成果库"，在这些关键应用建立起来后，就能构建起这个平台业务的主要数据链，也打通了平台之间的数据流动环节，使各平台的业务可以一个接一个地实现，最终覆盖所有部门的所有业务。

4）全面深化数智转型

WeMust 在推进数智转型的过程中，从业务信息化管理转向以"数据"为重要资源的管理，推进统一数据建设、统一数据部署、统一数据治理、统一数据仓库，力求实现高质量、深层次的业务转型与重构。特别是针对原有系统，在吸收已有经验、充分理解业务流程的基础上，建立一整套基于统一数据的业务解耦与重构方案，实现全面集成化管理，并将建立的标准与规范纳入 WeMust 平台体系。

例如，澳门科技大学原有招生与教务系统，这是两个独立的系统，只是在招生录取后，学生数据会同步到教务系统，构成新生"报名→录取→缴费→注册→报到"数据链，但在"报到"环节，即"迎新"环节并没有实现完整的应用系统管理，更没有其他校园生活应用与之配合。在不影响大学正常运行、不影响招生的情况下，如何将原有系统与 WeMust 对接是一个非常大的问题，是一项艰难的任务。WeMust 首先实现"注册→报到"环节，推出「迎新」应用，将原系统与 WeMust 数据关联；随后，采取一点一点准备数据、一个一个微应用持续搭建、细致梳理原有系统逻辑与结构、与招生和教学部门充分沟通协调的方式，结合大学未来发展需要有序推进业务优化与系统迁移，并在此过程中完成业务重构与深化转型。

2.3.4 规范先行与质量控制

澳门科技大学遵循国际标准化组织建立的《IT 服务管理体系标准》（ISO/IEC 20000）和信息技术基础架构库（Information Technology Infrastructure Library，ITIL）中的资讯服务管理流程，全面采用 DevOps 开发运营模式，重视软件开发人员和运维人员的沟通合作，以建立规范有效的软件开发、软件交付、软件发布、软件变更等一系列工作流，让 WeMust 平台构建、软件发布更加快捷、可靠，让 WeMust 平台运行更加顺畅、安全。WeMust 不断完善 4 个规范，即产品标准体系、开发标准体系、运维标准体系和安全标准体系，每个规范在内容上又细分为规范、细则（指引/指南）、附录 3 个层级。规范是第 1 层级，重点是原则、分工、主流程、主要环节的工作要求，突出团队协作，是全局性内容，其涉及的细则或附录必须在规范中列明，并设置一览表。细则是对关键环节的展开，一般与实际情况相匹配，范围限于一个团队，是相对具体的局部性内容，需要指出所依据的规范和所涉及的附录。附录主要是一览表或实例，作为数据档案和查询参考，防止规范、细则体量过大。

1. 产品标准体系

WeMust 产品流程大致由 18 个环节组成，包括需求获取、调研分析、输出思维导图、输出流程图、内部评审系统设计、输出产品原型、内部二次评审、技术评审、完善需求文件、发起需求任务、发起设计任务、需求澄清、需求澄清修正、开发答疑、开发组织、用户验收测试（User Acceptance Testing，UAT）、输出验收清单、维护跟踪用户反馈等，涉及产品设计原则、产品设计范围与组织、产品统一命名与版本控制、产品统一用户界面（User Interface，UI）设计、产品统一数据与数据管理、产品需求调研与反馈分析、产品架构设计与功能设计、产品规范文档等。4 个重点规范如下。

1）产品设计规范

《WeMust 产品设计规范》针对所有开发产品和引进产品提出总体要求，进行流程化控制，确保产品设计的稳定性，通过将复杂过程分解为一系列标准化、可管理的环节，令每个环节得到充分的关注和优化，从而提高整个过程的效率和质量。流程规范还有助于团队协作和沟通，通过明确各环节交接标准，可以避免资讯传递的混乱和遗漏，有助于团队成员之间的协作和沟通。例如，WeMust 产品版本控制采用 WM（WeMust 的缩写）作为各产品编号的前缀，以便进行全局沟通和产品识别。在版本号命名上，采用三位数字格式 X.Y.Z，其中 X 代表主要版本号，用于标识产品发生重大变革时的更新；Y 代表次要版本号，反映产品的一般性更新；Z 代表修订号，用于小范围的错误修正或细微调整。

2）产品用户界面规范

WeMust 针对产品用户界面，针对视觉设计、交互元素、页面布局、反馈、文本内容、兼容性 6 个要素进行规范，编制并实施《WeMust 用户界面设计：Web 平台设计语言规范手册》和《WeMust 用户界面设计：移动端设计语言规范手册》。例如，Web 用户界面设计相关规范中"反馈组件"的警告部分主要规范全局样式、组件、尺寸适配等，如图 2-9 所示。

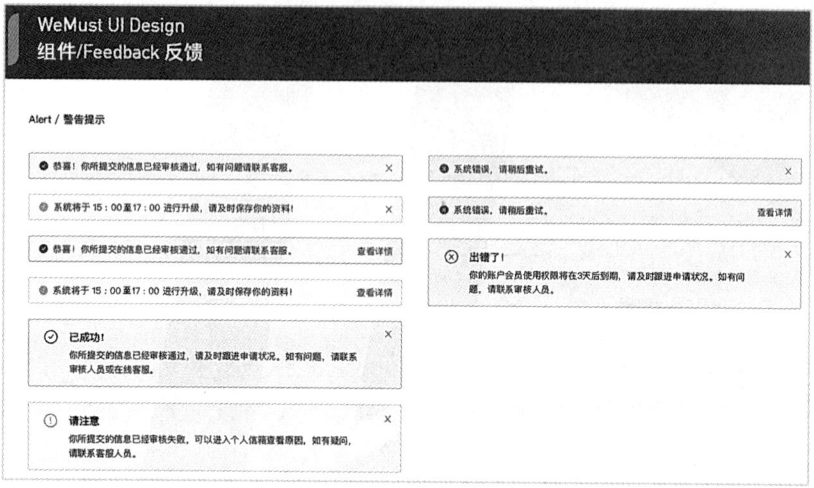

图 2-9　WeMust 用户界面设计——反馈组件警告提示样式规范

3）产品数据规范

《WeMust 产品数据规范》是针对产品的数据设计、数据库设计和数据管理的规范，包括初始数据模型的建立、数据库实现和数据维护的全过程，目的是为数据库设计师、开发者及数据管理人员提供清晰指引，确保数据的可靠性、准确性和一致性。《WeMust 产品数据规范》要求**四个统一**。

- 统一编码规则，整个平台的用户、资源、日志、事件等要统一编码规则。
- 统一命名规则，应用平台、应用系统、数据库、字段、文件统一命名规则。
- 统一格式，关键及常用数据字段类型统一格式。
- 统一字段，相同、相近属性的数据表的主要字段要统一字段名称。

WeMust 产品设计过程中的数据和数据库设计应严格遵循三个必须：一是必须通过数据管理员的审核；二是必须由核心团队统一负责数据库实施与数据处理；三是必须遵循数据操作的基本原则，如读写账号分离、读取账户共享、写入账户专属、权限分配集中等原则。

4）产品规范文档

WeMust所有产品遵循统一的文档系统化管理，采用专业的原型设计工具，如 Axure、墨刀，确保从需求到实现的全过程覆盖，每个产品文档必须包含**五类描述**，具体如下。

- 〖基本数据〗描述产品的项目名称、背景、首次立项时间、用户群体等。
- 〖修订记录〗描述产品的所有变更，包括变更的原因、对应产品版本、修订时间、修订内容、修订人及涉及的需求编号等。
- 〖产品文件〗描述产品的基本介绍、可交付成果、用户描述、功能结构和列表、产品间关系和原型设计、业务流程、应用范围、数据范围、迭代计划等。
- 〖关联应用〗描述产品的关联应用，如与消息推送、日程管理、帮助中心、日志系统的关联等。
- 〖原型地图〗描述与相关内容页面的索引。

2. 开发标准体系

开发标准体系是开发管理的统一规范和标准依据，为需求管理、任务管理、缺陷管理、代码管理和发布管理等提供统一规范和标准，以提高开发效率和质量。

1）软件开发规范

《WeMust 软件开发规范》是软件开发人员在从事具体编程过程中遵循的总要求和基本规则，主要涉及软件开发原则、职责与分工、开发环境与工作、开发工作流程等，包括 3 个细则、6 个指引、7 个附录。即《WeMust 项目管理细则》《WeMust 软件测试细则》《API 设计细则》《App 交付开发指引》《日志编写指引》《开发环境目录指引》《项目计划编制指引》《测试点管理指引》《BUG 管理指引》《附录：开发核验事项一览表》《附录：App 自测事项一览表》《附录：CSS 风格指南》《附录：测试点基本要求一览表》《附录：测试点执行结果示例》《附录：BUG 管理文档示例》《附录：测试通过消息通知示例》。

WeMust 开发前后端代码遵循《Java 开发手册》，API 遵循《RESTful API 开发细则》，按照产品用户界面设计规范和产品规范文件要求组织开发，按照《WeMust 软件测试细则》规范组织测试，在开发过程中加强安全控制，并按运维要求部署日志和编制环境配置文件。

2）项目管理细则

《WeMust 项目管理细则》是软件开发项目管理者及项目参与人员共同实现软件开发进度与质量控制的总要求和基本规则。WeMust 基于团队发展趋势、项目特性及项目规模，采用"混合开发模式"，将澳门团队、深圳团队、横琴粤澳深度合作区团队结合，将敏捷开发模式、DevOps 开发模式与其他传统开发模式结合，将整体系统按业务模块进行颗粒度拆分，分解任务、分阶段实施，逐步实现总体目标。《WeMust 项目管理细则》主要涉及项目管理原则、角色分工与职责、项目计划制定、沟通与汇报机制、进度管理策略、测试与验收要求、项目效果评估等。采用专业的项目管理工具，将需求产出至交付、漏洞反馈至修复，以及任务指派至办结等环节囊括在项目管理流程中，从而确保项目的高效运作与质量把控。

3）软件测试细则

《WeMust 软件测试细则》涵盖 Web 和 App 体系的各类产品，以及 App 专项和接口专项测试，主要包括测试原则与方法、测试流程与组织、测试计划与用例、测试内容要点、结果与缺陷记录、测试总结与分析等。

WeMust 要求测试用例源于产品需求，在开发之前制定；测试方法主要包括系统功能测试、用户使用场景测试、非功能性测试（安全、性能、压力、负载）、探索性测试（根据经验和直觉创造可能出现的其他场景）；测试主要分为开发测试、UAT 测试、产品测试 3 个部分，运维人员在 UAT 测试和产品测试部分深度参与；测试内容涉及安全控制、数据库字段使用、异常处理、数据字典、事务控制与日志、消息异步、敏感信息处理、连接池最大连接数、并发场景处理、导入模板格式等。

3. 运维标准体系

运维标准体系涉及以下内容。

1）系统运维规范

《WeMust 系统运维规范》专门针对应用系统制定，包括系统运维、运维工作内容与流程、职责分工、运维环境与工具、信息系统及硬件管理、版本控制与发布管理、日志中心与系统监控、系统变更与漏洞管理、密码与环境配置、运维计划与实施等。运维计划重点涉及应用系统首次部署、版本更新、BUG 修复，重点关注运维计划名称、应用系统名称、计划时间、计划时长、实际结束时间、计划状态、发布人、发布时间、运维人等。

2）环境配置细则

《WeMust 环境配置细则》是运维过程中，针对不同类型服务器的配置规范，涉及服务器命名规范、操作系统版本约定、系统分区规则、系统初始化要求、用户设置与权限、网络配置、时间同步、服务器组件及中间件部署管理（JDK、Maven、MariaDB、Redis、Tomcat、Nginx 目录及配置）等。

3）工程部署细则

《WeMust 工程部署细则》规定静态 JS 工程和 NodeJS 工程部署的步骤及相关事宜。例如，开发分支部署在 DEV 环境下，重点为交付前管理，包括交付前版本管理、测试，直到交付；UAT 分支部署在 UAT 环境下，重点为交付后与投产前管理，包括交付后版本管理、测试，直到发布、投产；master/prod 生产分支部署在生产环境下，重点为投产后管理。WeMust 工程采取自动部署方式，环境参数由发布方事先配置，上传后与软件一起自动部署。先行部署 UAT 环境可避免实际部署可能出现的失误，包括环境设置的失误。

4）监控管理细则

《WeMust 监控管理细则》规定收集基础设施和应用系统的事件、指针和日志，构建日志中心，避免直接访问服务器查询日志。监控中心提供仪表板绩效指标和修正点，将警报规则实施至遥测分析。

5）运维操作细则

《WeMust 运维操作细则》主要涉及日常运维要求、操作习惯要求（备份）、数据库部署操作要求、应用部署要求、密码强度要求等。例如，禁止使用 root 用户远程登录，在进行任何操作前先备份源文件，备份文件名必须加八位年月日命名等，数据库部署则要求数据文件和系统盘分开。

4. 安全标准体系

安全标准体系是系统安全性要求的统一规范和标准依据，为代码的安全控制、运行环境安全、网络通信安全、日志管理、电子签名、安全监控、安全扫描、渗透测试等提供统一规范和标准依据。澳门科技大学根据《网络安全法》（澳门特别行政区第 13/2019 号法律）与 PwC 合作建立完整的信息安全管理制度及工作规范，编制《澳门科技大学资讯安全管理及工作规范》，涵盖信息安全政策、信息安全管理规范及信息安全管理指引，同时申请国际标准化组织 ISO 27001 认证。

1）信息安全政策

《澳门科技大学资讯安全管理及工作规范》是构建澳门科技大学安全标准体系的总纲，定义了大学信息安全的主要目标是：机密性、完整性、可用性，以及所有资讯操作必须符合相关法规要求，规定了信息安全的覆盖范围、信息安全的组织架构及其权责、信息安全准则等，规定由资讯科技发展办公室（ITDO）制定各类信息安全规范，经校长办公会、校务委员会审议批准后发布执行，由资讯科技发展办公室的信息安全推动小组负责监督。资讯安全组织架构如图2-10所示。

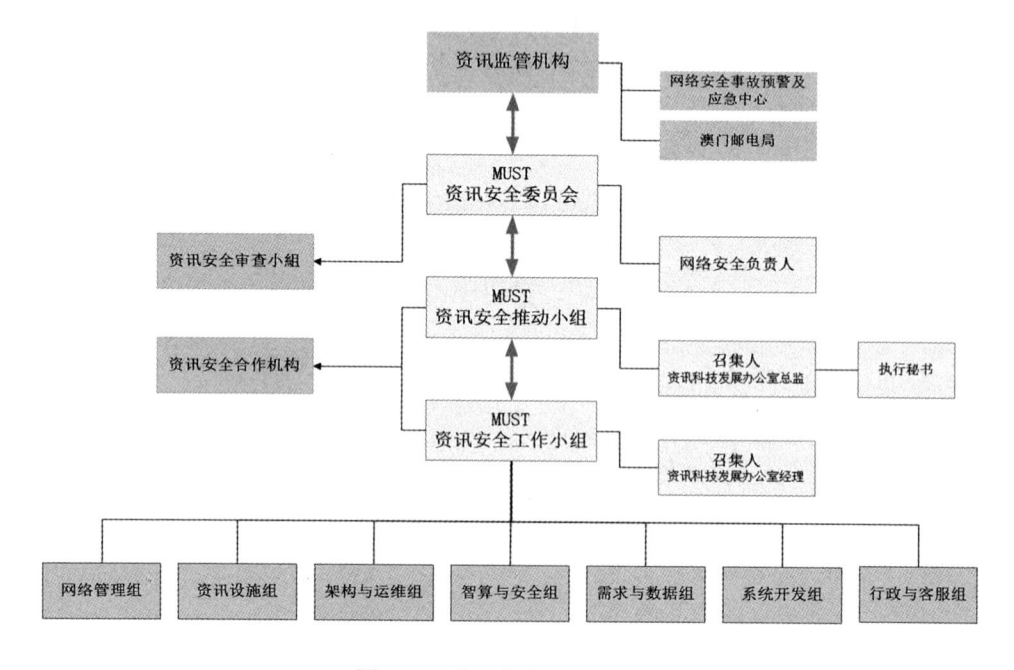

图 2-10 资讯安全组织架构

2）信息安全管理规范

《WeMust信息安全管理规范》是落实信息安全管理政策的具体细则，描述负责单位的信息安全管理体系（Information Security Management System，ISMS）的架构与建置方法，阐明信息安全管理体系中的工作人员应遵守的信息安全规范，以及在信息安全工作规划、实践与持续改进的过程中所应扮演的角色与权力职责，主要涉及信息安全总纲，以及信息安全相关规定、指引、表单与附件目录。

信息安全管理规范是针对信息安全管理细则制定的一系列标准程序，主要包括信息安全组织规范、信息安全管理制度规定、信息安全文件与记录管理规定、信息资产及风险评估管理规定、信息资产保护规定、人员安全管理规定、第三方服务安全管理规定、业务营运持续管理规定、信息安全事件管理规定、信息系统设备管理规定、安全区域管理规定、网络及通信管理规定、系统开发与维护管理规定、信息安全自行审查作业规定、信息安全指针管理规定等。

信息安全管理体系运作（如图 2-11 所示）依照规划与建立、实施与运作、监督与查核、维护与改进的流程进行循环，在利害相关者的协作下，不断推进满足信息安全要求及期望，实现信息安全管理目标。

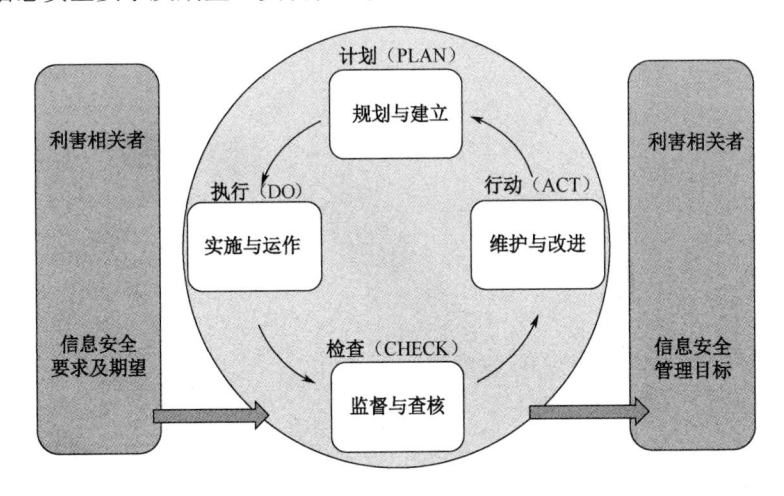

图 2-11　信息安全管理体系运作

3）信息安全管理指引（含附件）

信息安全管理指引是参考 ISO 27001 的针对各领域监控管理项目制定的一般性管理指引，主要包括信息资产报废及销毁作业指引、账号与权限管理指引、个人资料保护作业指引、第三方管理与驻场工作指引、信息业务持续营运暨演练测试作业指引、系统安全管理作业指引、机电暨支援设备作业指引、媒介管理作业指引、数据库管理作业指引、办公安全管理作业指引、门禁管理作业指引、机房人员例行性作业指引、机房建设及维护管理作业指引、个人计算机及可携式设备管理作业指引、网络使用及设备管理作业指引、防火墙管理作业指引、数据传输管理作业指引、无线网络及手提装置通信安全管理作业指引、VPN

使用作业指引、系统备份管理作业指引、漏洞及补丁管理指引、防毒软件管理作业指引、员工使用互联网作业指引、信息系统开发安全管理手册、信息系统开发及运维管理指引、电子数据取证指引、信息安全系统变更管理指引、密钥管理指引、信息安全事件操作指引手册、DDoS防御与应变作业指引等。同时，其按照管理规定及指引的具体作业要求或作业办法定义了一系列信息安全管理表单及附件，如申请及检核文件等，以留下信息安全记录。

第 3 章

WeMust 实践：脚踏实地　循序渐进
聚沙成塔

3.1 WeMust 建设历程

2017年下半年，澳门科技大学开始筹划数字化转型与智慧化建设，制定了未来五年总体建设规划，其主要内容与原则包括：在保证大学正常运行的情况下，实施全面重建；明确了统一规划、分步实施、长效发展与短期效果相结合的发展路径；规划方案可不受原有系统的约束，以保证数字化转型的全面展开和智能技术的全面应用，实现从信息化到数字化的跨越式发展。

截至2024年4月，WeMust已完成五期项目建设。在统一规划下，WeMust首先构建起数据中心基座和应用集成基座。从尚未在澳门科技大学建立的应用入手（如办公管理、合同管理、校园支付等），搭建整个应用体系架构，推出了WeMust网站服务门户与移动服务门户；在全校范围内开展技术发展思路宣讲与应用系统使用培训，在不断夯实基础的同时，面向学生打造示范应用，让师生体验到WeMust的效果和能力；通过WeMust不断积累的规模化建设和应用经验，全面梳理业务流程，原有系统重构升级与新系统研制并行推进，业务范围覆盖全校各业务领域；深入推进全校业务系统化建设和跨平台协作，运用AI技术引领全校数字化转型与智慧化建设。

WeMust的建设既涉及新平台和应用集群的构建与升级迭代，也包括原有平台的逐步迁移和重构，这是一个必须经历的过程。全校师生不仅要重新理解智慧校园和智慧服务，还要从使用者变为参与者，推动智慧服务平台的持续发展。WeMust在建设、重构和迁移过程中，在确保不中断业务服务的基础上，吸收了原有系统的业务要素，在新平台上持续实现功能的重构，从而确保了业务体系的连续性和完整性。WeMust依托开放的架构和高效的开发团队，将迭代升级作为常态化工作，及时解决各项业务互联和新技术发展面临的新问题。采用敏捷开发的方法，将很多应用不断迭代升级，有些应用已迭代至4.0甚至

5.0 版本。WeMust 建设从试点阶段到示范建设，再到全面建设、迁移和跨平台联动，引入了人工智能技术，从而获得了持续有力的技术与机制保障，获得了更多的合作、参与和支持，也被寄予更多希望，使 WeMust 成为一个承载着美好向往的不断成长的有机体。

WeMust 主要建设历程如图 3-1 所示。

一期：2017年10月至2019年2月
统一规划 构建基座 10+
- 编制总体方案
- 推出WeMust品牌
- 建立统筹与研发机制
- 建立员工全局思维模式
- 构建1个中心2组平台
- 上线教职员服务门户及办公应用

二期：2019年3月至2020年10月
夯实基础 示范应用 30+
- 学生服务门户及数十个应用
- 校园支付、教学服务平台、储物柜系统
- 「云课堂」「云会议」
- 学位论文系列应用
- 成立资讯科技发展办公室

三期：2020年11月至2021年12月
支撑业务 彰显能力 100+
- 纳入大学策略规划
- 建立优先级评估机制
- 为原教务系统重构做准备
- 人力资源服务体系
- 图书馆服务集成

四期：2022年1月至2023年2月
迁移迭代 积厚成势 200+
- 重构排课、选课、排考
- 缴费系统、服务柜台
- 宿舍服务，从报名到离校数据链
- 全流程科研服务
- 空间资源统一调度

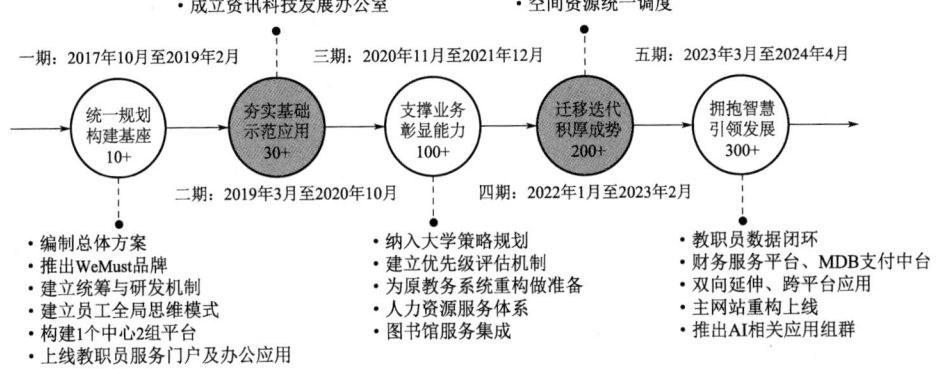

五期：2023年3月至2024年4月
拥抱智慧 引领发展 300+
- 教职员数据闭环
- 财务服务平台、MDB支付中台
- 双向延伸、跨平台应用
- 主网站重构上线
- 推出AI相关应用组群

推进 All in One（WeMust）策略

图 3-1 WeMust 主要建设历程

3.1.1 WeMust 一期：统一规划、构建基座（2017 年 10 月至 2019 年 2 月）

2017 年 10 月，澳门科技大学开始筹划数字化转型与智慧化建设，由主管副校长负责，成立专门工作小组，对大学应用系统和网络设施现状进行全面检视、调研和评估，提出了大学智慧服务平台规划基本思路与建设路径；2018 年 2 月，大学编制了《澳门科技大学智慧校园策略规划（2018—2020）》，并按照统筹建设、分步实施的原则，拟定了《澳门科技大学 WeMust 项目方案》，启动 WeMust 首期项目建设。WeMust 先建立起较为有效的组织管理机制，在全校范围内宣传动员，提升数字化思维意识；在平台建设方面，初步建成基础数据中心、集成服务平台和基础服务平台，基本实现了统一认证、统一授权、统一数据和统一日志。通过探索和实现部分应用，搭建起集成门户和整个应用体系架构，同步着手建立从开发到运维的全流程规范体系，以满足可持续发展需要。随着第一期应用的陆续上线，用户逐步被引流到 WeMust，预期目标达成，WeMust 品牌正式登场，逐步获得了用户的认可。

1. 编制总体方案，推出 WeMust 品牌

澳门科技大学将数字化转型和智慧化建设融入总体发展理念，在服务大学核心价值理念的前提下，以提高大学竞争力为目的，以需求为驱动力，以服务为导向，以助力大学发展、彰显大学成就、服务每个人为总体目标。

澳门科技大学制定了五年发展目标，主要包括：用一年时间细化规划并成立相关机构，建立基础数据中心、基础服务平台、集成服务平台；用三年时间建成覆盖核心业务的应用服务平台，建立并不断完善 Web 服务和移动 App，建立规范体系，提升基础设施与环境，扩充完善服务应用，建成大学数据仓库；用五年时间基本实现智慧服务平台建设目标并不断扩展与深入。

在总体方案中，强调可持续发展，采用可成长模型，在分层架构的基础上，支持功能模块动态插入及满足系统功能动态扩展要求。

数字化转型和智慧化也是一个营销的过程，一个简洁响亮、有辨识度、有归属感的品牌不仅能体现大学的创新发展，更能作为大学的现代化、创新性形象，成为大学与师生建立深厚情感联系的有效载体。为此，大学推出 WeMust 品牌，进行了全面的诠释和品牌 UI 设计。

2. 明确发展路径，建立统筹与研发机制

依据澳门科技大学数智转型的关键点与切入点分析，大学明确了发展路径，即资讯科技办公室（ITO）维持已有各系统，保证大学各项教学科研与管理业务正常运行，同时组建一个核心团队，采用将自行研发与委托研发结合的模式，构建大学新型智慧服务平台，开发与迁移并行，优先为尚未实现数字化的业务开发应用，同时按需重构原有系统，同步支持第三方系统引进与集成。

在寻找第三方开发合作团队的过程中，澳门科技大学选择了一家规模适中、有开发经验、在开发中以达成共识和目标一致为前提、能与 WeMust 一起成长的专业软件开发公司，合作的建立基于敏捷开发模式，统一项目管理和产品版本控制，注重用户需求与原型设计，确保开发与运维紧密协作。同时，围绕 WeMust 产品设计、开发组织、安全与运维逐步构建起一整套规范，让开发人员能够理解需求，让业务人员能够理解系统设计，让用户能够掌握应用。在制

订新应用开发计划的同时，促进开发与运维融合，确保运维状况与用户反馈能够及时传达给开发团队，不断促进产品质量提升和应用系统的优化迭代。

3. 统一思想意识，建立员工全局思维模式

《华为数字化转型之道》一书将"拥抱转变"作为一个重要的改革观念，其中提到了五个转变，第一个就是"转变意识"，指出"每项工作都是企业这个有机整体的一个有效环节"，并需要"为下一个工作环节做好准备，尤其是数据的准备"，而且"任何工作都不应是孤立的，必须有数据积累和流程化设计"。同时提到"工作目标是服务，管理是融合在服务中的"，即必须实现从管理到服务的观念转变，以节省他人的时间、为他人带来方便为目标。

为在全校范围内统一思想，从校领导到各部门主管，以及其他管理人员都要接受培训，将"大学是一个在生长的有机整体，大学的发展理念是融入在规则与流程中的"这一概念贯彻到日常工作中。在一个整体中，看似与某个人没有关系的事情，并不是真的没有关系，很可能会带来很大的影响。每个部门、每个员工必须以积极的态度应对所有的改变，建立跨部门的思维模式。

4. 构建基础数据中心和集成服务平台、基础服务平台

WeMust 一期项目优先构建了基础数据中心、集成服务平台和基础服务平台。围绕统一认证，从多个平台汇集大学用户数据，规范大学部门、职位及主要用户分类属性，建立必要的同步机制以确保系统的完全整合。围绕统一资源管理，从多个平台汇集大学服务资源数据，规范格式并统一存储。围绕集成化管理，构建基于应用数据字典的应用系统组织管理机制，包括应用注册管理、应用许可证管理和应用身份证管理等部分。将涉及全局或多个领域的基础性应用纳入基础服务平台管理，包括消息推送、日程、审批等，通过多种机制充分复用和共享数据。

5. 基于教职员 Web 和 App 的办公与基础应用上线

2018 年 10 月，WeMust 一期应用如期上线，同时推出教职员 Web 服务门户与 App 服务门户，主要业务聚焦大学最基本的办公服务平台，包括「公文」「资讯」「接待」「会议」，推动无纸化办公和移动办公。

WeMust 一期推出的管理相关应用，补充了澳门科技大学当时缺失或不完善的功能。WeMust 一期构建起了整个平台的架构，并探索了从开发到部署及

运维的全过程，积累了新应用研发上线和从原有系统迁移、同步数据的经验。基础服务平台和办公服务平台部分应用的上线，为 WeMust 基础数据中心提供了较为完整的教职员数据及相关业务数据，也初步显示了 WeMust 的能力。

3.1.2 WeMust 二期：夯实基础、示范应用（2019 年 3 月至 2020 年 10 月）

2019 年 3 月，WeMust 启动二期项目建设。在不断夯实基础数据中心、集成服务平台、基础服务平台的同时，推出「学生 Web」与「学生 App」服务门户，构建起支付服务平台，上线「校园卡」「钱包」「消费券」「储物柜」「报修」等一系列应用，将全校师生引流到 WeMust 平台上。通过在全校范围内的示范应用与多个项目的成功集成实践，尤其是在疫情初期快速搭建的「云课堂」「云会议」应用，保证了疫情期间大学教学与科研活动的正常运行，极大地提升了师生对 WeMust 的认可度，彰显了 WeMust 的先进性和服务能力，逐步形成了良好的 WeMust 发展生态。

随着二期项目建设的顺利完成，WeMust 平台的应用日益丰富，成为学生学习和生活的重要助手。

1. 基于学生 Web 和 App 的应用陆续上线

在教职员 Web 服务门户与 App 服务门户成功应用之后，WeMust 开始面向学生构建服务门户，进一步扩大应用范围，聚焦学生的学习和生活，推出示范应用。2019 年 9 月，WeMust 推出「学生 App」服务门户（iOS/Android）；2020 年 5 月，「学生 Web」服务门户上线。

在二期项目结束时，学生服务门户已汇集「日程」「消息」「课表」「论文」「资讯」「迎新」「云课堂」「活动」「问卷」「报修」「账单」「校园卡」「储物柜」等数十个应用。

2. 构建全方位"一卡通"校园支付服务平台

构建校园"一卡通"通常是大学数智转型的首要目标。WeMust 没有止步于一般意义的一卡通身份识别，而是针对大学总务、财务、IT、学生事务、教务、图书馆等应用中用户以现金交费出现的"排长队"现象，果断将校园支付服务列入示范应用。

在澳门科技大学的全力支持下，WeMust 建立起「钱包」应用组群，支持使用钱包「零钱」和「消费券」在大学校园内消费；建立起账单机制与收费应用组群，支持大学各类收费项目；与校园商户建立对账、结算机制与应用组群。多个应用组群构建起大学统一的支付与结算管理平台。随着支付平台的不断完善，现金支付大幅减少，师生无论身在何处都可以申请大学的各项服务，完成线上支付，彰显了 WeMust 的便捷和高效，效益明显。

3. 从"上课签到"入手构建教学服务平台

教学服务是高校的重要业务领域，也是全面数智转型的关键切入点。澳门科技大学对学生上课的出勤率有明确要求，教师课前、课中的点名占用了大量的上课时间，成为教学管理中的一大痛点。为此，WeMust 利用原有 COES 教务与教学管理系统数据，在 WeMust 教学服务平台先行构建「课表」，建立「上课签到」应用组群。经过多次论证与探索，WeMust 选择了既简单又经济的"无源蓝牙"技术，通过蓝牙定位辅以 GPS 定位确保学生走进课堂才能签到；通过与课表对接，限定只有选课学生才能签到；授课老师可在 WeMust 上清晰地看到学生签到情况，并可在课堂上为学生补签或在课上发起"点名"。整个「上课签到」过程完全依据教学管理规则，指定学生群体、指定课室、指定时间，确保"此时、此地有课的学生才能签到"。

4. 升级实施储物柜系统，彰显集成化能力

在 WeMust 二期项目建设期间，教务、人力资源管理、财务、总务、科研管理的大部分功能依然依托原有系统，WeMust 选择部分关键点补充实现新功能。同时，WeMust 在整个大学业务领域，聚焦相对独立、费工费时、涉及全校的业务，在新平台上实现系统化管理。

储物柜是为学生提供的一项服务。在 WeMust「储物柜」应用推出之前，储物柜由学生事务处管理，采取线下租用方式，相对简单且独立。WeMust 不是简单地沿用原有模式去重新构建系统，而是选择在"无网络"状态下，结合校园一卡通技术，对部署在全校的储物柜系统进行统一升级改造，改进租用流程与服务模式，由单一的按学年租用，改为按天、按月、按学期等多种租用与收费方案并存的模式，增加储物柜至 1500 多个，学生可随时就近租用并进行快

捷支付。其最大的创新点就是储物柜不依赖有线网络，对储物柜本身系统的要求较低，大幅降低了迁移、置换与维护的难度和费用。2020 年 8 月，「储物柜」应用上线，深受学生欢迎。同时，澳门科技大学改进了管理流程，无须学生事务处提供任何服务，大幅降低了储物柜的投入和维护成本，也极大地方便了学生。另外，通过租用数据分析，将储物柜迁移至学生需求量最大的地方。「储物柜」既是校园快捷支付的应用场景之一，也成为健康运营、数据支撑决策、业务流程重组的典型案例。

5. 快速上线「云课堂」「云会议」，凸显研发与部署效率

根据澳门特别行政区高等教育局《因应新型冠状病毒事件高等院校应采取的措施》等指引，2020 年 1 月 30 日，澳门科技大学决定采用"网课"形式保证教学正常运行，而且必须于 2020 年 2 月 17 日在全校范围内开通网上教学，这对 WeMust 是一次机会也是一次挑战。在校领导的全力支持下，WeMust 很快确定了利用 Zoom 平台构建 WeMust「云课堂」的方案，将 Zoom 账号与课室对应绑定，同时将大学课表数据、学生选课数据快速同步至 WeMust 平台，仅用 10 天就完成了「云课堂」的构建，并以"一键上课"这种最简单的方式将分散在全球各地的师生联系在一起。WeMust「云课堂」不仅保证了正常的教学活动，更把大学教务管理的相关内容融入平台，能完整记录学生的上课出勤情况，支持教务人员巡课，并嵌入 Moodle 和教参系统 Leganto 等。通过一系列培训，让教师快速掌握了 Zoom 平台的各种功能，保证全校于 2020 年 2 月 17 日正常上课。

与此同时，WeMust 陆续构建「云会议」等应用，为研究生在线招生面试、毕业论文答辩、在线考试等提供支持。

快速构建的 WeMust「云课堂」，彰显了 WeMust 团队的研发、集成、快速部署和支撑能力，更凸显了 WeMust 平台的构建能力。截至 2020 年的第 2 学期结束，WeMust「云课堂」总计支持了 681 个科目（Course）的在线教学，总课堂数接近 1.8 万个。此外，WeMust 支持了近 600 多场线上考试、262 场涉及 1.2 万人的研究生自主招生考试，以及 214 场论文答辩。

6. 面向研究生教学推出学位论文系列应用

2020 年 5 月，WeMust 推出教学管理的重要领域——研究生论文指导的线上「论文提交」与线上「论文审核」等主要应用，解决了研究生论文审核涉及

的指导老师评审、评审委员评审等多个复杂环节的问题，为研究生撰写论文并取得成绩提供了便利，也极大地方便了研究生指导老师、研究生院及时了解研究生的学习状况。

7. 升级大学资讯管理部门，强化统筹执行力

2019 年，澳门科技大学资讯科技办公室（ITO）升级为"资讯科技发展办公室"（以下简称 ITDO），由主管副校长任主任，直接归属校长办公室，扩大技术团队，统筹全校的 IT 基础设施建设与数字化、智慧化校园建设。

2019 年年底，ITDO 出台《澳门科技大学智慧校园策略规划（2020—2025）》（以下简称《规划》），提出：2020—2025 年，对大学信息与网络基础设施进行完善，建立起大学的信息技术应用架构与规范平台和智慧服务平台（WeMust），以数据为驱动，逐步实现智慧校园，为大学的发展奠定基础，提供技术支撑。其总体目标是：提质升级、服务随行、信息随行、智能获取、应用移植、跨区服务、资源池化、全程记录。

《规划》同时指出：为保证智慧校园策略规划的有效落实与执行，需要大学全体师生的参与和努力，这不仅是大学资讯部门的任务，更是大学整体的任务与目标。大学应建立一个整体的、积极的、持续的、创新的文化氛围，建立一个明晰实用、可靠一致、集成规范的实现机制，提升全员素质，加强沟通，加强合作意识。

ITDO 的组建，为《规划》的实施提供了机构与技术保证。

3.1.3 WeMust 三期：支撑业务、彰显能力（2020 年 11 月至 2021 年 12 月）

随着示范应用效果的显现，WeMust 需求与应用迎来爆发式增长，各部门运用 WeMust 管理和服务的迫切性不断提升。2020 年 11 月，大学编制了《澳门科技大学 WeMust 项目（三期）方案》，启动三期项目建设。三期项目聚焦多个业务领域和平台，发挥全校统筹的优势，梳理主要流程，突破关键业务，全面推进各平台建设与重构，其中最关键的就是平衡应用开发的优先级。WeMust 从大学业务发展需要及数据的全域覆盖程度出发，在各部门的大力支持下，推进各应用服务平台的平衡发展，取得显著成效，应用数量超过 100

个，覆盖所有业务部门，成功建立起 All in One（WeMust）的机制与信心，逐步积累起珍贵的数据和多种平台的建设经验。

从 WeMust 三期起，澳门科技大学以 WeMust 为核心的数智转型全面展开，开始探索重构教务管理平台，以推动业务融合，为未来发展做好技术与数据准备。

1. WeMust 被纳入大学策略规划

《澳门科技大学策略规划（2021—2025）》提出"应加快推进资讯科技基础设施升级与资讯安全，不断完善 WeMust，支持大学数字化转型、智能化升级、融合创新，提升校园综合服务保障能力"。明确了 WeMust 在大学发展中的引领与支撑作用，为 WeMust 的深入与全面发展提供了保障。

2. 建立评估机制，从整体上确定发展优先级

随着 WeMust 应用的陆续上线，澳门科技大学各部门切实感受到了 WeMust 带来的效益和未来的预期，从开始的被动参与转变为主动提出需求和要求尽快上线，积极性显著提升。ITDO 依据总体发展规划，从整体上确定发展优先级，建立了一整套优先级评估机制。第一，受众评估，师生的需求优先级最高；第二，数据上的准备，以"一数一源"为原则，考虑与应用相关的数据是否有完整的数据源；第三，大学发展需要，为大学未来发展做好系统与数据准备的应用具有较高优先级；第四，保障性需求，基础数据、基础服务、应用集成的优先级较高，坚实的基座是 WeMust 可持续发展的保证；第五，性价比高的需求，将投入与产出进行比较，可快速开发或接入的应用具有较高优先级。当然，优先级的评估，是在稳步发展中逐步完善、不断调整的，这也是 IT 治理的有效表现。

3. 迎新组群串联多平台，提升学生入学体验

迎新是最能体现大学智慧化建设的领域之一。随着澳门科技大学招生人数的快速增加，每年都会举全校之力重点保障迎新工作，为新生提供优质的服务。但由于涉及面广，一直未能实现全流程的信息化管理。

WeMust 聚焦迎新，精心打造迎新涉及的各环节，推进每个环节可线上操作或通过自助设备实现，并将一系列应用串联成完整的迎新流程。2020 年 8 月，「迎新」应用上线，新生在 WeMust App 上会看到一个完整的流程和指引，只要按要求提交相关资料，走完流程，就可以轻松办结相关入学手续。同时，

各环节服务人员在为新生服务的同时可实时了解当前环节业务的办理状况，管理人员则关注整个流程的进度，及时调整资源配置，大幅提高了迎新工作效率。在「迎新」应用上，WeMust 还与科大医院 HIS 系统深入对接，让新生可以在 WeMust 上预约体检时间与查询体检结果，相关部门也可以在 WeMust 上查询学生的体检结果。

4. 推进人力资源管理，助力大学可持续发展

澳门科技大学对教职员的管理与考核非常精细，针对教师与行政人员的管理制度也不同。随着大学的发展，对人力资源科学合理管理的需求日益迫切。继 WeMust 二期「请假管理」应用上线后，2020 年 11 月，WeMust 推出基于蓝牙和 GPS 定位技术的「考勤打卡」应用；2021 年 4 月，WeMust「排班」和「考勤报表」应用上线，全面解决了不同类型人员、不同工作地点、不同上班时间的考勤问题，并将考勤这一关键数据整合在一起，供部门主管、人力资源管理部门及个人查询，同时根据请假与考勤数据直接计算薪资。

5. 扫码借书实现图书馆 RFID 技术应用创新

2009 年，澳门科技大学图书馆开始在全馆范围内应用 RFID 技术，实现借还书、架位管理、图书防盗等基本应用。2019 年，图书馆自动化系统更换为 Alma 图书馆管理系统。WeMust 利用 Alma 提供的 API 接口，与图书馆的各种功能集成，如在统一认证的基础上，将图书馆统一发现搜索框嵌入 WeMust 教职员和学生的 Web 服务门户，将教参系统 Leganto 和 Moodle 嵌入 WeMust「云课堂」。

2021 年 1 月，WeMust 集成实现了手机「扫码借书」服务，师生打开 WeMust App 即可通过扫描图书上的馆藏条形码快速完成借书，同时以白名单的形式通知图书防盗系统，可顺利携书出馆。「扫码借书」服务不仅节省了自助服务设备的投入，还让师生有了自主性、私密性、非聚集性的借书体验。

3.1.4　WeMust 四期：迁移迭代、积厚成势（2022 年 1 月至 2023 年 2 月）

2022 年 1 月，大学编制了《澳门科技大学 WeMust 项目（四期）方案》，启动四期项目建设。针对各业务领域，深入挖掘需求，科学组织工作流和数据

流，在新平台上实现业务闭环，同时加强跨平台应用设计，启动数据服务体系研究。针对原有应用系统，将早期的局部并行处理，转为整体业务和数据迁移，逐步实现全面替代。针对新的发展要求和新技术的应用，及时组织开发与迭代升级工作。结合 WeMust 应用需要，以及 IT 基础设施的需求，WeMust 四期项目建设与大学基础设施建设同步展开。

1. 迁移重构教务系统，助力教务智能化

2009 年，澳门科技大学自行开发了教务与教学管理系统（COES），经过多年的发展，COES 独立运行，不断增加功能、不断修改数据、不断打各种补丁，运行效率远无法满足需求，已无人能完整地了解 COES 数据格式与底层逻辑。WeMust 在做好充分准备之前，依然依赖 COES，仅增加急需的应用。进入四期，WeMust 对 COES 中的数据关系、业务逻辑已有了较为全面深入的掌握，开始对 COES 中的主要业务进行迁移重构，在完善教务管理中的各类数据的同时，全面提升系统效率，助力教务管理全面实现智慧化。2022 年 3 月，在前期应用的基础上，重构「排考」「排课」「选课」等一系列应用。其中，「选课」应用不仅进行了系统重构，还在应用环境中集成了多种资源调度技术，在瞬间高并发情况下保障系统的响应能力和数据一致性。学生对「选课」的评价是"丝滑秒选"。

受疫情的影响，线上与线下上课经常发生变化，WeMust「云课堂」也多次升级支持"混合课堂"模式，同时支持学生根据自身情况，在获得允许的情况下选择线上或线下上课，WeMust 提供了完整的线上与线下签到数据。

2. 全面构建缴费系统，服务柜台五合一

为方便学生的生活，大学将教务处、学生事务处、财务处、总务处、IT 共 5 个服务柜台整合在一起，设置"学生综合服务中心"，由 WeMust 提供「线下柜台预约/签到」「线下柜台服务/叫号屏」应用组群，实现从预约、签到、叫号到受理的一站式服务。2022 年 5 月，WeMust 升级「缴费」应用，与银行系统进行深度对接，同时与招生等系统关联，将之前的 5 个只能在线下柜台集中缴费或在银行缴费的业务，整合到具体的线上业务应用中，如在报名或注册过程中可直接线上缴纳学费，在学生自主选好宿舍后可直接线上缴纳住宿费。同时，WeMust 还提供"缴费推送服务"，当学生在办理业务的过程中

忘记缴费时，WeMust 会推送「账单」给学生。学生查看「账单」即可实现线上缴费，充分体现了智慧服务中的"数据多跑步，减少人跑腿"的理念，也大大提升了用户的"体验感"。

3. 持续完善学生入住宿舍的体验感

澳门科技大学为提供更多更好的"住在澳门"的机会，不仅提供校园宿舍，还在澳门本岛、路环等区域设置宿舍。截至 2023 年年底，大学已拥有 8000 多个床位，分散在不同校园、校区，且条件不一，定价不同。在三期「宿舍管理」应用的基础上，进一步优化「选房」应用，陆续推出「候补选房」「暑期选房」「宿舍打卡」「外宿申请」等应用，将全校宿舍服务与管理提升到了一个新的高度。WeMust 同时简化了新生报到流程中的"宿舍"环节，受到学生好评。

4. 聚焦科研项目，提供全流程科研服务

WeMust 力图针对来自不同渠道的科研项目和科研成果，建立统一的科研项目服务平台，实现从项目申报、项目启动、项目实施到项目结题、成果产出的全流程管理与服务。在 WeMust 三期已上线的「项目申报」应用的基础上，WeMust 四期开始完善科研服务全流程，根据各项目的审批结果构建「项目启动」「成果库」「经费使用」（经费报销申请）等应用，并将科研项目、专利、专著、论文等联系起来，让科研管理部门不仅能直接了解科研项目的申请情况、经费使用情况，还能了解大学产出的所有学术论文、专利或专著的情况。同时，「成果库」与澳门科技大学的「学者库」互通互联，为学者和大学职能部门全面了解学者的学术成果提供了极大的便利。

5. 基于空间资源再认识，推进统一调度

随着澳门科技大学的不断发展和学生人数的持续增加，物理空间紧缺的问题日益突出，提高各类空间的利用率显得尤为重要。为此，WeMust 将大学各类空间资源作为"基础数据"进行统一定义、统一配置，如将图书馆一楼大堂定义为可用于进行展览、举办活动、开展会议等的多用途空间资源，于 2022 年 8 月推出「空间调度组件」。对于 WeMust 中所有与空间相关的应用（如排课、会议安排、活动安排、自习等），无论前端应用针对什么类型的空间、采取什么

规则，一旦涉及空间资源，就必须调用「空间调度组件」以提前锁定，在全局范围内实现了有效的空间资源利用管控，可让同一类资源在时间上进行切分，从而面向多个应用。在 WeMust 上可查询各类空间资源的当前占用情况，支持预订会议或活动空间。针对课室的非授课时段，WeMust 提供「空课室」应用，可供学生自习。

3.1.5 WeMust 五期：拥抱智慧、引领发展（2023 年 3 月至 2024 年 4 月）

WeMust 经历了四期项目建设，数据基础日益雄厚，开发与运维经验日益丰富，发展生态日渐完善。2023 年 3 月，大学编制了《澳门科技大学 WeMust 项目（五期）方案》，启动五期项目建设。WeMust 五期项目建设的重点是推进各主要应用平台形成体系，并不断完善；同时，基于 AI 等技术全面开发智慧技术应用和创新数据服务，实现夯实基础和拓展应用双向延伸，从支撑走向引领，深入推进人与人、人与校园、人与物、物与物的智慧感知与互联。

1. 打造教职员全栈式在线服务和数据闭环

从 WeMust 三期起，逐步搭建了人力资源管理的主要应用，实现了对在职人员的基本管理。WeMust 五期迁移重构大学原有招聘系统，在保持数据完整性的同时，全面实现招聘管理的数字化，将入职管理与在职人员管理衔接，并延伸至离职管理。2023 年 4 月，「招聘」应用在大学网站招聘栏目上线，全面替代原有招聘系统。

随着教学平台、科研平台的不断完善，教职员专项工作量数据基本成型。五期开始推进教职员的工作量全面统计，支持教职员绩效评核。结合大学坐班制度，研制坐班管理应用组群，进一步完善大学考勤管理机制。2024 年 3 月，「坐班表」应用上线运行，「教师工作量」应用开始试运行。

2. 实现财务全流程与大额支付数字化管理

澳门科技大学的每个学生在入学时都需要缴纳一定的保证金，在毕业离校时退还保证金。由于毕业离校涉及对学生各方面在校情况的核查，退还保证金是最后一步，加上渠道多，所以退还周期较长。2023 年 6 月，「毕业离校」应用上线，其关联大学多个平台、多个应用，依赖各应用提供的接口，将涉及的住宿、图书馆、财务、教学等相关数据交由 WeMust 自动快速核查，使保证金退还业务在一个月内的完成率从 60%提升到接近 90%。

WeMust 与澳门发展银行（MDB）建立大额支付通道，针对大学缴费项目实现人民币、澳元、港币等的在线大额支付，并在 WeMust 中形成缴费轨迹，进一步丰富了学生在校期间的数据。同时，WeMust 全面梳理大学财务工作流程，开发与采购项目管理相关的应用，建立「应收管理」「应付管理」「经费使用」「申请报销」应用组群，完善大学财务管理数据流。

3. 持续推进各业务双向延伸和跨平台应用

进入 WeMust 五期，WeMust 从各平台业务的角度重新审视业务流程，推进业务向前与向后的双向延伸，开展跨平台应用设计与系统构建，以最大程度地发挥 WeMust 的开放性和可扩展性，典型应用如下。

• 2023 年 3 月，「证明信」v2.0 应用上线，采用了先进的电子数字签名方式，标志着 WeMust 开始为学生提供更精准、更多元的服务。

• 2023 年 6 月，「宿舍管理」应用基于空间资源统一调度迭代升级，覆盖学生宿舍、员工宿舍、访客宿舍管理。

• 2023 年 9 月，科研项目的执行申报环节采用电子化管控方式，推出「经费使用」应用。

• 2023 年 10 月，推出大学数据墙应用，WeMust 大数据呈现的应用体系建设全面展开。

4. 基于 WeMust 实现大学主网站重构上线

从 WeMust 四期开始，澳门科技大学打通原有官网、官微之间的数据壁垒，针对手机、平板电脑对微信公众号运营平台进行一体化开发，重新设计、全面整合大学各类门户，各类资讯可一次性多渠道发布，全面提升了广大师生和公众的接入体验。

2022 年 12 月，澳门科技大学新网站首次部署；2023 年 5 月，开始整合澳门科技大学各机构网站，并实现迁移切换；2024 年 3 月，基于 WeMust 平台的全新网站上线，平台访问能力大幅提升。

5. 推出 WeMust GPT 和 ChatLib 应用组群

基于 GPT 创新实践和对大语言模型的深度研究，WeMust 搭建了人工智能服务中台，整合了各类生成式大模型，2023 年 8 月，推出「WeMust GPT」应用，使大学教职员和学生无论身在何处都能使用集成在 WeMust 平台上的各类 GPT 服务。「WeMust GPT」支持智能模型切换，同时对收费 GPT 模型（如 GPT4.0 等）实行代收代缴费。

2023 年 11 月，澳门科技大学构建起 AI 控制台。2023 年 11 月，「ChatLib」应用投入试运行，实现了用户与多种电子文献/电子书的人书对话场景。「ChatLib」应用可快速识别文献资源的目录、章节、段落、语句，经过数据提取实现向量化数据存储，用户可选择一个或多个专题的文献资源进行会话式阅读，「ChatLib」能够准确理解用户语义并搜索相关资源，并可关联原文进行深入阅读。

3.2 WeMust 架构实现

3.2.1 WeMust 应用总体构成

WeMust 智慧服务平台基于"1+3+4+N"总体设计，采用"3+2+3+4" 4 层应用总体构成，分层分区构建整个应用体系。

• 第 1 层为数据层：对 3 类数据中心进行管理，即基础数据中心、应用数据库和数据仓库。

• 第 2 层为中间层：包括 2 种组件，即基础组件和第三方系统提供的中间件。

• 第 3 层为应用层：包括 3 类应用，即 WeMust 基础应用、业务应用和纳入集成化管理的第三方应用。

• 第 4 层为服务入口：包括 4 个入口，即面向学生、教职员的 Web 及 App 入口，并衍生出大学官网、微信门户等。

WeMust 应用总体构成如图 3-2 所示，在分层的基础上，WeMust 总体架构重点实现以下业务流线。

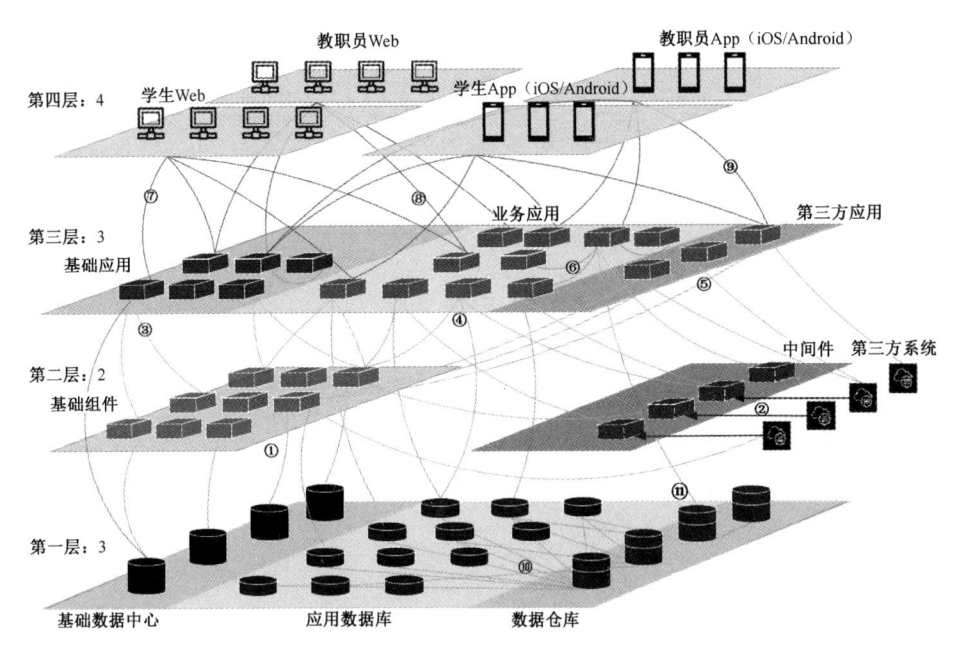

图 3-2 WeMust 应用总体构成

① 基础组件封装并转换了基础数据中心的访问方式，提供统一接口，供上层应用调用，实现了应用和基础数据中心的解耦。这种方法不仅降低了应用实现的复杂度，还提高了基础数据中心的安全性、稳定性和一致性。

② 中间件对外部第三方系统提供的接口进行封装和转换，提供统一接口，供上层相关应用调用，实现 WeMust 应用与第三方系统的解耦。这种方法同样能够降低应用系统实现的复杂度，更重要的是，当第三方系统有变化时，只需要调整中间件与第三方系统的对接，而为上层应用提供的接口可保持不变。当需要更换第三方系统时，也能平滑迁移。

③ 基础应用对基础组件和基础数据中心的功能进行应用化处理，以提供通用的基础服务，如统一认证、日程、消息推送等。

④ 业务应用调用自身专属数据库，进行自身业务数据的处理和存储。同时，业务应用会根据需要调用基础组件，实现资源的统一调度，或者聚合基础服务类数据。例如，请假、课表等应用会调用基础组件中的日程管理组件，可以将请假和课表时间信息聚合到日程数据中，以便集中呈现。

⑤ 第三方应用调用 WeMust 基础组件和业务应用的接口，融入 WeMust 应用体系。例如，点餐系统调用统一认证接口实现单点登录，调用 WeMust 支付

平台的接口完成支付。

⑥ 不同业务应用通过接口相互调用，构建完整的服务体系。例如，选课应用调用排课应用的接口，使学生可以直观地了解课程的时间、地点和授课教师等信息。

⑦ 集成服务门户呈现基础应用，基础应用一般是高频应用，呈现于门户突出位置。

⑧ 集成服务门户呈现业务应用，业务应用按照基本分类分栏呈现，方便用户访问。

⑨ 集成服务门户呈现纳入统一管理的第三方应用，同样按照基本分类呈现，使用户能获得便捷、统一的服务体验。

⑩ 将基础数据中心、应用数据库的数据汇集到数据仓库，为大数据服务奠定基础。

⑪ 根据业务需求，在数据仓库的基础上进一步进行数据处理和分析，提供统一报表、大数据墙、领导驾驶舱等大数据服务。

WeMust 应用总体构成是应用分平台实现和微应用模块构建的重要基础，更是实现全局性数据管理的关键保障。

3.2.2　WeMust 总体数据关系

"应用引领"是国家工业和信息化部《大数据产业发展规划（2016—2020年）》（工信部规[2016]412 号）提出的发展原则之一，也是 WeMust 的发展原则，而构建应用的关键在于厘清数据及数据关系。WeMust 在 PRUS 模型的基础上，进一步分析大学用户、资源、规则、服务的数据构成和数据关系，形成 WeMust 数据故事模型（Data Story Model，DSM），如图 3-3 所示，强调应用需求分析的工作核心是通过数据讲述大学应用生态中的"故事"。

WeMust 用户：WeMust 用户主要分为教职员、学生、校友、家长、其他机构人员等。其中，学生进一步细分为本科生、硕士研究生、博士研究生、预科生等；教职员进一步细分为讲师、教研人员、研究人员、行政人员、辅助人员、其他人员等。在具体应用中，还需结合所属部门、职位、专业、年级等属性缩小用户范围，让一组故事拥有更为精准的用户群体。

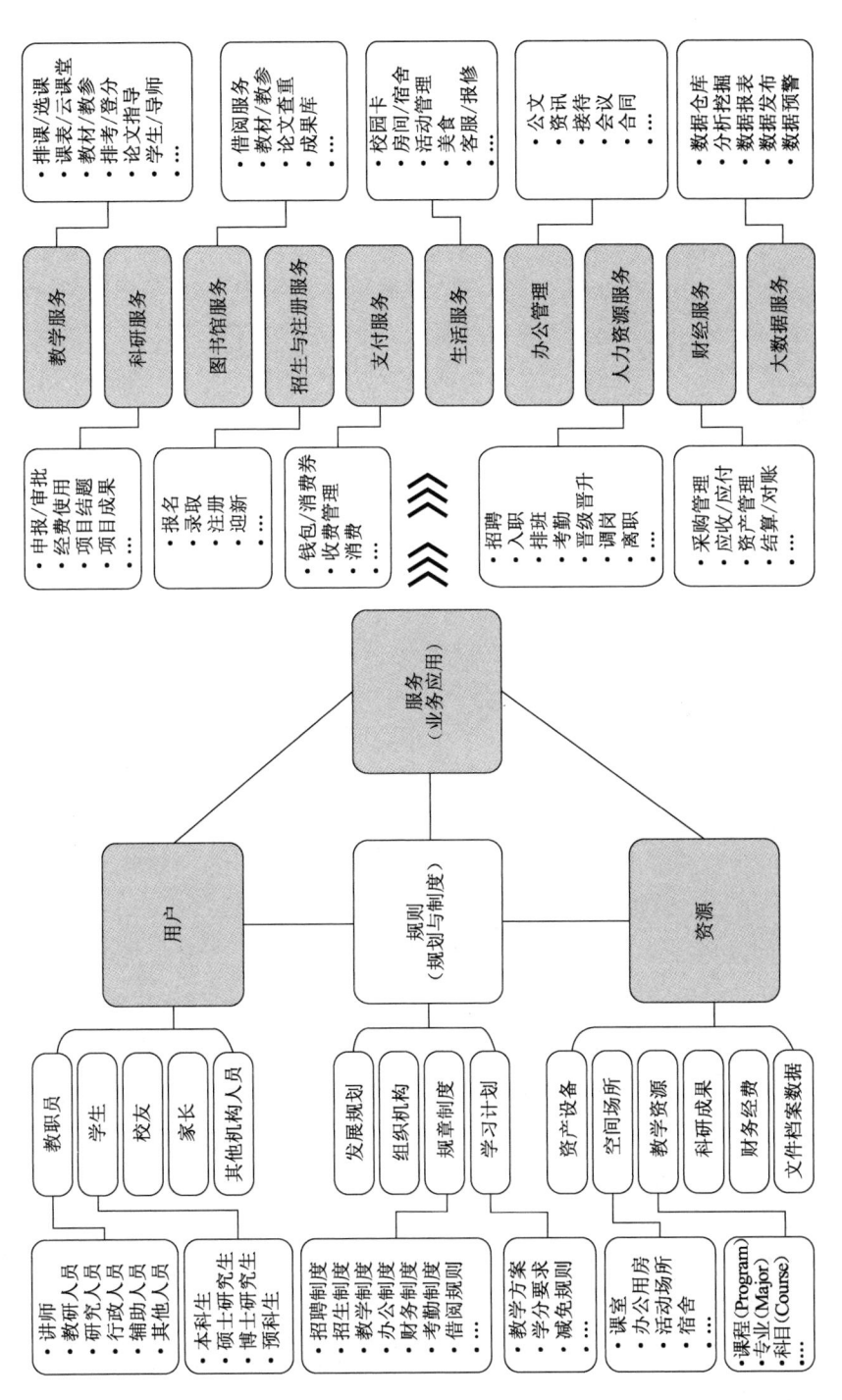

图 3-3 WeMust 数据故事模型（DSM）

WeMust 资源：WeMust 资源主要分为资产设备、空间场所、教学资源、科研成果、财务经费、文件档案数据等。其中，空间场所进一步细分为课室、办公用房、活动场所、宿舍等；教学资源进一步细分为课程（Program）、专业（Major）、科目（Course）等。在具体应用中，还需结合资源本身的特征和时间缩小资源范围，让一组故事拥有更为精准的资源组群。

WeMust 规则：WeMust 规则主要分为发展规划、组织机构、规章制度、学习计划（教学计划）等。其中，规章制度进一步细分为招聘制度、招生制度、教学制度、办公制度、财务制度、考勤制度、借阅规则等；学习计划进一步细分为教学方案、学分要求、减免规则等。在具体应用中，还需结合应用的业务特性，明确可能涉及的用户群体、资源组群，以及不同用户群体与不同资源组群发生联系时的具体规则，让一组故事拥有更为清晰的发展脉络和更为精准的操作结果。

WeMust 服务：WeMust 服务主要涉及用户管理、资源管理，以及用户为使用资源、产出资源而从事的一系列业务活动，如教学服务、科研服务、图书馆服务、招生与注册服务、支付服务、生活服务、办公服务、人力资源服务、财经服务、大数据服务等。人力资源服务主要讲述教职员从招聘入职到离职的数据故事，围绕全数据链，人力资源服务进一步细分为招聘、入职、排班、考勤、晋级晋升、调岗、离职等应用。招生与注册服务主要讲述新生从报名、录取到注册、迎新的数据故事，围绕全数据链，招生服务细分为报名、录取（通知）、注册、迎新（住宿、体检）等应用。

DSM 的关键在于将 PRUS 要素数据结合起来，形成一个完整的故事。例如，一个学生选课的过程就是一个 DSM 故事。这个故事涉及用户（学生群体）、资源（学期、专业、科目）、规则（选课流程和条件）、服务（在线选课）。在这个故事中，学生通过遵循规则（Policy）来使用服务（Service），请求分配资源（Resource），而在整个过程中产生的数据记录了这个故事的每个环节，并为学生提供了选课的结果数据——课表，课表又成为后期教学工作的资源。

在 DSM 中，规则不仅是业务活动的依据，还是数据关系的框架。规则定义了用户如何与资源互动，以及服务如何被组织和提供。通过定义与应用相匹配的规则并不断优化规则，WeMust 确保每个服务活动都是有序的，并能够在变化的环境中持续提供高质量服务。通过服务，WeMust 拥有了对象数据（用户和资源的静态信息）、契约数据（用户和资源的动态关系）、工作流数据（服务的流程和步骤）和事务数据（业务活动的记录）等，这些数据共同构成了大学的数字化故事，使得每个事件都能够在 WeMust 平台中得到准确的记录和管理。

DSM 是 PRUS 模型在数据层面的实现，它将 PRUS 模型中的抽象概念转化为具体的数据结构和数据流程，提升了 WeMust 平台数据的准确性和完整性，进而为给用户提供高效和个性化的服务奠定了基础。

3.2.3　WeMust 应用分平台实现

在"3+2+3+4"应用总体构成的基础上，WeMust 的每个应用都紧紧围绕 PRUS 模型的用户、资源、规则和服务 4 个核心要素进行设计和实现，同时在 DSM 的基础上，从业务的本质出发，结合数据一致性和可复用的需求，追求便捷、快捷和优质的用户体验，在基础数据中心围绕统一数据、统一认证与授权、统一应用集成数据管理规划并展开应用；依托基础数据中心在集成服务平台将各类应用有机组织在一起，通过 Web、App、公众平台和各类设备提供一体化、全方位服务，在基础服务平台汇集各类应用中需要快速呈现、快捷响应、集中处理、统一支撑的一系列应用。

WeMust 按涉及的业务领域、业务数据和业务逻辑分类，搭建了 10 个专门化应用平台，覆盖教学、科研、图书馆、生活、招生与注册、办公、人力资源、财务与支付、大数据服务、基础服务等。从教职员角度，贯穿其招聘、入职、教学、论文指导、科研、晋级晋升、调岗、离职全过程；从学生角度，贯穿其报名、录取、注册、住宿、选课、上课、考试、论文撰写与答辩、借阅图书、校内就餐、毕业离校全过程。

WeMust 应用分平台设计如图 3-4 所示。图 3-4 以基础数据中心和集成服务平台为基座，面向 Web、App、公众平台和各类设备，以轨道分支形式列出 10 个专门化应用平台和基础服务平台的关键应用。为便于表示，将财经服务平台与支付服务平台合并为一个分支。需要强调的是，这种轨道图只是一种示意图，用于形象地描述主要应用是如何构成一个相互关联的整体网络的。

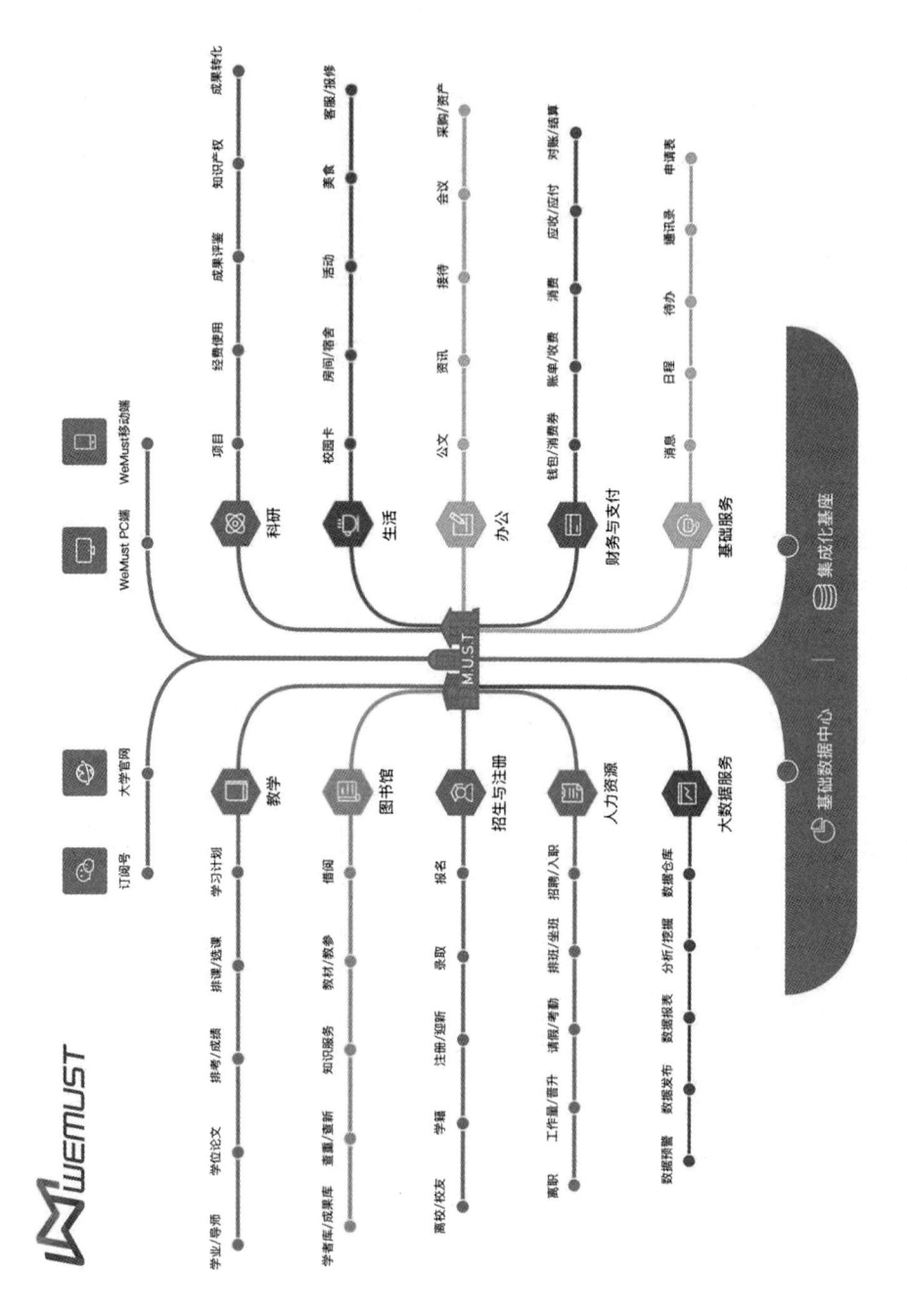

高校数智转型：WeMust 理念、路径、实践与运营

图 3-4 WeMust 应用分平台构成示意图

WeMust 应用分平台不仅全面覆盖了大学的各项业务，还特别强调了数据的规范性、一致性和可复用性。WeMust 明确划分了各应用分平台的基本边界，清晰界定了每个平台自建数据的范围及所依赖的数据源，让每类数据都有唯一的出处，并能够在众多平台和应用之间得到灵活复用。例如，教学服务平台是学生的数据源，其他平台通过基础数据中心复用学生数据。WeMust 各应用平台是一类业务数据的主要生产中心，并依托基础数据中心及其配套机制，确保业务数据在创建后能够在不同分平台实现同步更新并能不断丰富完善。

在 WeMust 中，一组微应用可能跨越多个平台，基础服务是典型的跨平台应用，为所有应用提供基础组件。此外，校园卡管理虽然在生活服务平台上，但很多应用都会涉及，如图书馆借阅、研究间预约后开门等。WeMust 的多个微应用相互配合可以构成复杂的工作流程，一个微应用会被组织到不同的业务场景中，成为承上启下的一环，如同轨道交通中的"换乘"站，如「缴费」应用在学生录取业务中成为"预录取→发放缴费通知单及录取通知→缴费→发送正式录取通知书"的业务流程的重要衔接点。

3.2.4　WeMust 微应用模块构建

微应用指在 WeMust 平台上实现特定功能的微型、模块化、可独立部署的应用程序。这些微应用能够灵活响应用户的需求，提供便捷、准确的服务，并与其他微应用协同工作，共同构成一个完整的服务体系。在 WeMust 的构建过程中，每个平台的具体微应用需基于 PRUS 模型和 DSM 进行划分，让每个微应用成为 PRUS 的实例，专注于特定的用户、资源、规则和服务。

1. 构建过程

微应用的划分旨在通过模块化方式简化复杂的业务流程，提高系统的灵活性、可扩展性和可维护性，其主要步骤和方法如下。

1）识别用户
- 分析用户群体，并细分业务领域与权限。
- 与用户进行沟通和访谈，收集用户的具体需求，同时考虑用户需求与大学整体发展思路的关系。
- 在保障全局一致性的基础上，分析用户群体标识和主要属性，将其纳入统一权限管理。
- 分析用户的行为模式，以及现有系统的工作流程和具体环节，尤其是用户自己都没有感觉到的细节上的要求或习惯性行为，理解用户在使用服务时的关键步骤和痛点。

2）分析资源
- 分析需要访问或管理的资源类型，如空间、数据、文件、设备、人力资源等，并进一步细分资源组群，明确各类资源的管理与服务目标。
- 分析资源来源的稳定性和资源标识的一致性，一个微应用可能负责一类资源的创建，也可能负责一类资源的利用管理。负责资源创建的应用必须考虑资源标识的唯一性问题，并通过数据规范与同步等机制，保障其成为整个平台稳定的来源。从事资源利用的应用必须锚定具有唯一标识的稳定数据源。
- 分析资源的建设周期、使用频率、访问权限和各资源之间的依赖关系，并根据资源的特性和使用场景，划分资源管理和访问的微应用。

3）细化规则
- 从大学总体规则出发，借鉴现有管理制度或规则，细化需要实现的业务的具体规则和工作流程。
- 识别业务规则对数据和用户行为的约束，并将规则数据化，以便执行、检验和优化。
- 在设计服务时，持续细化规则，让规则管控服务。

4）设计服务
- 针对一类业务及其规则，根据用户角色，结合资源的特性和应用场景划分微应用组群。
- 统一考虑各业务流程中的同质化应用，将其列入基础应用。
- 确保服务接口的一致性和可复用性，以便与其他服务集成。

5）构建故事
- 根据 DSM，构建每个微应用的数据流和数据关联。
- 在全局上为每个应用提供统一标识，设计唯一的一组操作，让数据故事形成全局性链条。
- 规范数据结构设计和数据库系统设计，并支持其他应用的数据访问需求。

6）细分模块
- 根据业务流程，结合用户角色、资源类别、场景等细分应用模块，并执行相关规则。
- 为每个微应用模块定义清晰的功能边界和职责。
- 确保每个微应用都是自包含的，可独立部署和升级。

7）集成协同
- 设计微应用之间的通信和数据共享机制。
- 确保微应用可以无缝集成到 WeMust 平台，并可与其他微应用协同工作。
- 使用服务发现、消息队列和 API 网关等技术支持微应用的集成和动态扩展。

WeMust 通过上述步骤实现微应用模块构建，大幅提升了平台的灵活性和响应能力，使每个微应用都能更好地适应不断变化的用户需求和技术环境。同时，微应用的模块化设计也有助于简化开发和维护工作，加快新功能的上线速度，保障应用系统的整体稳定性和可靠性。

2. 构建示例

课程教学是大学教学服务平台的重要业务组群，而课表是课程教学的核心，有很多应用围绕课表的形成和使用展开。下面以 WeMust「排课」应用为例，聚焦排课、选课与课表的形成过程，从用户识别出发，围绕资源、规则，展开一系列微应用设计，展示 PRUS 要素在构建微应用中的分解过程（如图 3-5 所示）。

1）识别用户

「课表」应用的主要用户群体是学生（包括本科生、硕士研究生、博士研究生等）、教师和教务人员（教务处、研究生院、各学院教务）等。学生、教师和教务人员是「课表」的直接用户，同时，部署在校园内的一些服务设备也是「课表」的呈现终端。教务人员在课表的形成过程中发挥着重要作用，尤其是需要细化一系列规则，让学生的选课能顺利完成，最终形成「课表」。

2）分析资源

「课表」的构成要素包括时间、科目（Course）、授课教师、学生、课室等。从「课表」应用的角度来看，教师、学生也是资源，必须由教务人员将上述资源按照一定的规则组织起来。科目（Course）隶属课程（Program）和专业

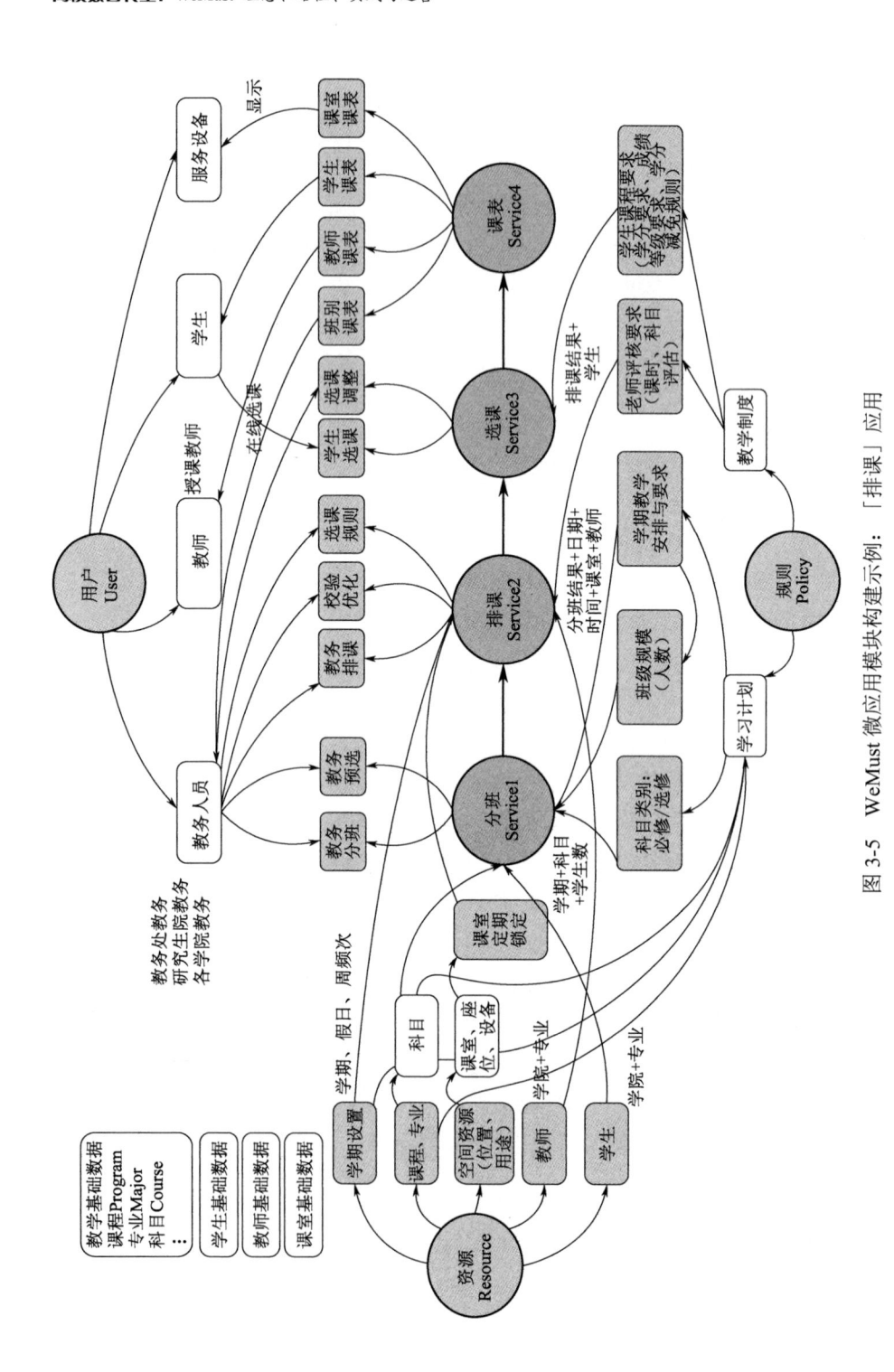

高校数智转型： WeMust 理念、路径、实践与运营

图 3-5 WeMust 微应用模块构建示意图：「排课」应用

082

(Major)，当将这三者编入学习计划（教学计划）后，就与学期（时间）产生关联。必须将空间资源中的课室清晰地区分出来，以便在每学期开始之前对其进行锁定，用于排课。

3）细化规则

大学的学习计划（教学计划）和教学制度是课表的重要依据，但必须聚焦相关内容并予以细化，进一步明确科目（Course）类别、学期教学安排与要求、教师评核要求（每学期课时要求、科目评估达标要求）、学生课程要求（学分要求、成绩等级要求、学分减免规则）等，并根据科目特点和课室情况，考虑班级规模，为分班、排课、选课构建必要的细化流程和条件，确保各过程的公平性和有效性。例如，为选课定义时间窗口、先决条件、学分限制、防冲突检查要点等。

4）设计服务

在识别用户、分析资源、细化规则的基础上，可以初步设计出形成课表的服务过程主要为「分班」「排课」「选课」和「课表」4 个应用模块。「分班」为「排课」做准备，由教务人员针对学期、科目（Course）、学生数进行组合，确定某个学期、某个科目分几个班。「排课」以「分班」的结果为资源，补充日期、时间、课室和教师等信息，需要考虑课室特定情况、教师喜好等条件。「选课」支持学生线上操作，需补充或确认一个班级的具体学生，并帮助学生检查时间冲突，提示学分完成情况等。「课表」是整个服务最终的呈现结果。在整个服务过程中，必须为教务人员提供管理界面，使其能够了解和管控选课过程。

5）数据故事

根据 DSM，对于教师而言，在接受教务部门排课并选课形成教师课表后，则开启课程教学的数据故事。对于学生而言，选课本身就是重要的故事环节，在经过选课形成学生课表后，则开启一次课程学习的数据故事，即学生通过完成课表上的课程、积累学分、获得成绩、达到课程的总要求，完成学业并获得学位。

6）细分模块

「分班」应用可进一步分为教务分班、教务预选学生等模块；「排课」应用可进一步细分为教务排课、排课校验与优化、选课规则设置等模块；「选课」应用可进一步细分为学生选课、选课调整等模块；「课表」则为不同用户呈现班别课表、教师课表、学生课表、课室课表等。

7）集成协同

「课表」是整个课程教学的重要环节，更是实现后续业务的基础，必须与上课签到、排考、登分、成绩等相关应用有机衔接，协同工作。用于形成课表的教学基础数据、教师数据、学生数据等重要资源数据，应考虑纳入基础数据平台以进行统一管理和共享。形成课表的课室应在大学空间资源中考虑统一调度，防止冲突。

3.2.5　WeMust 流程化应用组织

WeMust 应用体系支持流程化模式构建，在微应用集成化体系下，能够通过一个应用串联起一组应用，包括集成第三方应用。

以 WeMust「迎新」应用为例，「迎新」应用与通常意义上的简单应用不同，是典型的流程化应用。在新生入学时，不同的学生类别、入学学期对应不一样的流程。WeMust 采取编制"报到模板"的方式，在每届迎新开始前依次列出需要完成的事项，配置相关的微应用，并针对每个节点进行条件控制。流程化模式可帮助学生了解个人报到进度，同时为迎新行政人员提供处于各阶段的学生分布状况。

例如，2023 年 8 月，为 2309 届本科生（非本地）编制"报到模板"，共列出 9 个事项，为每个事项注明事项内容、办理日期范围、办理地点、办理具体时间、前置事项等，对应具体的微应用承办相关事项，并在每个事项办结后进行消息推送。

WeMust「迎新」流程化应用组织如图 3-6 所示，每个事项关联不同的应用，具体如下。

① 在网上上载、核实逗留许可，有具体时间要求。WeMust 记录完成本步骤。

② 在网上上载、核实中华人民共和国往来港澳通行证相关文件，有具体时间要求。WeMust 记录完成本步骤。

③ 办理入住：调用「住宿管理」，事先为新生统一分配宿舍。学生可通过 WeMust 查看宿舍床位，并前往宿舍大楼办理入住手续。办理后 WeMust 记录为"已入住"。

④ 核实注册文件：学生出示有效身份证明文件、注册文件原件，经迎新人

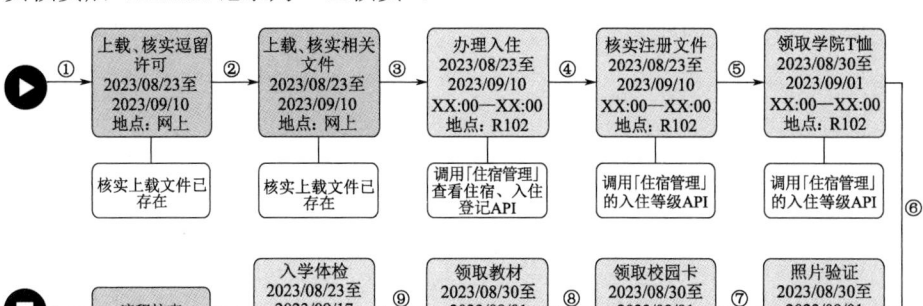

员核实后 WeMust 记录为"已核实"。

图 3-6　WeMust「迎新」流程化应用组织

⑤ 领取学院 T 恤：领取学院为学生准备的物品，以及心理健康小册子等迎新资料，WeMust 记录为"已完成"。

⑥ 照片验证：利用自助拍照设备完成现场照片采集，调用图像比对 API，对注册前上传的照片进行核对。如果通过则 WeMust 记录为"已完成"，否则提示进行人工现场重拍。

⑦ 领取校园卡：行政人员核验身份证、通行证或入境纸等正本，学生确认个人开户信息及校园卡信息。调用「校园卡管理」快速领卡 API，并启用校园卡。

⑧ 领取教材：行政人员通过身份证或校园卡，调用「教材管理」教材领用 API，为学生办理教材领取手续。WeMust 还专门在此安排了钱包开通和应用场景，为学生提供 1 元教材手提袋支付体验，目的在于尽快让学生熟悉快捷的 WeMust 一体化支付平台"MustPay"。

⑨ 入学体检：WeMust 与科大医院系统高度集成，将新生信息同步至科大医院系统，新生无须到医院注册。WeMust 通过医院提供的 API 接口，支持学生预约体检。WeMust 与医院系统同步记录预约信息，在 WeMust 上及时提醒学生体检。医院的体检项目也配置在 WeMust 系统中，在 WeMust 中可清晰地看到体检结果。当体检结果异常时，医院系统会将其及时反馈到 WeMust，通知相关学生和体检管理者。

在迎新过程中，澳门科技大学还会举办一系列新生活动，由于新生活动相

085

对离散，所以不一定要穿插在报到计划中，但也属于迎新的一部分。WeMust 以校历表的方式，向新生公示活动内容、时间和场地（参见 3.4.6 节 "4.校园活动丰富学生课余生活"）。

3.2.6　WeMust 跨平台业务协同

WeMust 各项业务采取闭环设计，注重跨平台业务协同，构建完整的业务链。在 WeMust 中，一类业务的核心部分主要聚焦在一个平台上，但其部分数据可能源于其他平台，所生产的数据也可能被其他平台使用，其工作流也可能由多个平台的多个应用串联起来，有明确的数据走向和严格的权限控制。

以 WeMust「请假」应用为例，请假是人力资源服务平台的重要功能，涉及基础数据中心、基础服务平台，也涉及人力资源服务平台的其他应用，其结果纳入基础数据中心和大数据分析平台，并处于运维平台的统一日志管理与监控下。WeMust 跨平台业务协同示例：「请假」应用如图 3-7 所示。

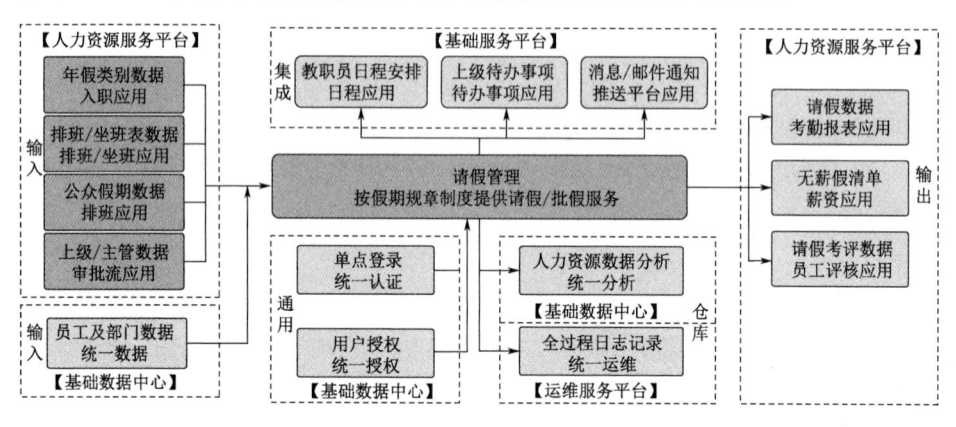

图 3-7　WeMust 跨平台业务协同示例：「请假」应用

见图 3-7，WeMust「请假」应用遵循统一认证和统一授权，申请人、审核人信息源自基础数据中心。每个教职员入职后的职位决定了其年假类别，结合公众假期数据，通过大学的排班/坐班制度明确每个教职员的工作时间。「请假管理」是对工作时间的必要管理，遵循基础服务平台统一设定的「审批流」。教职员一旦提出请假，则成为"待审批"事项被推送到基础服务平台的「待办事项」应用。「待办事项」汇集所有待办事项，强化提醒方式，以提高处理效率。

请假数据同时被归集到基础服务平台的「日程」应用，纳入教职员的「日程」，提高了用户知晓的便捷性。当请假状态变化时，「请假管理」会通过基础服务平台的「消息推送」应用，以发出消息/邮件等方式通知请假人。请假数据供人力资源管理者核实并用于薪金核算，同时成为教职员历史数据。

3.2.7　WeMust 全流程服务轨迹

WeMust 全流程设计和数据仓库应用，以及对第三方应用的深度集成，将教职员的工作和生活，以及学生的学习和生活通过数据串联在一起，形成完整的"故事"链。图 3-8 展示了一个硕士研究生在 WeMust 平台上从报名到毕业的一系列时间节点中发生的"故事"，每个节点都对应独立的应用。

如图 3-8 所示，该学生于 2019 年 10 月 13 日在招生系统中报名，2019 年 11 月 12 日交了报名费。2020 年 3 月 29 日澳门科技大学对该学生进行了面试，2020 年 5 月 19 日发出录取通知。该学生于 2020 年 8 月 3 日预订了大学住宿，2020 年 9 月 5 日到大学体检，2020 年 9 月 7 日到学校报到、拍照，当天去"点聚"商户就餐，7 天后开始上第一节课。此后，该学生在图书馆借书，参加了考试，参与了活动。2021 年 10 月 14 日，该学生选了导师，2021 年 12 月 13 日开题，2022 年 6 月 23 日提交了论文，2022 年 8 月 3 日完成答辩，2022 年 8 月 31 日毕业，获得硕士学位。整个"故事"涉及了招生与注册服务平台的报名、面试、录取、体检、报到；涉及了教学服务平台的上课、考试、选导师、开题、提交论文、答辩等应用；涉及了图书馆服务平台的借阅、道闸等；涉及了生活服务平台的活动、住宿、美食等应用；涉及了支付服务平台的缴费（报名费、学费、宿舍费）和消费（餐饮）；涉及了基础服务平台的消息推送（录取通知、面试通知、宿舍预订通知、缴费通知、答辩通知）等。

3.2.8　WeMust 主要技术架构实现

WeMust 主要技术架构分为用户层、SSL 代理与路由、负载均衡器与请求日志、服务层、逻辑层、持久层（基础设施）等，如图 3-9 所示。WeMust 不断运用各类先进技术来满足日益增长的业务需求，并支持平台升级迭代。

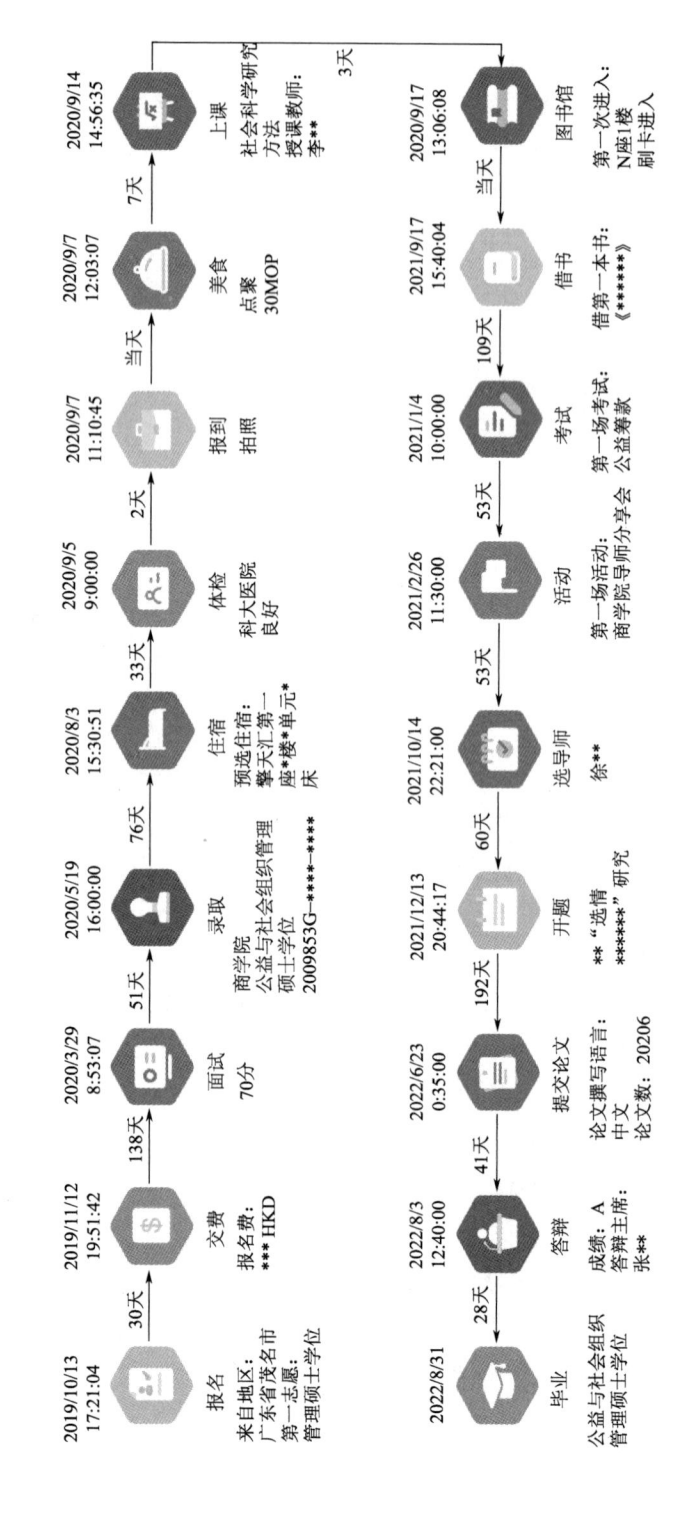

图 3-8 WeMust 全流程服务轨迹示例：一个硕士研究生的"故事"

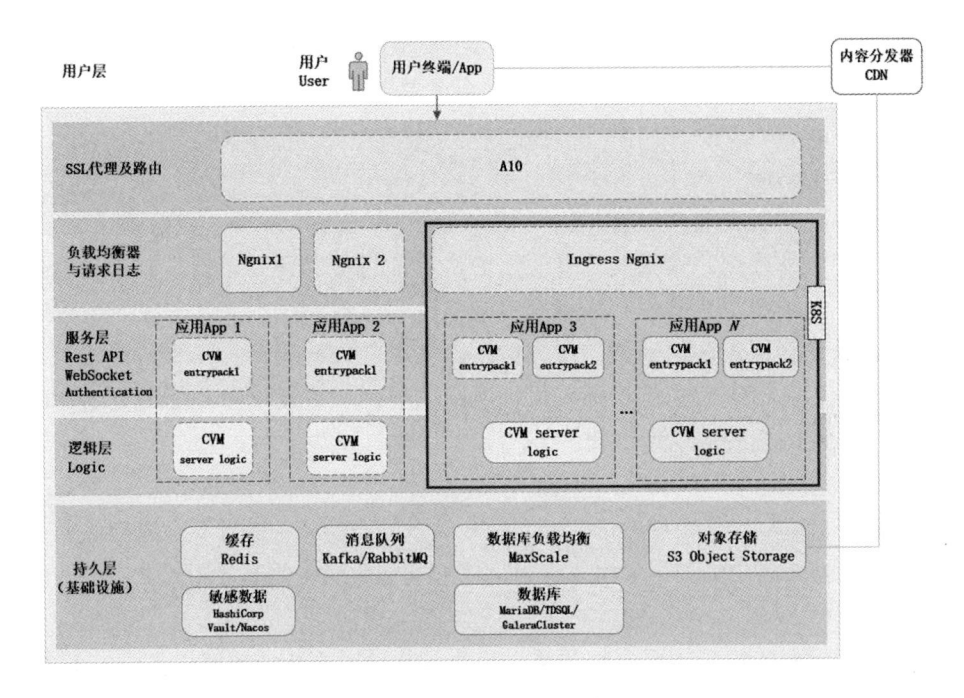

图 3-9 WeMust 主要技术架构

1）用户层

用户层即 WeMust 提供的客户端界面。无论是通过移动端 App 还是通过 Web 浏览器，用户都能便捷地获取所需服务。当用户开始访问 WeMust 提供的各项服务时，会先访问本地应用缓存中的静态资源，这些资源可能已能应对当前需求。当静态资源因缓存过期或访问的是 WeMust 新增功能、更新功能而需要刷新时，用户的应用程序便会从 CDN 下载新资源。CDN 将按照一定的策略从对象存储中获取最新内容。

2）SSL 代理与路由

用户的服务请求先到达 A10 ADC（应用交付控制器），该控制器负责与客户端建立安全连接（TCP 握手和 TLS 握手），然后对 SSL 进行卸载，再将 HTTP 请求转发到架构的下一层；反之，收到下一层的响应后则进行 SSL 封装再交付给用户。

3）负载均衡器与请求日志

HTTP 请求在本层被接收和处理，用户请求的注册过程被启动，一旦请求被其他应用层解决，用户收到的请求和响应都会注册到中央日志系统中。本层会对用户的请求进行漏洞扫描，过滤有问题的标头，或者在检测到欺诈性请求时拒绝该请求。如果请求是合法的，则将请求重定向到负责相同服务逻辑且负载最低的节点。

4）服务层

服务层主要实现 Rest API、WebSocket 和 Authentication（身份验证）。在服务层，为解决用户请求而选择的通信协议的封装器开始运行，如果不是公共请求，则根据中央身份验证系统对请求进行身份验证，必要时在应用程序中创建用户会话，若以前创建过会话，则恢复之前的会话。在验证请求和打开会话后，会检查用户是否拥有执行所请求用例的必要权限，如果有则调用与下一层用例相关的远程过程。

5）逻辑层

在逻辑层，会话经过验证后，与用户请求的用例相关的业务逻辑会依靠存储在数据持久层中的数据和组成应用程序的其他微服务的业务逻辑来执行。

6）持久层（基础设施）

每个微服务的具体用例都非常依赖数据及采用的数据处理技术。WeMust 采用市场上成熟的技术，针对每种特定用途部署相应的数据服务，以最大化满足微服务的需求，主要包括以下内容。

- 缓存：部署 Redis 和 Memcached 来增强数据查询性能。
- 敏感数据：微服务的运行需要存储非常敏感的信息，如访问其他服务的凭证、安全证书、配置参数等。Hashicorp Vault 或阿里巴巴的 Nacos 等都部署了安全高效的存储机制来存储此类数据，同时允许管理和更新中间访问密钥，以便访问以加密形式存储在服务器上的敏感信息。
- 消息队列：异步事件处理、面向数量不确定的接收者的分布式消息处理及数据包执行机制的实现等需求通常由消息队列服务满足。在基础架构层，WeMust 部署了不同的 Kafka 和 RabbitMQ 服务器，以便在不同的微服务之间提供同步和事件处理服务。
- 数据库负载均衡：通过 SQL 负载均衡器访问分布式数据库，可轻松有效地为不同的数据库节点实施不同的路由机制和使用策略。反过来，这些负载均衡器会智能地使用数据库连接，回收不使用的连接，并执行请求队列，以免数据库因大量开放连接而崩溃（这意味着数据库服务器内存的过度使用）。为此，WeMust 将 MaxScale 用作 SQL 代理和 SQL 请求平衡器。

- 数据库：应用程序通常在实体和关系模型中建立数据模型，这些模型在传统上存储在数据库中，数据库支持这些模型的定义和管理，促进访问控制机制、可用性、搜索和恢复、事务、状态恢复等，WeMust 根据各类应用组群的并发和使用程度，分别采用 MariaDB（适用于中低使用频率和数据量的应用程序）、TDSQL 和 Galera Cluster（适用于需要支持更多并发和数据量的应用程序）。
- 对象存储：远程访问单元或网络文件服务器几乎完全被对象服务器取代。对象服务器通过网络 API 提供访问接口，极大地方便了应用程序和网络浏览器的文件请求，因为它们被视为简单的 HTTP 请求，而无须挂载存储单元和部署访问文件所需的驱动程序。WeMust 静态资源和应用程序运行所需的所有文件都存储在这类服务器中，采用与 Amazon S3 API 中定义的访问标准兼容的各种对象服务器。

3.3　WeMust 基座构建

3.3.1　基础数据中心

WeMust 通过打造基础数据中心来开启规范化和集中化数据管理。在 WeMust 体系架构中，基础数据中心举足轻重，它以全局性的定义和严格的数据规范为基石，以数据的创建、收集与提供为核心使命，通过对用户基本信息、认证与授权信息、机构信息和应用产品信息等基础数据进行规范化集中管理，来提供统一的基础数据服务，建立起坚实的数据支撑平台，推动整个应用体系的高质量发展，确保统一认证与授权、与外部系统无缝集成，以及对外服务的顺畅进行。随着 WeMust 的持续拓展，基础数据中心也在不断升级和优化，展现出巨大的潜力和优势。

1. 基础数据中心构成

WeMust 基础数据中心主要包括统一数据、统一认证、统一授权、外部机构管理、应用管理等组群，其应用系统构成如图 3-10 所示。

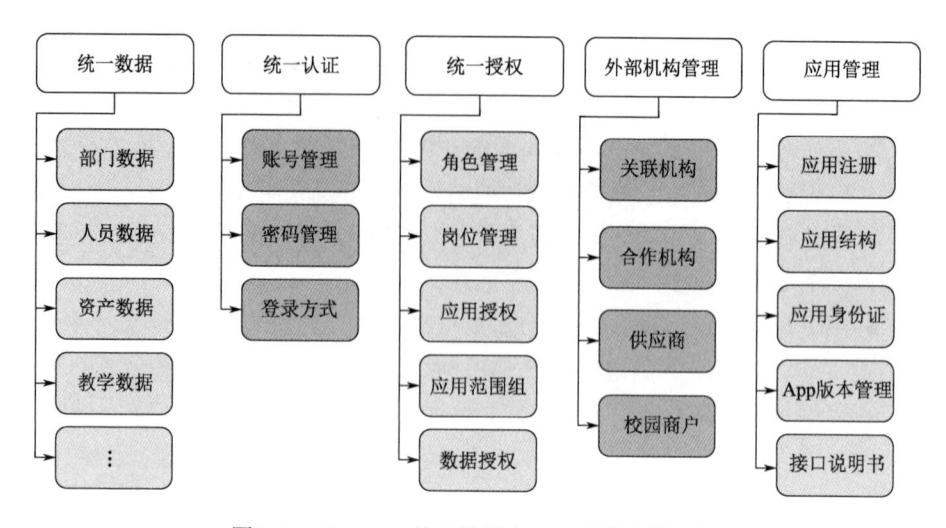

图 3-10　WeMust 基础数据中心：应用系统构成

1）统一数据

统一数据应用组群主要针对大学的基础数据进行统一管理，包括部门、人员、资产、教学等基础数据。基础数据专指上述数据中带有唯一标识和具有共性的数据，以及数据的重要属性和关键状态，如学生的学号、类别、基本信息和在读状态，房间的统一编码、位置、基本资料和可用性。基础数据的产生与更新可能发生在不同的应用平台，但基础数据中心对各类基础数据进行规范，并提供统一的接口，使各平台在产生与更新上述数据时能够同步更新中心对应的基础数据，保障基础数据中心能够为各平台提供统一的基础数据服务，满足数据一致性目标。

〖部门数据〗定义大学的基本管理架构，如学院、研究所和职能部门，涉及部门统一编码、中英文名称、简称及英文缩写等。部门数据是诸多业务数据的归属和用户数据的重要属性。

〖人员数据〗统一管理教职员、学生等人员的基本数据，包括人员类别、岗位、职称、所属部门等。其中，教职员基础数据源于人力资源服务平台，学生基础数据源于教学服务平台。

〖资产数据〗涉及房间、场地、电器设备、家具、展牌展架等。资产基础数据重点管理资产的统一编码、资产类别及其基本信息。资产基础数据主要源于财经服务平台。

〖教学数据〗主要指课程（Program）、专业（Major）、科目（Course）、学

期等基础数据，涉及统一编码、中文/英文/葡文名称、学位类型和教学单位等。专业是课程的细分方向，包括编码、中文/英文/葡文名称、教学语言、修读年限及学分要求等。科目则专注于一个特定的学术领域或学科的具体授课内容，如高等数学、大学语文、管理学等，在具体学习计划中可分为必修、选修和通识教育等类型，科目基础数据涉及编号、中文/英文/葡文名称、学分及教学单位等。

2）统一认证

统一认证应用组群主要提供统一认证数据管理与服务，涉及账号管理、密码管理、登录方式等。

〖账号管理〗主要管理用户的账号编码、状态，以及与账号具有相同作用的用户识别信息，如手机号码、电子邮箱、微信 ID 等。当多次登录失败或出现其他安全事件时，系统会自动锁定用户账号，用户可通过预设的流程来解锁账号。

〖密码管理〗主要对用户的文本密码、手势密码、强密码策略等数据进行管理，提供修改密码、重置密码等功能。强密码策略要求用户的密码必须包含特定的字符组合，并每隔 180 天强制要求用户更改密码。

〖登录方式〗管理用户登录系统的验证途径，包括账号密码验证、图形密码验证、扫码验证、手机短信或电子邮件验证码等。

3）统一授权

统一授权应用组群主要根据用户角色、岗位、数据特征、应用特征等进行统一授权，其涵盖了各平台的各类应用、具体操作及数据处理权限的分配。

〖角色管理〗的角色是一组岗位的共同特征，如学生可分为本科生、硕士研究生、博士研究生等。角色是相对宽泛的授权单元，所具有的授权可被其岗位继承。

〖岗位管理〗的岗位是一组用户的共同特征，如负责采购的行政人员。每个岗位对应一个特定的角色，而一个用户可以拥有多个岗位。用户所拥有的权限是其所有岗位权限的总和。

〖应用授权〗是统一权限管理的重要补充，在统一的"角色+岗位"授权方式下，将一个或多个应用的权限直接添加到角色或岗位的权限组中，是配合持续性新产品部署的重要授权方式。

〖应用范围组〗是 WeMust 创立的一种特殊的底层数据控制方式，使用户或部门对应一个应用范围组，并定义一组应用，以控制用户或部门数据只能出现在所定义的应用中。

〖数据授权〗是 WeMust 授权体系的重要组成部分，是实现精细化权限控制的重要手段。数据授权基于数据自身特征，控制用户只能访问包含指定特征的数据集。

4）外部机构管理

外部机构管理应用组群主要对关联机构、合作机构、供应商、校园商户等数据进行统一管理，以确保信息准确有效。

〖关联机构〗专门管理与大学关系密切的关联机构的数据，如科大医院、澳门国际学校等，以及政府机构、资助机构等。

〖合作机构〗专门管理与大学已建立或即将建立合作关系的机构的数据，包括合作院校、实验室及企业等。

〖供应商〗专门管理与大学进行商业交易的各类供应商的数据，供应商通过提供商品、服务或其他资源，支持大学的运营和日常活动。

〖校园商户〗专门管理在校园内经营的各类商户的数据。商户包括餐厅、文具店、咖啡厅、便利店等。

5）应用管理

应用管理组群主要包括应用注册、应用结构、应用身份证、App 版本管理、接口说明书等。

〖应用注册〗登记每个应用的产品名称、编码、注册时间、注册人等。注册是任何应用系统接入 WeMust 智慧服务平台的前提。

〖应用结构〗定义应用的菜单和操作功能点，是授权控制的基本单位。

〖应用身份证〗登记所有应用，包括第三方系统应用的身份证参数，重点是编码、名称、密钥等，并支持密钥重置。应用身份证是控制应用系统接入智慧服务平台的钥匙，也是应用系统对外服务的安全保障。

〖App 版本管理〗专门对教职员 App、学生 App 进行版本登记和管控，涉及 App 类型、操作系统（iOS/Android）、版本号、版本编码、下载地址、主要更新内容、更新时间等，并可查看历史版本。

〖接口说明书〗专门管理应用产品的接口说明书及其版本。

在各类应用系统参数全面数据化的基础上，WeMust 通过集成服务平台构建起整个大学规范、安全、灵活的应用体系（参见"3.3.2 集成服务平台"）。

2. 应用与数据授权体系

高校智慧服务平台的授权存在各种方式，其主要目标是在对应用权限、数据权限进行全面有效管理的同时，尽量简化授权过程。针对数万个用户，以及数百个微应用，WeMust 探索出了一整套高效的全方位授权方式。

WeMust 统一授权体系充分考虑了高校智慧服务平台实现用户授权的复杂性和可控性，从多个维度创新权限管理机制，建立起由多维统一授权、两级分组授权、双向快速授权、总分组合授权及用户/部门数据应用范围控制构成的全方位统一授权体系（如图 3-11 所示）。

1) 多维统一授权

在 WeMust 授权体系中，权限可以是应用模块，也可以是应用中的功能操作、应用中的数据处理权限。功能操作可细分到每个操作，如"创建""变更""撤销""通过""借出""租用""领用""归还"等；数据处理可细分为"增加""修改""删除""查看""导入""导出"等。

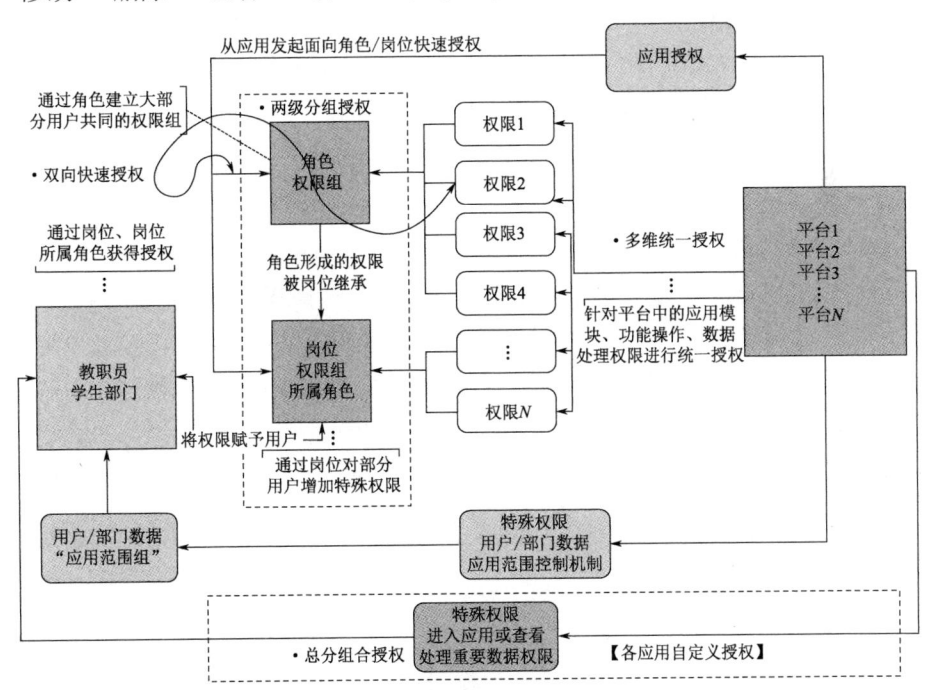

图 3-11 WeMust 基础数据中心：统一授权示意图

2）两级分组授权

WeMust 采用常见的按角色授权方式，通过角色建立大部分用户共同的权限组。WeMust 引入岗位层级，让岗位归属角色，用户则与岗位挂钩。需要指出的是，授权体系中的"岗位"与教职员职位不存在必然的对应关系，主要与管理层级、业务流程相关。每个部门可设置基本岗位，让大部分用户直接通过同一岗位继承所属角色的权限；针对部分特殊岗位，在继承上位角色权限的同时，可在岗位层级增补权限。"角色 + 岗位"授权方式既保证了授权的高效性，也提高了灵活性。

3）双向快速授权

"角色 + 岗位"授权方式根据角色或岗位选择应用，赋予对应的权限。WeMust 同时提供了基于应用选择角色或岗位的方式，即从平台、应用模块和功能出发，形成一组权限，将这组权限整体赋给指定的角色或岗位。在增加应用时，从应用发起可快速完成授权，节省时间。

4）总分组合授权

WeMust 统一授权体系在数据授权方面主要对通用数据或常见的数据进行处理。当一个应用需要针对特定数据进行授权控制，或者需要采取特定的数据处理方式时，可在应用本身的参数设置中规定权限，与统一授权组合，以满足复杂的业务需求。

5）用户/部门数据应用范围控制

当将用户/部门数据作为资源来使用时，不同的应用系统对应的"用户/部门数据"是有限的。从其他角度来看，一个特定的应用在选择部门和师生时，其实存在相对固定的范围，这种情况往往被忽视。WeMust 统一授权体系建立了多个用户/部门数据"应用范围组"，每个"应用范围组"对应一组应用系统。每个教职员、学生、部门会归属到一个"应用范围组"。当一个特定的应用启用时，就限定了这个应用中能够作为资源出现的教职员、学生、部门，让应用具有更精准的指向，让操作更便捷、数据更安全。

3. 多平台统一认证体系

WeMust 基础数据中心汇集了用户基本数据，同时也管理着用户的登录名、密码、手机号等重要认证信息，以及用于手机扫码登录、出示手机二维码登录的相关数据，从而面向网站、App 和各类服务设备提供统一认证的数据管理与

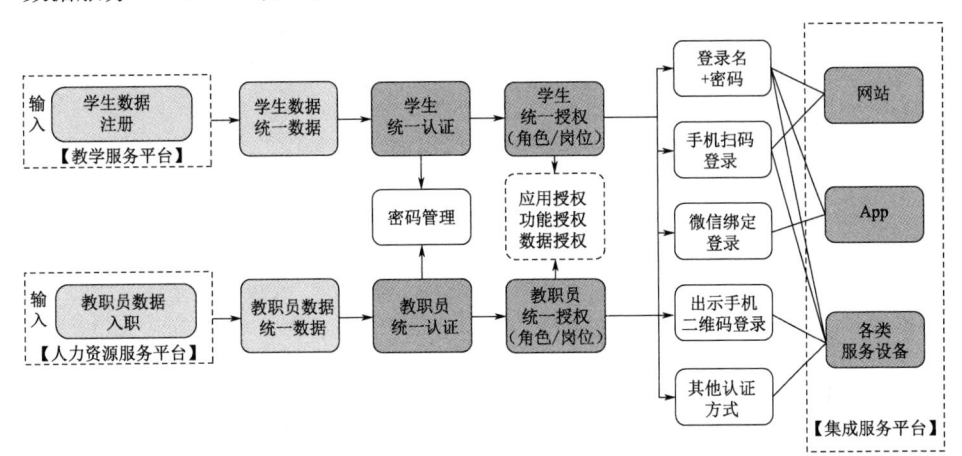

数据服务。WeMust 统一认证体系如图 3-12 所示。

图 3-12 WeMust 统一认证体系

用户登录网站采取"登录名+密码"方式和手机扫码登录方式，用户登录 App 采用"登录名+密码"方式、微信绑定登录方式，用户使用各类服务设备采用"登录名+密码"方式、手机扫码登录方式、出示手机二维码登录方式、其他认证方式（校园卡刷卡认证）等。

4. 集成化应用管理体系

WeMust 从一开始不仅着眼于构建数据基座，还着眼于构建面向各类应用的集成化基座，即无论是自行研制的系统还是引进的第三方系统，都要建立在同一个集成化基座上，并不断拓展，这就需要规划和建立统一的应用系统数据字典。WeMust 智慧服务平台采取统一注册和规范定义的方式，赋予每个应用统一的编码，并将其应用模式、应用版本、应用结构与菜单，以及业务需要的各类数据字典确立下来，为构建全方位、集成化应用管理体系奠定了坚实基础，规范了系统的持续研制与引进集成工作，有利于应用的快速部署和运维管理。

WeMust 基础数据中心应用数据字典管理界面如图 3-13 所示。

1）应用注册数据

WeMust 要求每个应用在中心注册详细信息，涉及应用的统一编码、应用名称、所属平台、应用地址、应用 URL、应用端口，以及对接的数据授权模式

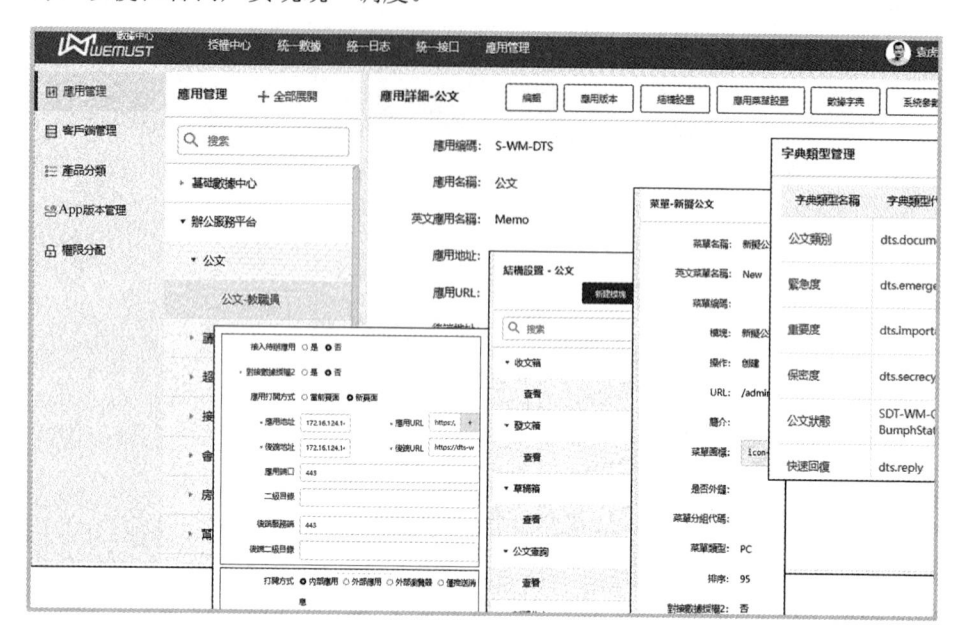

等，以便在各门户实现统一调度。

图 3-13　WeMust 基础数据中心应用数据字典管理界面

2）应用结构与菜单

WeMust 通过结构设置定义一个应用存在的下级模块，形成应用的结构与层级；通过菜单设置定义应用在菜单中如何摆放，以及图标等。

3）应用身份证

WeMust 要求每个应用在中心拥有唯一的应用身份证，并定期置换，保证每个应用在统一架构下安全运行，防止应用在平台内外的不合规使用。

4）业务数据字典

WeMust 针对各应用可能使用的业务数据字典，集中定义其需要调用的数据项。例如，图 3-13 中的公文类别就是一个业务数据项，其各项信息（包括中英文名称、代码及是否启用等）已在对应的数字字典 dts.document.category 中定义。业务数据字典一般比较稳定，不会频繁更新。

WeMust 的所有研发工作都遵循上述统一结构化模式，每个应用在研发之前就要明确自己是谁（编码、名称）、部署在哪个平台、在平台中处于什么位置（结构、菜单）、地址和界面、与基础服务平台的各类应用是否建立联系、是否存在特殊数据授权等。应用系统的页面风格则按门户的特性统一配置，完成应用注册和授权即可发布。结构化模式让软件工程师更能专注于业务流程，并将其中具有通用性的应用模块统一构建，降低了应用系统可能存在的风险，有利于应用系统快速迭代升级。

3.3.2 集成服务平台

WeMust 通过打造集成服务平台，将所有应用（包括第三方应用）整合在一起，提供统一的服务门户，使用户通过一个入口就可访问所需要的各类服务。WeMust 集成服务平台实现了统一认证、统一调度、统一部署，与第三方应用深度融合，并建立起集中式系统操作指引。

1. 分布式应用集成架构

WeMust 集成服务平台分布式应用集成架构如图 3-14 所示。

在传统的应用系统管理体系中，分布式部署往往意味着管理上的复杂性，每个应用系统可能都需要进行独立管理和维护，导致资源分散和效率低。

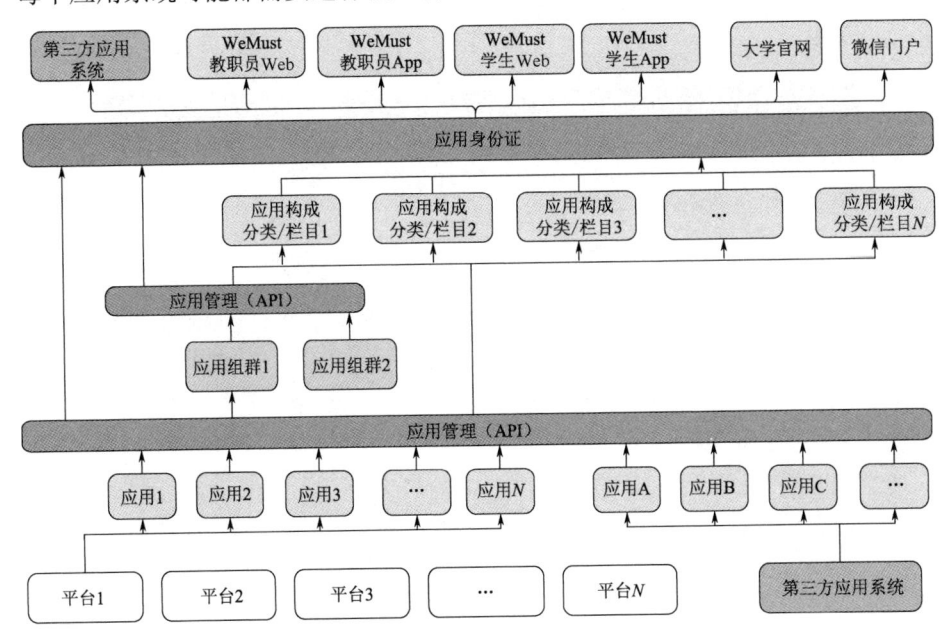

图 3-14　WeMust 集成服务平台分布式应用集成架构

WeMust 的集成化应用管理体系让分布式部署的应用系统能够得到有效的集成和管理。虽然应用系统可能分布在不同的地理位置、分布在不同的硬件设备上，但都能通过一个统一的管理平台进行控制和监管，不仅提高了管理效率，还确保了系统的一致性和安全性。

通过这种方式，WeMust 打破了分布式部署和集成化服务在传统上的矛盾，将两者的优势结合起来，形成了既分散又集中、既灵活又统一的应用系统管理生态。

2. PC 端 Web 服务门户

Web 服务门户是 WeMust 面向 PC 端的集成服务入口。WeMust Web 服务门户全面采用 WeMust 品牌标志和应用系统标识，显示出极高的灵活性和可识别性。WeMust Web 服务门户面向教职员和学生分别搭建，并挂接相应的应用组群。应用分类和栏目的全局数据化组织方式为用户定制服务界面奠定了基础。不同的用户根据自己的权限和需求，可以看到专为他们配置的应用组合。这种个性化服务方式，既满足了用户的特定需求，也提升了用户的使用体验。

WeMust 统一认证为用户提供了多种登录方式，以便进入 Web 服务门户，如图 3-15 所示。教职员或学生在登录后会分别进入各自的门户主页，并展示相应的界面样式。

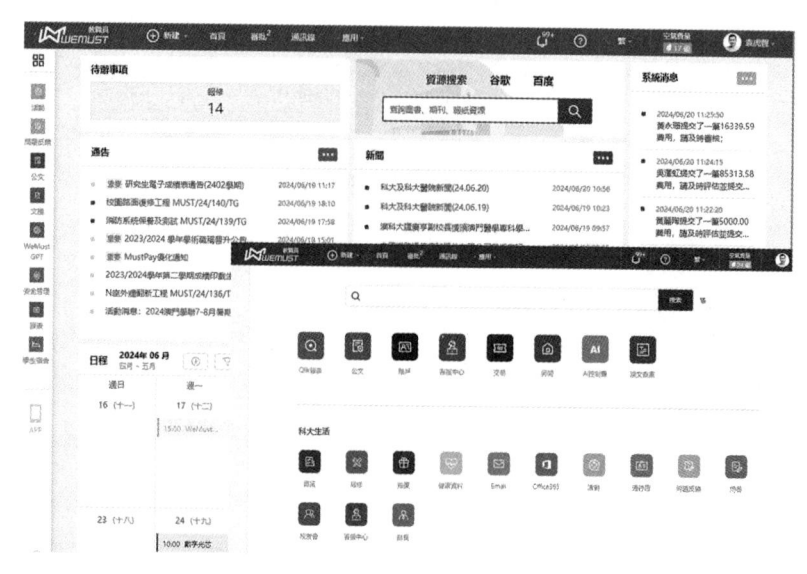

图 3-15　WeMust 集成服务平台：Web 服务门户

主页上端菜单上的"应用"栏目是 WeMust 应用组群的总入口，进入"应用"栏目的页面后则按基础数据中心定义的应用结构数据字典形成与登录者权限匹配的应用菜单。主页左端的一列功能允许用户自行增加、删减，形成个性化的常用功能菜单。

门户主体版面为用户呈现与个人密切相关的信息或日常频繁使用的应用入口。如位于网站主页左上角的「待办事项」，主页中部的「新闻」、主页右上角的「系统消息」、主页下部的「日程」，以提升用户的查看与处理效率。

3. 移动端 App 服务门户

WeMust 专门面向智能手机构建 App（Android App/iOS App），为教职员和学生集成相关应用，常用业务可在 App 上完成。WeMust App 全面采用 WeMust 品牌标志和应用系统标识，教职员 App 标识为蓝色，学生为绿色，如图 3-16 所示。

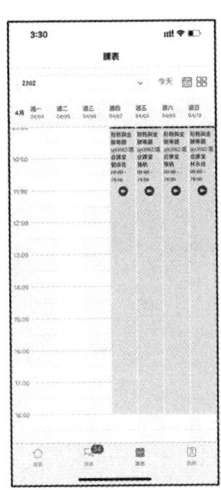

图 3-16　WeMust 集成服务平台：WeMust App 服务门户

WeMust App 的底部为主要菜单分类，"首页""消息""我的"3 个菜单在学生端和教职员端都有，"课表"为学生端专有，"内线和通讯录"为教职员端专有。首页的上方栏目呈现用户常用功能，接下来是用户最近使用的应用，再往下则是按基础数据中心定义的应用结构数据形成的与用户权限匹配的应用菜单。

WeMust App 与 Web 服务门户的定位有所不同，WeMust App 主要提供要求快捷响应且适合手机操作的服务，Web 服务门户则主要为用户提供数据项多、数据量大或需要大版面显示的交互页面。WeMust App 不仅是一个服务门户，更是便捷的移动服务载体，手机开门、蓝牙打卡、移动支付等都依赖 WeMust App 实现，使其成为教职员和学生享受智慧服务的重要助手。

WeMust App 底层框架为原生自主开发，既能保持相对稳定又可确保数据安全。业务层则主要采用 H5 技术实现，能够动态更新业务功能页面，因此可以较好地控制 App 版本更新的频率，减小 App 更新对用户的影响。

4. 深度融合第三方应用

WeMust 坚持开放、整合建设理念，集成的应用不仅包括自主研发的产品，还包括针对特定场景或业务引进的第三方产品。WeMust 将多个在业务上关系密切但来源不同的应用集成为一个整体解决方案，如将 Zoom、Moodle 与 WeMust「课表」应用进行融合，构建了 WeMust「云课堂」。这种开放的策略使 WeMust 能够快速扩大服务范围，同时保持平台的统一性。目前 WeMust 已集成了 30 多个第三方产品，例如，与图书馆业务相关的 Alma 图书馆管理系统、云打印、图书馆学者库等第三方应用；与校园生活服务密切相关的银行支付通道、医院体检系统、商户收银系统等第三方应用。WeMust 还与 ChatGPT 等新技术集成，为教职员和学生提供 AI 体验。

WeMust 集成服务平台：与第三方应用深度融合案例如图 3-17 所示。

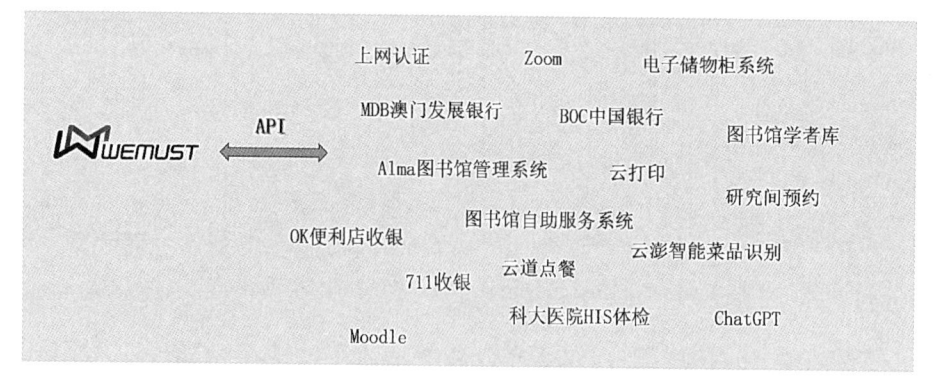

图 3-17　WeMust 集成服务平台：与第三方应用深度融合案例

对于第三方应用，WeMust 没有停留在实现对接的层面，而是力求实现深度融合。针对即将引进的第三方应用，在引进前就提出规范化与深度集成的要求；针对已有的第三方应用，在保障数据安全性和保护隐私的前提下，经协商努力实现数据和功能的互通互联，使第三方应用能够融入整个智慧服务平台。

WeMust 与图书馆系统的深度融合最为广泛，3.4.3 节集中体现了该案例，与其他应用平台也存在很多深度融合案例，如招生与注册服务平台「迎新」应用与科大医院体检集成的案例，生活服务平台「储物柜」应用案例等，这些内容会在相应平台中介绍。这里以"WeMust+Zoom""WeMust+LLM""WeMust+美食"为例，解析 WeMust 与第三方应用深度融合的实践。

1)"WeMust + Zoom"提供混合教学服务

教学服务是大学数智转型的重中之重。在数字化教学的背景下，基于网络虚拟课室的"云课堂"逐渐成为一种授课模式，成为大学教学服务平台的重要组成部分。WeMust 依托云端视频会议系统——Zoom 云视频会议平台，将 Zoom 账号虚拟成课室，与「课表」应用和「上课签到」应用深度融合，构建起 WeMust「云课堂」应用组群，提供线上与线下混合教学服务（如图 3-18 所示）。

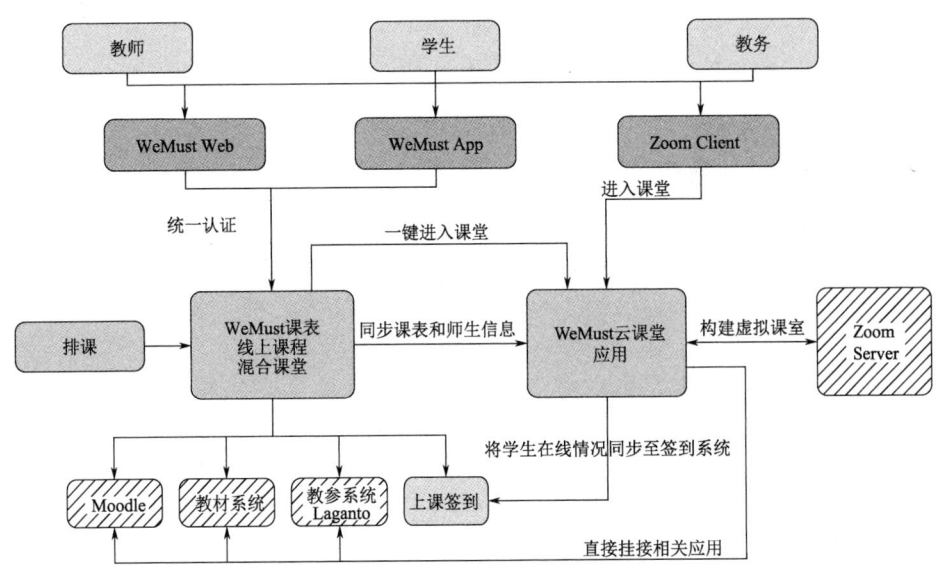

图 3-18 WeMust 集成服务案例：WeMust 混合教学示意图

WeMust 依据线上课堂数量与上课时间段测算 Zoom 账号总量，匹配为「云课堂」的虚拟空间资源。当一个班的授课方式为混合课堂或线上授课时，「排课」应用自动给每节课分配相应的 Zoom 账号资源，WeMust「云课堂」应用则与「课表」应用同步课表信息、师生信息等。在统一认证的基础上，教师和学生都可以从网站和 App 由「课表」"一键"进入「云课堂」上课，同时也支持学生按

Zoom 的会议号进入课堂。学院教务人员也可以通过「课表」进行线上听课、巡课。WeMust「云课堂」应用将学生进入课堂的情况同步给「上课签到」应用，实现了对线上与线下签到的统一管理。

WeMust 还基于「课表」将与上课有关的 Moodle、教参系统 Leganto 等集成，为教师和学生提供课件下载、作业收发、教学参考资料推荐、课堂测验等功能。

WeMust 同时提供「云会议」模式，依据会议安排，给会议分配相应的 Zoom 账号资源，方便在全球范围内召开在线会议。将会议管理与「日程管理」融合，与会人员可在个人日历中查看会议，一键进入会议（如图 3-19 所示）。

图 3-19　WeMust 集成服务案例：「云会议」应用示例

2)"WeMust＋LLM"提供 WeMust AI 服务

大语言模型（Large Language Model，LLM）是一种基于深度学习的自然语言处理（NLP）技术，它通过对大量文本数据进行预训练，来学习语言的结构、语义和上下文关系。这种模型能够理解和生成文本，执行语言理解和文本生成等多种任务。LLM 的关键特点是其规模大，通常包含数十亿个甚至数千亿个参数，使其能够处理复杂的语言任务。GPT（Generative Pre-Trained Transformer）是目前最著名的 LLM 之一，采用了 Transformer 架构，是一种专为处理序列数据（如文本）而设计的深度学习模型。GPT 通过在大规模数据集上进行预训练，学习了丰富的语言知识，并可以在此基础上进行微调（Fine-Tuning），以优化并适应特定的语言任务，如文本摘要、问题回答、机器翻译等。

WeMust 积极引入 AI 新技术，在平台上集成包括 GPT 在内的各类 LLM 服务，为大学学术工作、教学场景及日常生活提供新的方式和新的体验。WeMust 集成了 Azure OpenAI 的 GPT-3.5 和 GPT-4.0、阿里巴巴的通义千问（Qwen）、智谱清言的 ChatGLM 等 8 种模型，构建了 WeMust AI 统一网关（如图 3-20 所示），并在此基础上推出了 WeMust GPT 应用（如图 3-21 所示）。WeMust GPT 拥有上述模型的基本特点，具有先进的自然语言理解和生成能力，能够理解复杂的语境并产生自然、流畅的回答。WeMust 对上述模型进行了本地化包装，根据用户的需求和反馈，进行了一些特定的改进和优化，增强了对话的连贯性及对特定领域的理解等。此外，平台还提供了历史使用数据，这使得 WeMust GPT 在使用体验和实用性上，都达到了一个新的水平。

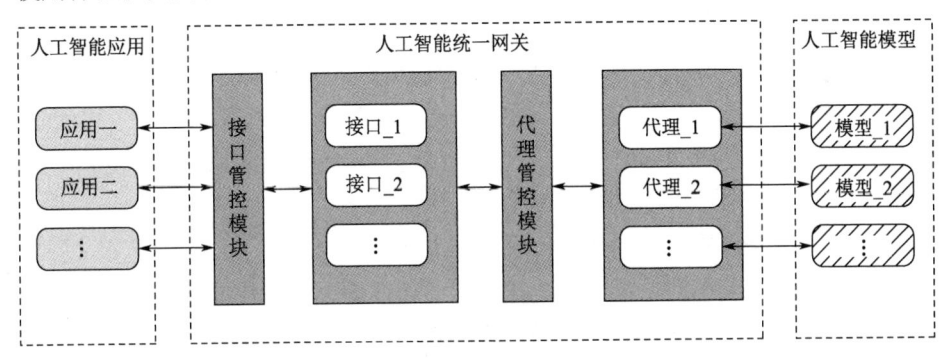

图 3-20　WeMust 集成服务案例："WeMust + LLM"技术架构示意图

图 3-21　WeMust 集成服务案例：「WeMust GPT」应用示例

澳门科技大学师生只需登入 WeMust 平台，在任何地点都可以使用 WeMust GPT，可自由选择 LLM 模型，并可选择是使用 Chat 模式还是高级模式。高级模式支持个性化参数设置，满足用户在特定场景下的使用需求。WeMust GPT 支持对话记录保存和浏览，也支持一键删除，并实现 PC 端和 App 移动端的数据同步，无论用户在哪个设备上工作，都能无缝接续之前的操作和会话记录。

3）"WeMust＋美食"支持移动订餐服务

餐饮是大学生活服务的重要组成部分。随着移动支付的普及，不少高校实现了校园餐饮服务一卡通，但难以获取师生餐饮数据、消费数据等，更难以在统一集成化平台上提供便捷的点餐服务。

澳门科技大学有"厨艺天地"（Food Studio）、"点聚餐厅"（Food Connection）、"季节餐厅"（Seasons）等多个餐厅，每个餐厅设有多个档口。为满足教职员与学生"点外卖"的需求，在构建集成服务平台和支付服务平台的基础上，WeMust 针对校园餐饮商户或门店，与第三方服务商深度合作，在生活服务平台构建起大学「美食」应用组群，将菜单浏览、订餐与统一认证、统一授权、统一支付结合起来，实现充分的数据交互，极大地方便了教职员与学生。并将相关数据归集到数据仓库，丰富了大学的数据资源。通过进一步的数据分析，为校园运营管理提供了决策支持（如图 3-22 所示）。

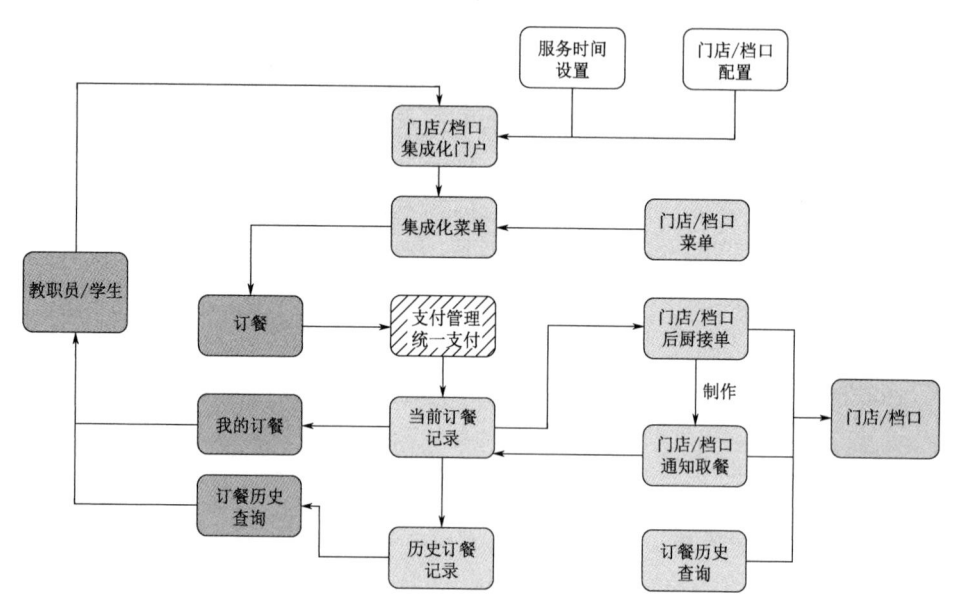

图 3-22　WeMust 集成服务案例：WeMust「订餐」服务示意图

「美食」应用组群一方面将 WeMust 支付服务平台作为餐饮商户或门店的主

要支付渠道，另一方面将各商户的门店集成，发布门店菜单及服务时间，为用户提供集成化订餐服务。用户针对指定门店的菜单进行订餐，并指定取餐时间，在支付完成后，门店后厨接单制作，在制作完成后由门店工作人员通知用户取餐。用户可在统一的「美食」门户订餐、查看当前订餐记录和历史订餐记录。

5. 集中式系统操作指引

WeMust 集成服务平台的集中式系统操作指引充分体现了以用户为中心的设计理念。WeMust 专门研制了集中式「帮助」应用，以确保用户在使用各类服务时能够轻松地获得所需的帮助和指导，其应用界面如图 3-23 所示。

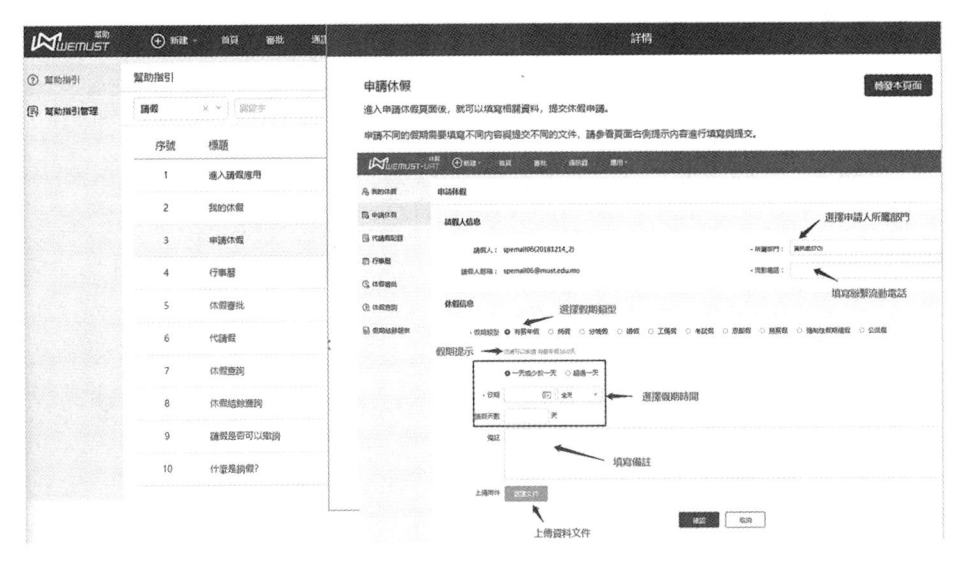

图 3-23　WeMust 集成服务平台：集中式「帮助」应用界面

WeMust 充分考虑了用户体验，在每个页面的固定位置设置明显的图标，让「帮助」功能始终触手可及。当用户操作遇到困难时，只需点击该图标，就会自动触发「帮助」应用，无须离开当前工作页面即可获得支持。

考虑到全球化需求，WeMust 提供双语支持，用户可以在「帮助」应用上找到适合自己的语言版本。

WeMust「帮助」应用的内容并不是一成不变的。WeMust 的团队会定期更新数据库，确保所有的帮助信息都是最新的，并与平台的功能更新同步，保证了用户始终能够获得最有效的帮助。

WeMust「帮助」应用还设计了发布系统，可指定向中文、英文的 Web 服务门户和移动 App 发布帮助内容。这种灵活的发布方式确保了帮助信息能够覆盖所有用户接触的平台。

3.3.3 基础服务平台

WeMust 从整体发展战略出发，遵循高内聚低耦合的设计原则，构建基础服务平台，通过提供一系列标准化、模块化服务组件，为各类业务应用系统提供统一的基础服务支撑，有效降低了业务应用系统的开发难度和复杂度，实现了资源的优化配置和高效利用，保障了应用系统的稳定性、连续性和可扩展性，让整体部署、运营管理、迭代升级更加科学和高效。

1. 基础服务平台的主要构成

WeMust 基础服务平台的应用主要包含三类（应用系统构成如图 3-24 所示）：第一类是垂直支撑基础组件，这些组件构建底层基础性能力，供上层应用统一调用，降低上层应用的复杂度，实现充分的数据共享。基础组件包括通过标准化接口或网关与第三方应用或设备衔接的中间件等。基础组件涉及审批流、空间调度、位置服务、AI 中台、支付中间件等。第二类是水平聚合基础应用，这些应用实现同类业务的聚合，在服务门户上重点推介，为用户提供一站式标准化服务，如待办、申请表、问卷等。第三类既有垂直支撑基础组件，也有水平聚合基础应用。组件由其他应用调用，聚合同类数据，再针对聚合数据提供基础应用，涉及消息、日程、文档、通讯录（选人）等。垂直支撑基础组件与水平聚合基础应用共同构成基础服务。WeMust 通过共性的组件设计，进一步规范和统一产品的细微之处，让应用体系更为科学、合理。

1）垂直支撑基础组件

垂直支撑基础组件主要包括消息推送组件、审批流组件、日程管理组件、空间调度组件、文档管理组件、选人组件、位置服务组件、物联中台、支付中间件、AI 中台/AI 控制台等。

〖消息推送组件〗主要包括渠道管理、模板管理、推送管理等。「渠道管理」定义向 App 端、邮箱、短信平台推送消息的相关参数。「模板管理」定义消息模板、短信模板、短信签名等，通过 ID 调用模板便于进行内容管理与更新。「推送管理」对各应用发来的待推送记录进行管理，为所有应用提供统一的消息推送服务，并在推送后更新状态。待推送记录涉及推送内容、推送对象、推送来源、推送渠道、推送时间和计划创建时间。

〖审批流组件〗主要针对各类申请事项在部门内部的审批，分别设置通用审批流、特殊审批流。WeMust 采取按人配置审批流的方式，部门中的每个人可对应不同的审批流，每个审批流可设置 1～4 个层级，每个层级可存在多个审批人。「通用审批流」可设置多组，每个应用可选定其中的一组作为审批流。「特殊审批流」则针对特定人员，指定在一组应用中优先使用特殊审批流，而不使用通用审批流。WeMust 支持在各应用中设定「专用审批流」。用户进入一个应用，依照专用审批流→特殊审批流→通用审批流的顺序寻找审批流，以满足各类申请事项在部门内部的复杂审批流程要求（参见 3.3.3 节 "4.部门内部复合型'审批流'"）。

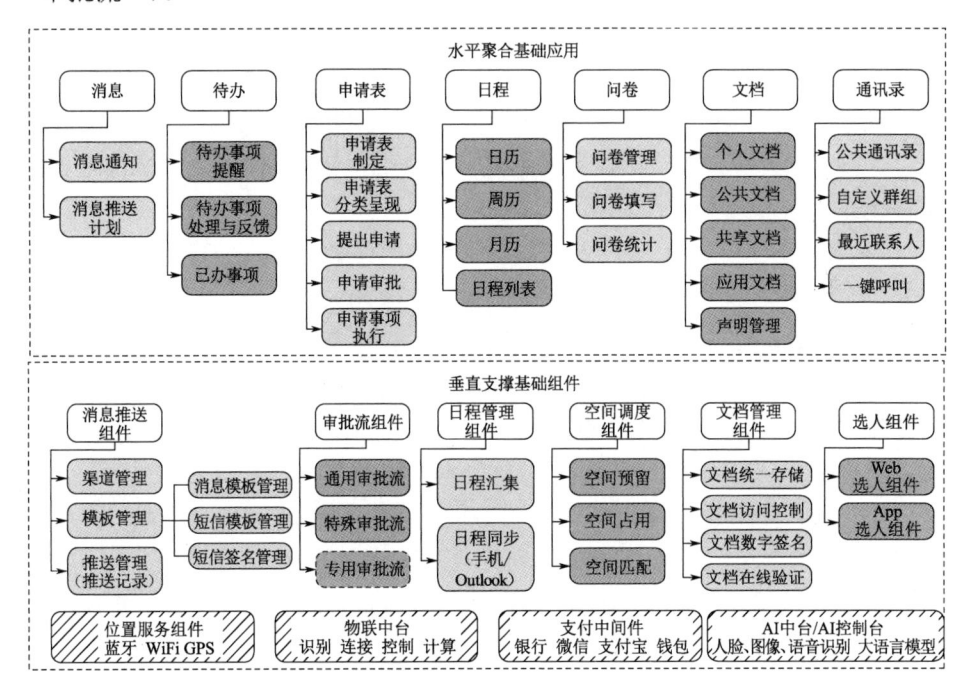

图 3-24　WeMust 基础服务平台：应用系统构成

〖日程管理组件〗可以看作统一时间管理的基座，主要包括日程汇集、日程同步等。「日程汇集」将 WeMust 各类应用中与用户日程有关的信息汇集起来，形成统一的日程数据。「日程同步」将统一的日程数据接入 OutLook、手机的日程。

〖空间调度组件〗主要包括空间预留、空间占用、空间匹配等。所有涉及空间资源的应用都必须在此建立预留或占用记录，涉及记录 ID、空间编号、空间名称、空间类型（如实验室、普通课室、运动场、课室、计算机室、会议室、多功能场地、礼堂、弧形课室、阶梯教室、大堂等）、用途、来源（如排课、房间预约等）。「空间预留」指对实体空间预留一段时间，可以解除预留。「空间占用」指对实体空间进行占用锁定，可以取消占用。「空间匹配」指按照一定的匹配要求，寻找空闲的实体空间。

〖文档管理组件〗，WeMust 将文档管理作为基础应用，建立文档管理中心，统一文档存储管理，根据用户权限实现文档访问控制。「文档统一存储」支持向文档管理中心上传文档。「文档访问控制」支持用户对个人文档、公共文档进行授权。「文档数字签名」支持应用对文档自动加载数字签名，申请人可自行下载。「文档在线验证」汇集各类数字签名电子证明文件，文档接收者可在线验证数字签名电子证明文件。

〖选人组件〗依托大学通讯录数据，如姓名、职务、职称、邮箱、内线电话、房号（办公室）等，统一形成支撑各类应用的「选人」组件，提供 App、Web 两种模式。

〖位置服务组件〗是大学重要的基础组件。WeMust 构建了蓝牙位置服务、WiFi 位置服务、GPS 位置服务等组件，统一配置相关设备及技术参数，支持大学各领域的位置服务应用。蓝牙位置服务是大学打卡管理的主要技术基础，包括蓝牙设备管理、打卡项目管理、打卡数据管理等应用。「蓝牙设备管理」涉及整个校园中的蓝牙设备配置，包括设备编号、各类技术指标和参数、所在房间/位置、状态等。「打卡项目管理」主要区分考勤打卡、宿舍打卡和课表打卡。「打卡数据管理」汇集教职员和学生在各站点的所有打卡数据，涉及打卡房间/位置、打卡人姓名、学号/工号、打卡时间和打卡项目等。

〖物联中台〗，WeMust 将物联应用基座部署在基础服务平台上，并为众多前端应用提供基础组件，实现对物联对象的识别、连接、控制、计算，如采用 RFID 技术识别图书与各类资产；统一「门禁」应用，通过校园卡和 WeMust App 生成的电子校园卡动态二维码打开指定区域的门禁；对空间中的计算机设备、空调等电器设备进行智能控制等。

〖支付中间件〗汇集银行、微信、支付宝等常用平台的缴费应用及页面，便于各应用系统发起缴费业务，为用户支付提供便利，同时支持校园钱包的零钱、消费券支付与管理。其中，WeMust 聚合不同的银行和移动支付的快捷通道、转账汇款通道，定义手续费率、处理到账/支付间隔或时限等，各平台的应用仅需对接中间件，无须与各银行系统分别对接，为丰富校园支付应用场景提供了全方位的解决方案。

〖AI 中台/AI 控制台〗，WeMust 将 AI 应用基座部署在基础服务平台上，并为众多前端应用提供基础组件，如人脸识别、图像识别、语音识别，也包括大语言模型等。其中，「WeMust GPT」为多个大语言模型的集成化基础应用（详见 3.3.2 节 "4.深度融合第三方应用"中的 "2）'WeMust＋LLM'提供 WeMust AI 服务"）。

2）水平聚合基础应用

水平聚合基础应用主要包括消息、待办、申请表、日程、问卷、文档、通讯录等。

〖消息〗主要包括消息通知、消息推送计划等。「消息通知」在 Web 和 App 服务门户的明显位置呈现已聚合的当前用户的各类消息，便于查看。「消息推送计划」属于主动推送的功能，即针对指定渠道，利用消息模板，设定好推送消息的内容、时间和用户群体，调用消息组件统一推送消息。

〖待办〗主要包括待办事项提醒、待办事项处理与反馈、已办事项等，支持 Web 端/App 移动端处理。「待办事项提醒」在 Web 和 App 服务门户的明显位置呈现已聚合的当前用户待处理事项，以便查看、处理、回复或审批。待办事项涉及编号、标题、事项类型、发起人和发起时间等，并可限定事项类型、发起人或标题等；待办事项汇集各应用中的审批及同类事项，如资讯发布审批、接待审批、加班审批、休假审批、会议审批、资产/物品/耗材领用审批、房间申请审批、维修审批，以及维修派工、接待邀请、会议邀请、答辩邀请等。「待办事项处理与反馈」支持对待办事项进行集中审批，并将结果反馈给相关应用。「已办事项」集中列出当前用户已办结的所有事项。

〖申请表〗，高校存在各式各样的申请表，按常规做法，需要针对不同的部门和业务，形成多种申请页面和审批流程。WeMust 将各类申请表聚合在一起，分类呈现，用户只需关注申请表类别、名称，关注申请的发出、审批和执行等关键特征，而不必过多关注申请表的具体格式和内容。申请表基础应用主要包括申请表制定、申请表分类呈现、提出申请、申请审批、申请事项执行等。「申请表制定」支持相关职能部门统一制定申请表，便于申请表统一维护和更新。当增加一类申请表时，只需设计好表格，纳入本应用组群，并赋予专门的事务类别即可（如图 3-25 所示）。「申请表分类呈现」以常用分类方式呈现大学所有的申请表，由用户选择后「提出申请」。「申请审批」支持审批人针对各类申请进行审批，审批期间申请被标记为"待审批"或"已审批"。「申请事项执行」为执行部门执行各类申请的相关服务，在执行期间申请被标记为"执行中"或"已完成"。

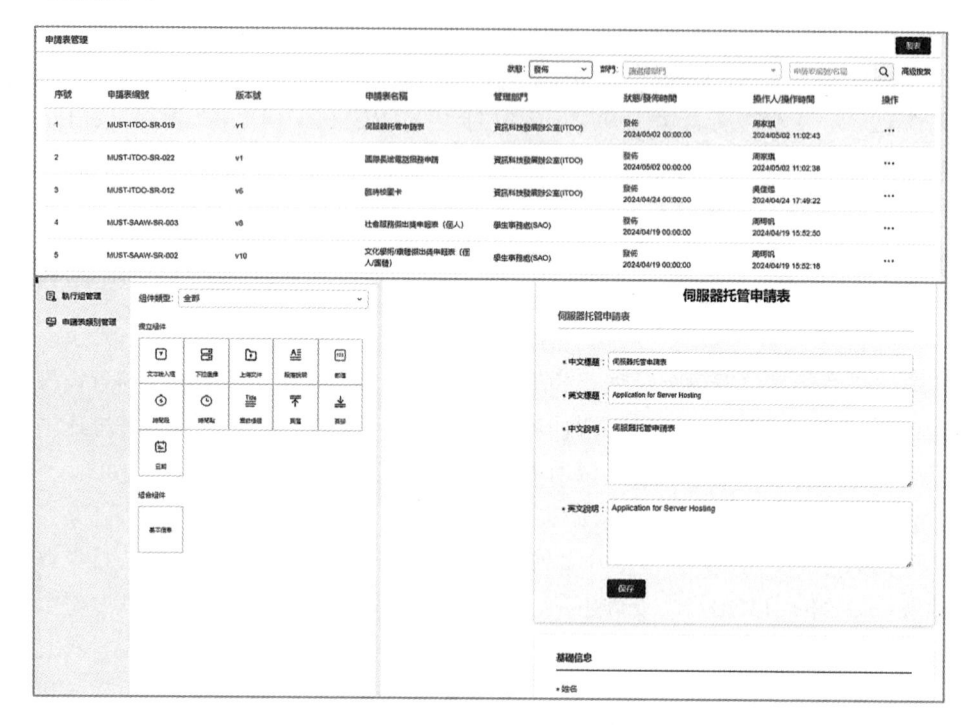

图 3-25　WeMust 基础服务平台：「申请表」应用界面

〖日程〗主要展示已汇集的日程信息，分别采用日历、周历、月历和日程列表的方式，展示的内容包括但不限于课表、会议日程、接待日程、考试日程、答辩日程、法定假期、休假、加班、活动日程、培训日程等信息。

〖问卷〗统一大学各类问卷的设计、发放、提交和统计，主要包括问卷管理、问卷填写、问卷统计等。各类问卷可在 Web 和 App 服务门户发布。「问卷管理」专为创建新问卷和进行问卷管理而设置，关注各问卷的进行情况和回收情况，可限定问卷状态、问卷名称和创建人查询。在添加新问卷时，除了需要设计问卷内容，还需要定义发布的时间范围和发布的人群。发布的人群可指定部门，也可指定班级或个人，支持手动发布或指定时间自动发布。发布后自动推送消息与待办事项给指定的问卷对象。「问卷填写」专门面向问卷的发放对象，可打开其中一个问卷填写并提交。管理者可通过「问卷统计」随时查看每个问卷的提交情况，可针对已结束的问卷进行统计分析。本应用已累积近一千个问卷，如 2023 年 10 月，人文艺术学院针对人工智能设计图像生成工作坊的工作时间、自携设备、预约人数向本学院在读学生发放问卷，得到充分反馈，宣传效果良好。

〖文档〗主要包括基于文档管理中心机制的个人文档、公共文档、共享文档、应用文档、声明管理。「个人文档」为用户创建的个人文档，可使用"选人"组件指定共享人。「公共文档」为以公开为目的创建的文档，可使用"选人"组件设定访问群体。「共享文档」由指定的共享人查看和使用文档。「应用文档」将各应用存储在文档管理中心的文档统一呈现，可不依赖文档所属业务数据的特征（如文档所属公文数据的时间、名称、类别）直接寻找、查看文档，但遵循各应用赋予文档的查看权限。在 WeMust 中，以文档形式存入的文件都要纳入文档管理中心，主要用于文档发布与共享，提高安全性。

「声明管理」属于文档的一个特例，用于集中管理在各应用中可能涉及的使用声明文档，如 WeMust 门户的《WeMust 隐私保护声明》、AI 应用中的《WeMust GPT 使用条款》和《Chatlib 使用条款》、宿舍应用中的《宿舍租借申请协议》、储物柜应用中的《储物柜租借申请协议》、空课室应用中的《课室使用须知（声明）》等，都要求使用者阅读并确认"已读"，且需对应当时的声明版本，以便存档备查。WeMust 在基础服务平台中统一管理各应用的声明，将用户标记的"已读"与声明的 ID、版本号联系在一起，各应用系统建设不需要分别考虑声明的版本管理与阅读标记问题。

〖通讯录〗依托「选人」组件，在公共通讯录的基础上，用户可自定义群组，系统也会自动汇集最近联系人，方便用户在不同的应用中，快速实现选人操作。在通讯录中，WeMust 与办公服务平台的内线（网络电话）集成，实现了手机与办公电话的「一键呼叫」。

2. 消息集中推送应用模式

在高校智慧服务平台中存在大量的消息，也包括大学需要统一推送的消息。统一消息推送与以查询为主的信息获取方式不同，需要更及时、更有针对性、渠道更多样。

WeMust 构建起短信、App 消息、网站消息、电子邮件等多种消息推送渠道，并为有计划的消息推送和各平台需要的消息推送提供统一的基础组件，使各应用系统不再受消息推送方式和渠道变化的困扰，也无须管理具体的消息推送过程。各应用系统在进行消息推送时，只需将要推送的内容通过基础组件发送出去，由消息管理基础应用统一实施消息推送，同时管理后期相关事务，并将发送结果通过规范的接口反馈给各应用系统。WeMust 基础服务平台「消息推送」应用如图 3-26 所示。

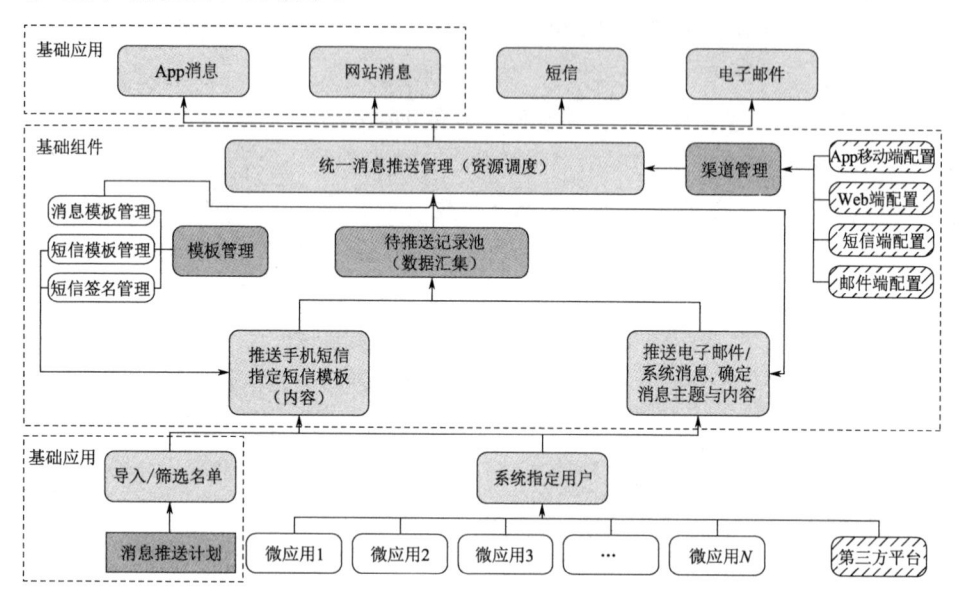

图 3-26　WeMust 基础服务平台「消息推送」应用

如图 3-26 所示，WeMust 各应用都可以通过系统配置，建立与消息推送应用组群的联系，通过设定消息推送计划，主动向指定用户群体推送消息，或者针对应用中的业务通知进行实时的消息推送。各应用推送的消息被汇聚到统一消息推送应用中的待推送记录池，经统一推送调度，按照设定的渠道参数，向指定用户的 App 移动端、Web 端、短信端、邮件端推送。WeMust 消息、短信都采用模板化设置，极大地方便了日常的消息推送。

3. 待办事项统一响应机制

在 WeMust 中，"待办"不仅为"待审批"，还有更广的含义，如"被邀请""被派工"等，其关键就是汇集所有需要操作的事项，要求指定人员尽快回复或响应。WeMust 建立了待办事项统一响应机制，各应用可自主定义是否将待办业务推送到基础服务平台，由待办事项基础应用集中处理，并向原应用反馈结果。被授权审批人、被邀请人、被派工人等都可以从 WeMust 统一的待办事项栏目中查看需办理的各类事项，而无须逐一进入各业务应用系统查看，提高了办理效率，减小了系统重复开发和系统维护的工作量。WeMust 基础服务平台「待办事项」应用如图 3-27 所示。

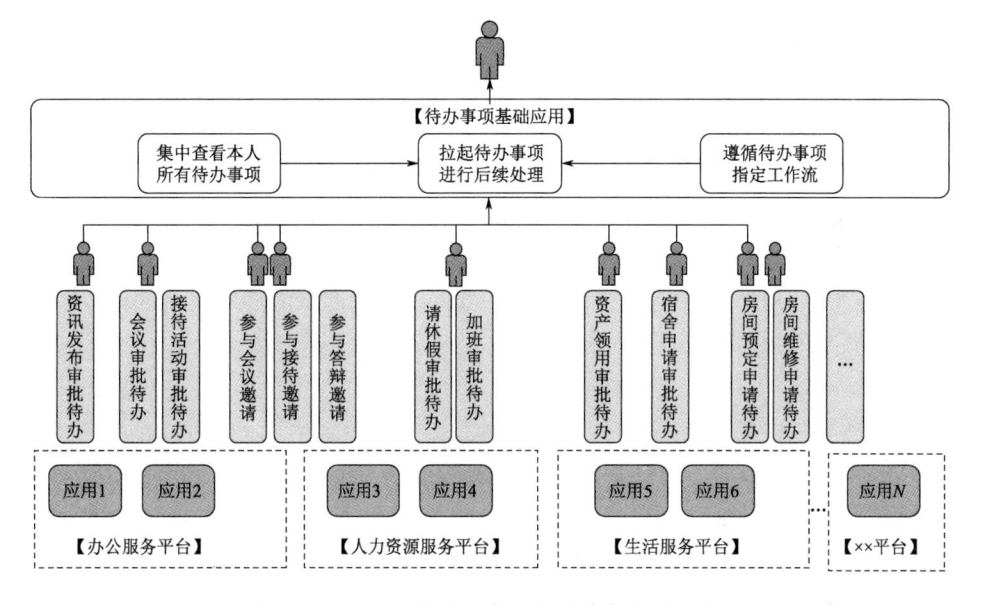

图 3-27　WeMust 基础服务平台「待办事项」应用

待办事项基础应用主要涉及汇集待办事项、匹配工作流、反馈结果 3 个主要环节。WeMust 在 App 和 Web 服务门户设定专栏，集中呈现与用户有关的待办事项；待办事项的流转遵循由各应用指定的"审批流"；待办事项处理的结果则以统一的形式反馈给各业务应用。例如，「资讯」应用的资讯发布审批待办，「接待」应用的接待审批待办和参与接待邀请，「会议」应用的会议审批待办和参与会议邀请，「请假」应用的请休假/加班审批待办，「资产」应用的资产领用审批待办，「宿舍」应用的宿舍申请审批待办，「报修」应用的房间维修申请待办等，都可通过待办事项基础应用统一呈现、快速响应。

随着业务的不断延伸，待办事项的应用场景逐渐增多，范围也不断扩大，与审批流、消息推送等组群相互配合，不断提高业务响应效率，体现整体智慧化水平。

4. 部门内部复合型"审批流"

在高校环境下，业务流程通常从"申请"开始，到"审批"环节结束。在 PRUS 模型中，"审批"是一个规则，WeMust 对其流程进行细分和归纳，力求通过设置统一的"审批流"，让有需要的应用直接调用。WeMust 将"审批"划分为部门内部审批和职能部门业务审批两个部分。

〖部门内部审批〗即申请人所在的部门负责的审批，旨在依据部门内部的组织架构，把控申请事项的合理性。例如，员工请假，部门内部审批主要评估请假是否会对申请人工作任务的完成造成影响，是否有足够的理由和证据支持请假，以及请假期间的工作如何安排等，确保申请事项不会对部门的正常运作造成不利影响。

〖职能部门业务审批〗即由高校中负责特定业务的职能部门负责的审批，关注的是申请事项是否符合高校的政策、规定，以及是否可执行。例如，对于科研项目的申请，科研管理职能部门将审查项目的合理性、预算分配、资源分配等，以确保项目能够按照高校的要求和标准进行。

WeMust 结合实际需要，明确区分部门内部审批、职能部门业务审批。职能部门业务审批与具体业务应用关系密切，涉及面不大，在具体业务应用中的定义基本能满足需要。部门内部审批则较为复杂，针对不同的应用会存在不同的"审批流"，为此 WeMust 总结出 3 种模式，即"通用审批流""特殊审批流""专用审批流"：当大多数部门关于大多数应用的部门内部"审批流"一致时，则定义"通用审批流"，并在相关应用中适用；当部门中极少数人不适用"通用审批流"时，可为其设置"特殊审批流"，并在相关应用中优先选用；当极少数应用不适用"通用审批流""特殊审批流"时，可为其设置"专用审批流"，并优先选用。

〖通用审批流〗在基础服务平台上统一配置，可设置多组，每组可为每个用户设置"审批流"，在各类应用中只要指定一个通用审批流组别，即可遵循通用审批流组内定义的用户"审批流"完成部门内部审批。WeMust 支持由部门按照审批模板核定本部门所有人员的"审批流"，即定义每个人员的上级，统一加载到 WeMust 系统。

〖特殊审批流〗在基础服务平台上统一配置，主要针对特殊人员设置，并对应一组应用。设置了特殊审批流的人，在指定的应用中不再适用通用审批流，而优先选用特殊审批流。例如，某个部门存在一个特殊的人，由专人负责管理，并不遵循该部门的管理架构，可为其定义特殊审批流。

〖专用审批流〗在各具体应用中配置,为每个可能提出申请的人建立"审批流",并优先选用。设置专用审批流主要是因为在这个应用中,审批流程和审批人不遵循通用审批流。采用专用审批流方式比建立通用审批流更为简洁、直接。例如,资讯发布审批,一般一个部门可能只有 1~2 个员工能够创建资讯并提出发布申请,审批人可能是专门的资讯负责人,或者专门的资讯负责人与部门负责人均可审批。

WeMust 基础服务平台「审批流」应用如图 3-28 所示。

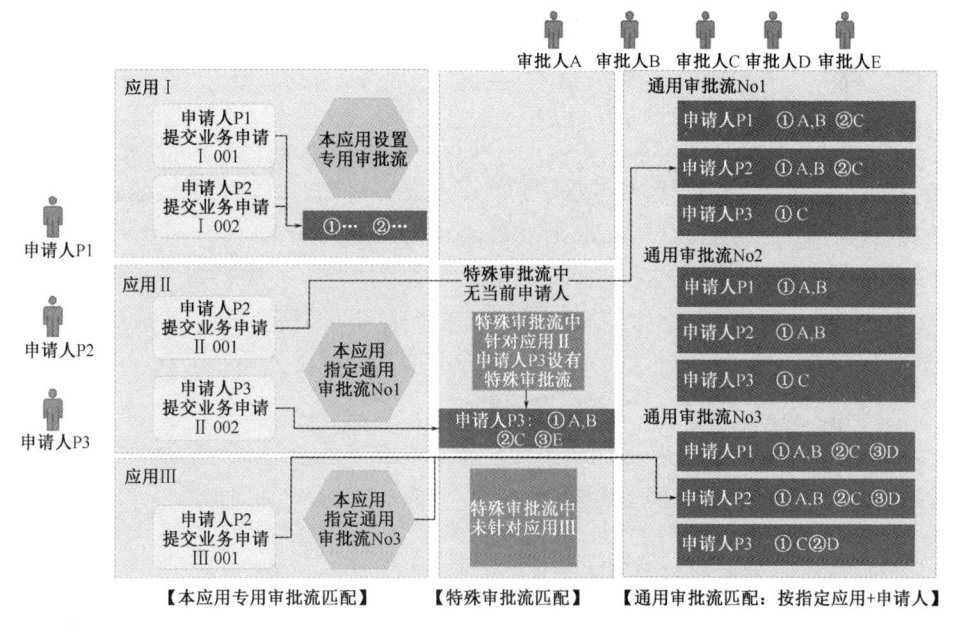

图 3-28 WeMust 基础服务平台「审批流」应用

在图 3-28 中,P1、P2、P3 表示申请人,A、B、C、D、E 表示审批人,Ⅰ、Ⅱ、Ⅲ区分应用,No1、No2、No3 表示通用审批流。申请人 P1、P2、P3 分别向应用Ⅰ、Ⅱ、Ⅲ提交了多份申请。

应用Ⅰ:设置了专用审批流,则业务申请Ⅰ001、Ⅰ002 直接适用专用审批流。

应用Ⅱ:未设置专用审批流,指定了一个通用审批流 No1,但申请人 P3 存在针对本应用的特殊审批流,则业务申请Ⅱ002 适用特殊审批流;申请人 P2 不存在针对本应用的特殊审批流,则业务申请Ⅱ001 适用通用审批流 No1。

应用Ⅲ:未设置专用审批流,指定了一个通用审批流 No3,业务申请Ⅲ 001

的申请人 P2 不存在针对本应用的特殊审批流，则业务申请Ⅲ 001 适用通用审批流 No3。

综合来看，WeMust 部门内部复合型"审批流"具有以下突出特征。

（1）为每个人配置审批流。

WeMust 将审批流直接配置给每个人。这种方式虽然不如为某类岗位或某类人员配置一组审批流简单，但可适应更为复杂的情况，且在整个高校人员数量有限的情况下配置起来也不难。常见的组长审批组员、部门主管审批组长、校领导审批部门主管、部门主管审批部门特聘人员、校领导审批校级特聘人员等都可以实现。

（2）多级审批人直接对应到人。

WeMust 在各类审批流设置中，审批人直接对应到人。每个审批流支持 1~4 级审批，允许在每个审批层级中同时存在多个审批人。多级审批适应了高校的组织架构，多人审批符合 A、B 角的常见模式。

（3）设置多组通用审批流供应用选择。

WeMust 设置了多组通用审批流，不同的应用只需要选用其中之一，如员工请假审批和采购项目审批会使用不同的通用审批流。

（4）复合型"审批流"满足复杂需求。

复合型"审批流"按专用审批流、特殊审批流、通用审批流的顺序，能够涵盖部门内部审批的各类复杂情况。

5. 统一日程管理与多形式呈现

时间是一种资源，WeMust 对每个人的时间进行统一管理，建立统一日程管理数据池和日程管理组件，纳入基础服务平台。各应用可设定是否将涉及日程的事宜纳入统一管理，如果选择纳入，则通过调用日程管理组件将本业务的日程数据汇入统一日程数据池。基础服务平台还会将日程同步到手机的日历、OutLook 的日历中，让用户可以随时了解每天的日程安排与大学将举办的各项活动。WeMust 基础服务平台「日程管理」应用如图 3-29 所示。

WeMust 依托统一日程数据，建立日历、周历、月历和日程列表系列基础应用，将与当前用户有关、时间性较强的信息集中呈现。允许用户对列入日程的内容进行筛选，如限定是否将请假、活动、日程、加班、课表、会议、接待等相关日程纳入，是否限于"我参加的""我管理的"日程等。教职员还可将日程事项共享给其他成员，如对于一个活动，甲不参加，但活动组织者想让他知

第 3 章　WeMust 实践：脚踏实地　循序渐进　聚沙成塔

晓，通过共享，甲也可以在其行事历中查看这个活动。WeMust 基础服务平台「日程管理」应用示例——周历如图 3-30 所示。

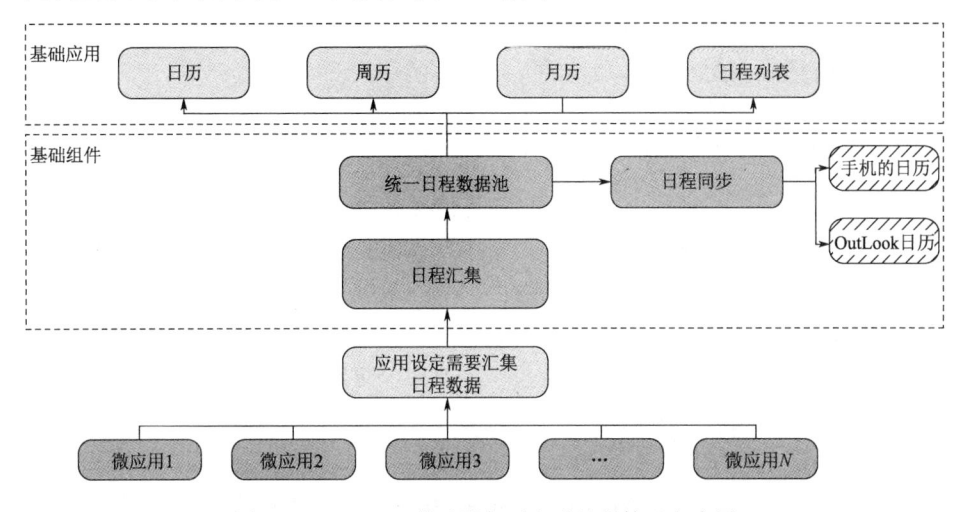

图 3-29　WeMust 基础服务平台「日程管理」应用

图 3-30　WeMust 基础服务平台「日程管理」应用示例——周历

在统一日程管理体系中，用户必须是直接关联者，如授课人、已选课学生、会议受邀人、接待参与人、考生、答辩人或答辩委员会成员、活动邀请人、被培训人或主讲人等，此外，也可以将大学公开组织的重要活动和重要

119

事件纳入日程管理范畴，让所有人员在日程中可以看见，每个人的日程都是一个自定义的"校历"。

WeMust 统一日程管理应用组群，让各应用的日程信息得以集中展现，便于日程管理基础应用和基础组件的升级迭代。

6. "GPS +蓝牙"全局打卡模式

蓝牙技术应用已很普遍，结合 GPS 定位可精准地判定用户的位置，将位置、时间、事项三者结合在一起，能够判定用户该进行的事项，引导用户完成相关操作。WeMust 在大学办公区域、宿舍、教学区域等地布设蓝牙设备，由基础服务平台统一管理所有设备信息并提供基础组件，面向人力资源服务平台提供考勤打卡应用，面向教学服务平台提供上课打卡应用，面向生活服务平台提供宿舍打卡应用。宿舍打卡以进入宿舍区域为准并在规定点名时间段发起；上课打卡以进入课室区域为准并在课表时间段发起；考勤打卡依照教职员的类别及划分的考勤组，以进入工作区域为准并在指定考勤时间段发起。基础服务平台则汇集所有打卡数据，全面记录教职员和学生的考勤情况。

例如，「上课打卡」即上课签到，是教学活动中最常用的功能，其应用示例如图 3-31 所示。在课前指定时间段，WeMust App 会发出推送，提醒学生利用手机蓝牙准时签到。教师在使用时，系统显示未签到学生名单，教师可根据情况予以"补签"。教师也可在课间发起点名，学生随后签到。上课打卡系统可展示一个班级学生的整体打卡情况，并统计出席、缺席、迟到、早退、旷课等情况。

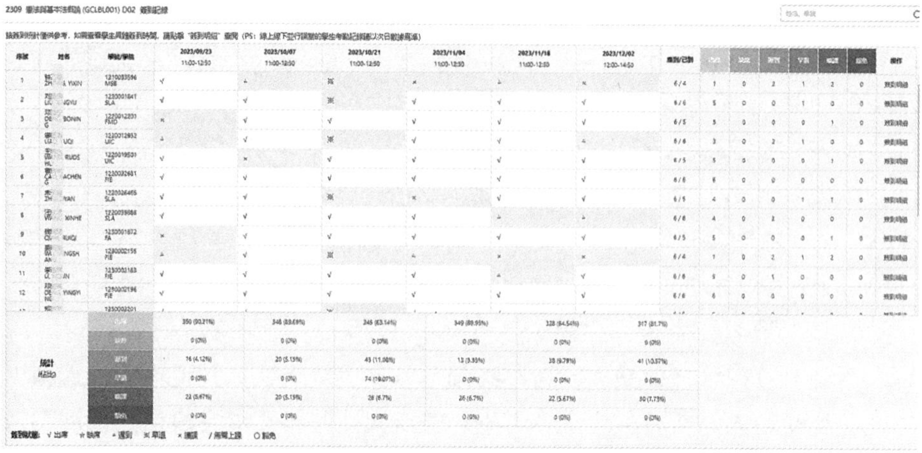

图 3-31　WeMust 基础服务平台：「上课打卡」应用示例

3.4 WeMust 应用平台

WeMust 应用平台依托基础数据中心、集成服务平台和基础服务平台，汇集面向各类业务的微应用，分类组建教学服务平台、科研服务平台、图书馆服务平台、招生与注册服务平台、支付服务平台、生活服务平台、办公服务平台、人力资源服务平台、财经服务平台、大数据服务平台等，逐步构建大学全方位、一体化、智慧型统一服务平台。

3.4.1 教学服务平台

WeMust 教学服务平台面向大学教师、学生，以及教务人员，以其所属教学单位和学生类别、学生年级、学生班级为主要细分属性，围绕课程（Program）、专业（Major）、科目（Course）、课室/云课堂、教材/教参、学期、成绩、论文等资源，也包括排课、排考、答辩涉及的学生和教师群体，依据大学学习计划（教学计划）、教学管理制度、教师评核制度、学业管理制度等规则，和招生与注册服务平台有机衔接，实现从招生报名到毕业离校的全流程管理，将智慧化融入排课、云课堂等关键领域，构建满足创新教学模式需求的教学服务平台。原有教务与教学管理系统（COES）的数据和功能已迁移到 WeMust 中。

WeMust 教学服务平台应用系统构成如图 3-32 所示（参见 3.4.1 节 "5.教学服务主要应用简介"）。

1. 教学基础数据支撑学习计划编制

教学基础数据关系到整个大学教学工作的有序进行。教学基础数据之间的关系为：大学将教学工作分配给相关教学单位，教学单位具体承担课程（Program）及指定专业（Major）的教学组织工作，并主要通过科目（Course）教学来完成，而学期为大学重要的时间属性。WeMust 将教学基础数据统一编码，纳入基础数据中心进行统一管理，教学单位、教师和学生数据同样由基础数据中心统一管理。

WeMust 学习计划按树型结构组织，依据基础数据中心的教学基础数据、部门基础数据，负责组织课程（Program）的教学单位针对不同专业（Major）

编制学习计划（教学计划），将具体科目（Course）、论文等组织在一起，涉及教学单位、专业、学生人数、教学模式、总学分、最低/最高学分要求、生效学期等，成为所有教学活动的核心规则。WeMust 教学服务平台基础数据支撑学习计划如图 3-33 所示。

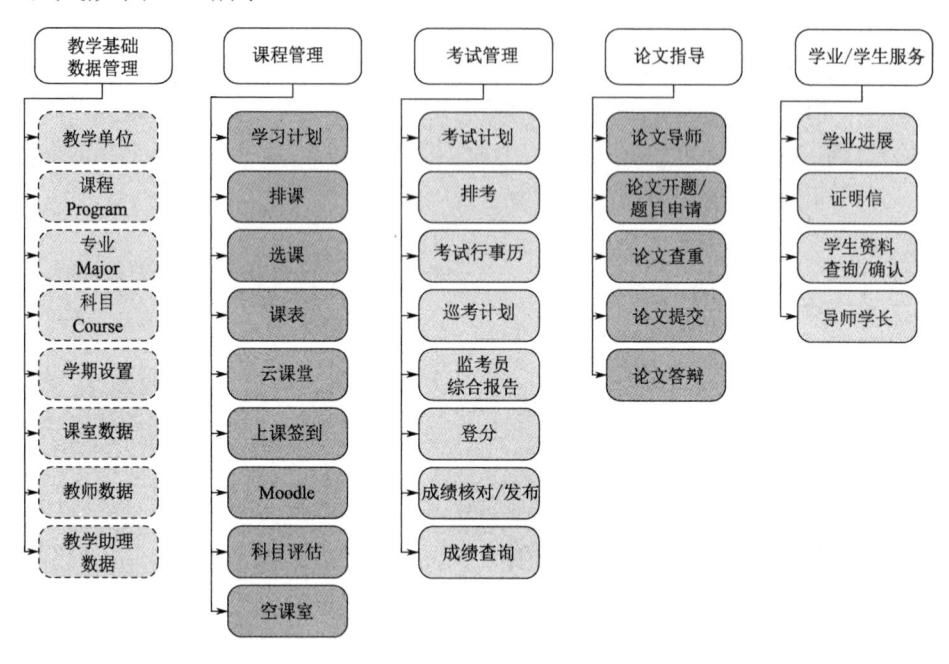

图 3-32　WeMust 教学服务平台应用系统构成

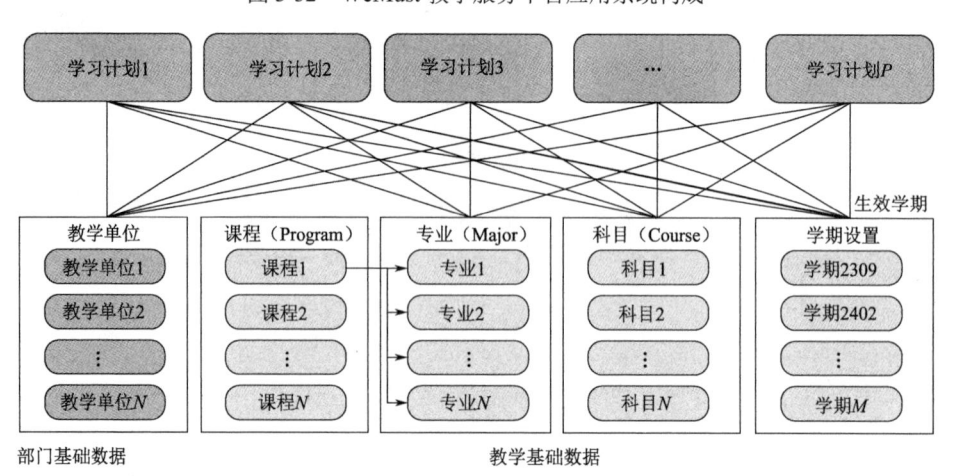

图 3-33　WeMust 教学服务平台基础数据支撑学习计划

学习计划自某个学期开始，可在后续学期中继续使用，也可予以调整。WeMust 支持针对新增专业或课程灵活配置学习计划。教学单位依据生效的学习计划，结合人员基础数据中的教师数据和教学助理数据、资产基础数据中的课室数据，组织整个教学过程。WeMust 教学服务平台「学习计划」应用界面如图 3-34 所示。

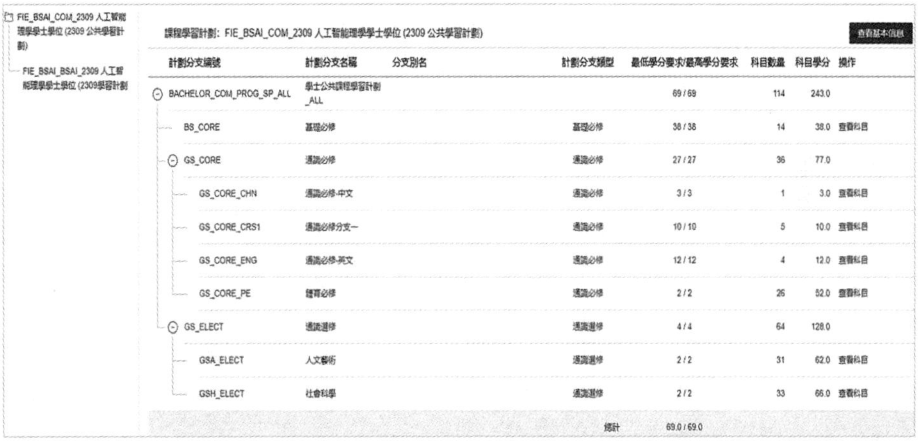
FIE_BSAI_COM_2309 人工智能理學學士學位 (2309 公共學習計劃)
FIE_BSAI_BSAI_2309 人工智能理學學士學位 (2309學習計劃

課程學習計劃：FIE_BSAI_COM_2309 人工智能理學學士學位 (2309 公共學習計劃)　查看基本信息

計劃分支編號	計劃分支名稱	分支別名	計劃分支類型	最低學分要求/最高學分要求	科目數量	科目學分	操作
BACHELOR_COM_PROG_SP_ALL	學士公共課程學習計劃_ALL			69 / 69	114	243.0	
BS_CORE	基礎必修		基礎必修	38 / 38	14	38.0	查看科目
GS_CORE	通識必修		通識必修	27 / 27	36	77.0	
GS_CORE_CHN	通識必修-中文		通識必修	3 / 3	1	3.0	查看科目
GS_CORE_CRS1	通識必修分支一		通識必修	10 / 10	5	10.0	查看科目
GS_CORE_ENG	通識必修-英文		通識必修	12 / 12	4	12.0	查看科目
GS_CORE_PE	體育必修		通識必修	2 / 2	26	52.0	查看科目
GS_ELECT	通識選修		通識選修	4 / 4	64	128.0	
GSA_ELECT	人文藝術		通識選修	2 / 2	31	62.0	查看科目
GSH_ELECT	社會科學		通識選修	2 / 2	33	66.0	查看科目
			總計	69.0 / 69.0			

图 3-34 WeMust 教学服务平台：「学习计划」应用界面

2. 高效排选课形成多类课表

WeMust 力图提高排课、选课的自动化程度，让数智转型走进繁琐的教务工作，同时为学生提供丝滑的选课体验。教学单位每学期围绕学习计划组织教学，在 WeMust 平台上针对科目、教师、学生、课室、上课时间，由教务人员进行分班和排课，经学生选课形成课表，开展所有教学活动，为学生完成学习计划中的各项指标提供条件。WeMust 教学服务平台「排课」与「选课」应用如图 3-35 所示。

1）分班

教学单位每学期根据学习计划，结合教师资源，确认本学期开设的科目（Course）。分班即开班，是排课的基础，即在 WeMust 中，确定针对一个学期的一门科目，一个专业的学生需要分几个班上课，指定修读人数/开班人数、上课时段（日间、夜间、周末）等，形成班别数据。WeMust 支持各教学单位自行制定开班电子表格，导入班别数据。

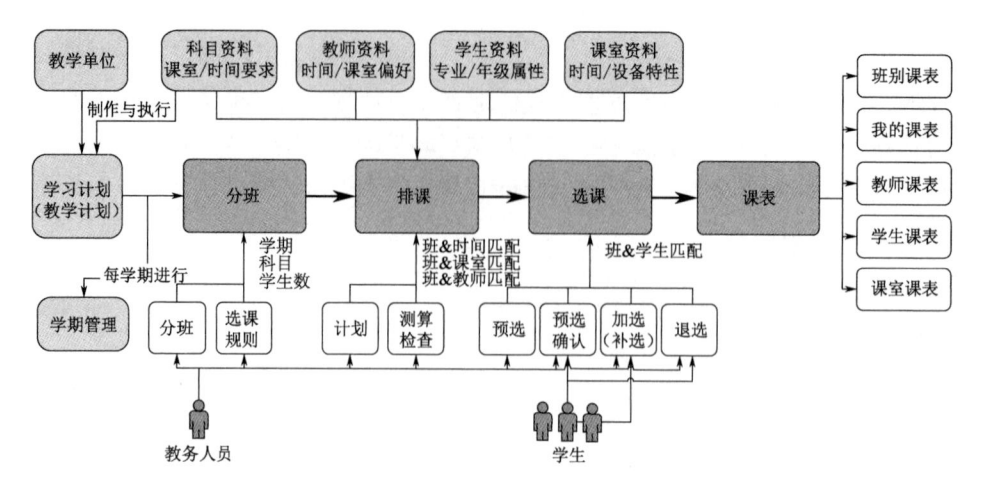

图 3-35　WeMust 教学服务平台「排课」与「选课」应用

教学单位开班依据学习计划且具有指向性，如面向指定地区、校区、学院、专业（Major）、年级的学生开班，甚至针对一组具体的学生。WeMust 支持在选课前设定学生选课规则，为学生事先设定可选的科目（Course）范围，包括选课时间范围等。

2）排课

在排课时需要深刻理解与排课相关的因素及其优先级，让教师、学生、课室、时间实现较为合理的匹配。在 WeMust 中，教务人员可为每个班编排具体的上课时间和课室，委派授课教师。WeMust 支持各教学单位以电子表格的方式，编排并导入开设科目（Course）的授课教师、上课时间及专属课室。

WeMust 在排课中，对初步排课结果进行反复测算，重点考虑以下 3 个方面。

（1）保证每个教师的上课时间不冲突，包括避免两节课的间隔时间过短的情况。

（2）保证课室不冲突，优先使用本学院课室。

（3）保证在时间上每个学生能够完成本学期学习计划，如当选修课存在多门时，至少有一门可以在时间上排开，让学生有机会选择。

除上课时间外，课室也是排课应用的重要资源。WeMust 采用统一空间资源管理模式，在排课前对需要使用的课室进行提前锁定。每个课室根据排课、排考等要求，给出详细描述，并被赋予一系列规则，以便各类应用的有效调用。WeMust 教学服务平台「排课」中的课室数据如图 3-36 所示。

課室號碼	課室名稱	座位	考試座位	房間類別	專用教學單位	優先教學單位	可用設備	上課課室	是否支援線上上課	考試課室	操作
R412	課室	45	30	普通課室			電腦、投影機、麥用風	Y-是	N-否	Y-考室	設置
F117	課室	66	50					Y-是	N-否	Y-考室	設置
E205	課室	37	22	課室		FC, SP	投影機、電腦	N-否	N-否	Y-考室	設置
E207	課室	34	22	課室		FC, SP	投影機、電腦	N-否	N-否	Y-考室	設置
N101	禮堂	210	210	禮堂				Y-是	N-否	Y-考室	設置
O807	金融和經濟實訓室Finaocial and Economic Lab（MSB）	54	54	實驗室	MSB		投影機、電腦	Y-是	N-否	Y-考室	設置

图 3-36　WeMust 教学服务平台「排课」中的课室数据

如图 3-36 所示，课室 R412 为普通课室，有 45 个座位，如果作为考场，则有 30 个考位，不支持线上上课；课室 O807 则为教学单位商学院（MSB）的专用实验室，可用于商学院上课与考试。

3）选课

选课是学生与班的匹配过程，包括预选、预选确认、加选（补选）、退选。教学单位也可为学生预选、加选、退选，支持电子表格导入方式；学生可在规定时间段进行线上加选、退选，进行预选确认。在开学后两周内的加选称为补选。

为保障学生顺利选课，WeMust 集成了多种资源调度技术，保证选课开始时瞬间高并发的响应能力和数据的一致性。

教务人员针对一个班，可整体"锁班"或对个别人"锁人"，屏蔽其加选、退选操作。

4）课表

经排课、选课，以及有限的调班，最终形成课表。WeMust 提供多种类型的课表，从多角度服务教学，包括班别课表、我的课表、教师课表、学生课表、课室课表。

「班别课表」为一个教学单位本学期的每个班，从第一次课到最后一次课的课表，按班展开各班每天上课的授课教师、科目（Course）、上课时间和课室，以及教学助理、忽略冲突标注、确认标注等。WeMust 教学服务平台「班别课表」应用界面如图 3-37 所示。

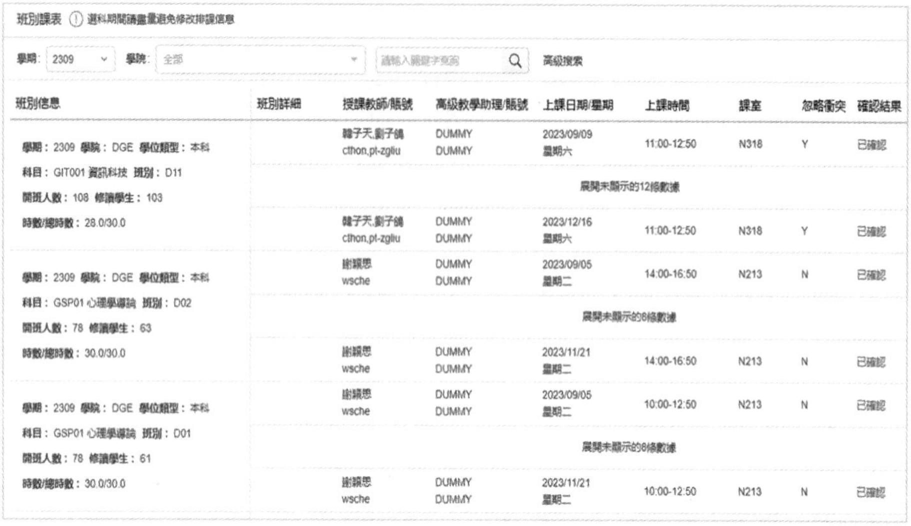

图 3-37　WeMust 教学服务平台「班别课表」应用界面

「教师课表」按学期和教学单位列出每天上课的教师、科目（Course）、上课时间和课室，并标记课堂类别，以掌握教师授课总体情况。WeMust 教学服务平台「教师课表」应用界面如图 3-38 所示。

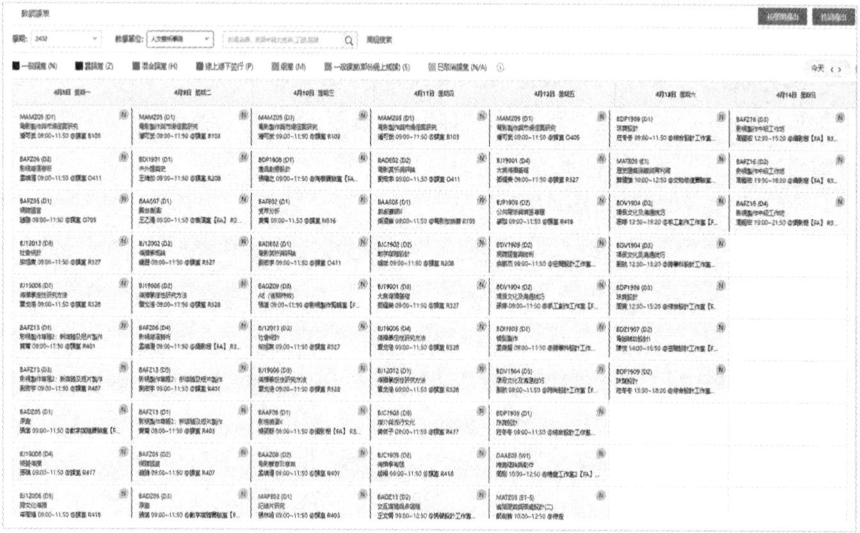

图 3-38　WeMust 教学服务平台「教师课表」应用界面

「课室课表」按学期和教学单位重点汇集每个课室每天各时间段的课表，帮助教务人员了解课室的上课情况。课室课表也可发布到对应楼宇或课室的信息发布屏上，营造学习氛围。WeMust 教学服务平台「课室课表」应用界面如图 3-39 所示。

图 3-39　WeMust 教学服务平台「课室课表」应用界面

3. 教学过程中的指导与预警

WeMust 本科生教学活动主要由学习计划、分班、排课、课表、教材与教参、上课、考试、科目评估、成绩、毕业论文等应用衔接而成，并将第三方相关应用融入各环节，线上与线下全面结合。整个教学过程根据教学单位编制的学习计划进行，涉及教师、学生和教务人员。WeMust 教学服务平台教学过程中的指导与预警如图 3-40 所示。

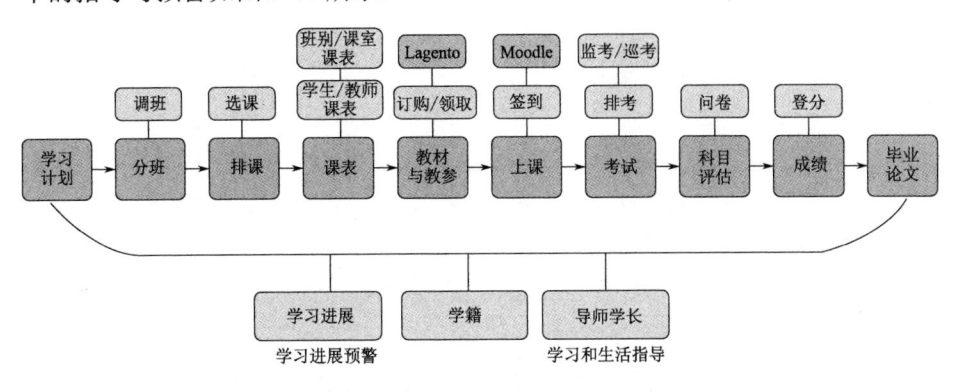

图 3-40　WeMust 教学服务平台教学过程中的指导与预警

教师在确认科目、班、学生及课表后，可以指定教材，在 Leganto 列出教学参考资料；组织线下课程或采取云课堂方式授课，掌握学生上课签到情况；在课间或课后采用 Moodle 组织讨论、留作业或组织测验；在期中或期末组织考试、阅卷，进行线上登分并给出成绩。

学生在确认选课并获取课表后，根据教师提出的教材和教学参考资料要求，线上申请订购教材，并在收到通知后领取教材，找寻教学参考资料；依据课表上课并使用 App 签到，按线上通知的考期、考场和考位参加考试；在考试结束后参与科目评估，查看成绩，撰写毕业论文。

教务人员在完成排课并发布课表后，组织采购与配发教材，配合教师提供教参服务，查看学生课程签到总体情况，制定排考、监考、巡考计划，组织科目评估，线上提交监考综合报告，将教学工作结果归入教师评核档案和学生学籍档案。

WeMust 在整个教学活动中，将「学业进展」「导师学长」应用贯穿其中，为学生提供贴心的服务。根据学习计划要求，通过数据分析掌握学生学业进展，并在选课、查看成绩等环节给出预警，呈现学习计划的完成度，提醒其在必修课程、学分和成绩上存在的不足。同时，根据学生的学籍状态控制相关环节的服务，如当学籍处于"休学"状态时，停止其选课功能。

澳门科技大学采用导师学长制，针对班级指定导师和学长，帮助学生解决学习与生活中的困难，同时让导师和学长参与教学管理。由主任导师针对班级填写"学期报告"，由导师针对班级填写"学期摘要"，由导师针对学长填写"学长评价"，由学长针对班级填写"观课记录"和"学期总结"。

4. 全程无纸化学位论文管理

论文指导是大学教学活动的重要组成部分。WeMust 针对本科生、硕士研究生、博士研究生设置不同的论文指导工作流，将论文指导相关业务全面整合，形成统一的流程，保证了论文内容的一致性，避免了多系统反复提交的操作，提高了学生学位论文的管理效率。所有过程都在 WeMust 中实现，无须提交纸质文件。WeMust 教学服务平台「学位论文」应用工作流如图 3-41 所示。

学位论文指导工作源于学习计划（教学计划），由教学单位制定「论文导师计划」，向指定学生群体（指定学院、学位）公布学年导师名单，每个导师都有指导名额。学生和导师之间通过申请、确认形成指导关系。学生可以根据需要更换导师，但必须遵循更换导师的具体规定，在提出申请且经审批后方可更换。

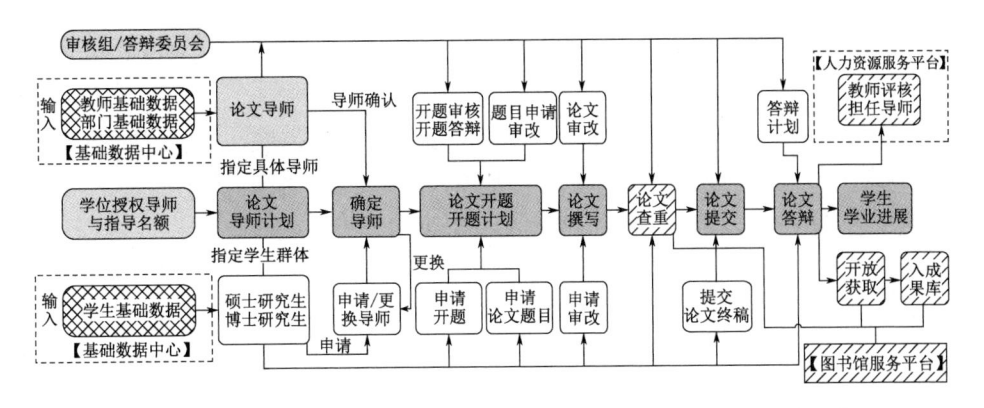

图 3-41　WeMust 教学服务平台「学位论文」应用工作流

澳门科技大学针对硕士研究生和博士研究生采用不同的论文开题工作流程。针对硕士研究生的应用包括开题计划管理、论文题目申请、论文题目审核、开题查询等。针对博士研究生的应用包括开题计划管理、开题报告申请、开题报告审核（导师）、开题报告审核（评阅人）、开题报告结果管理、开题答辩结果管理、开题报告查询、论文题目查询与设置等。

在学生撰写论文的过程中，导师可在线上提出审改意见。学生在正式提交之前，需提交论文查重申请，涉及查重编号、论文题目、语种、字数、指导老师、附件（论文原文、查重报告、导师说明书）、申请时间等。负责查重的人员对学生提交的论文进行查重并填写查重结果，导师对查重结果进行审核并得出最终论文查重结论（参见 3.4.3 节 "3.图书馆嵌入教学与科研过程"）。

记录学生论文正式提交及审核过程，分为论文提交、论文审核、论文终稿提交、论文终稿审核，有利于掌握整个教学进度。本科生论文提交信息涉及学期、组别、组员、学院/课程、最终论文题目、状态、附件等；研究生论文提交信息涉及学期、姓名/学号、学院/课程、最终论文题目、论文初稿提交日期、状态、附件、学位论文用户许可证。由导师、评审委员、院所代表和行政人员对所提交论文进行审核，并提出审核意见。

论文答辩针对整个答辩过程进行管理，先编制答辩计划，涉及答辩形式、答辩时间（范围）、地点（预计）、规则（等级要求与分数等）、参与成员等，再按计划「申请房间」，邀请答辩主席、委员、秘书，通知答辩人和导师。其中，答辩房间调用大学空间资源组件进行预订，将答辩委员邀请推送至「待办事项」，提醒委员确认，同时将答辩时间写入「日程」应用。答辩计划是论文答辩管理的核心，主要涉及答辩时间、地点、学生姓名、学院/课程、论文题目、指导老师、指导老师授权人、答辩主席、答辩委员、答辩秘书、答辩形式、投票意见、表决意见。

WeMust 通过接口将论文自动导入图书馆资源发现系统，提供对外检索服务，同时导入大学「成果库」，计入大学学位论文成果。教师对学位论文的指导和参与的答辩则计入人力资源服务平台的教师教学工作量统计。

5. 教学服务主要应用简介

〖教学基础数据管理〗应用组群与基础数据中心联动，对教学单位（院系）、课程（Program）、专业（Major）、科目（Course）、学期设置、课室数据、教师数据、教学助理数据等进行管理。

〖学习计划〗是整个教学活动组织的总规则。针对课程（Program）和专业（Major），按照基础必修/选修课程、专业必修/选修课程、跨学院必修/选修课程，以及论文报告与实习等编制，体现大学整体教学内容架构和教学模式。

〖排课〗主要包括分班、排课计划、选课控制、选修数据、班别课表、查找课室及设置等，是学生选课的前期准备和总控。「分班」即确定一个专业的学生需要分几个班上课，形成班别数据。「排课计划」重点依据班别数据，安排时间、教师，并分配课室，形成学期班别课表。「选课控制」为学生选课设定具体规则，如针对班别可限定选课学生的地区、校区、学院、专业、年级等，甚至可限定到一组具体的学生。「选修数据」为学生选课信息的汇总，将学生与班别联系在一起，并标记学生是否已确认选课、是否豁免修读、是否取代豁免等，支持锁定学生，以及按导入表格批量加选或退选。「班别课表」为针对指定班别展开已排课的全学期课表。「查找课室」用于确定排课中的待定课室部分。「设置」重点对排课计划上传时间、学生选课时间等进行设置。

〖选课〗为面向学生的应用。按照设定的选课规则，学生在指定期限内，针对各教学单位经排课形成的科目班别履行选课及加选或退选手续，以完成学习计划所规定的总学分。

〖课表〗是排课、选课的结果，主要包括班别课表、我的课表、教师课表、学生课表、课室课表等应用。「班别课表」按学期和教学单位展示各班每天各时间段的授课老师、课室、科目、学生人数。「我的课表」按学期展开教师本人或学生本人每天各时间段的上课科目，并被汇入基础服务平台的日程管理应用。「教师课表」汇集教师个人当前学期的所有科目的授课时间、课室和学生。「学生课表」面向教务人员，用于查询每个学生的课表。「课室课表」按学期汇集指定单位、指定课室的课表，展示每天各课室、各时间段的科目和授课老师。

〖云课堂〗，在 WeMust 中，云课堂作为云空间资源，在课程管理中依托资源统一调度实现，每个科目都可以在创建时选择授课方式，一旦选择了线上授课或混合课堂，在排课时就会自动申请云空间资源，并在上课时启动相关入口，让教师和学生方便地进入云课堂（详见 3.3.2 节 "4.深度融合第三方应用" 中的 "1）'WeMust + Zoom' 提供混合教学服务"）。

〖上课签到〗是课堂教学管理的重要手段。当学生在与课表时间相关的签到时间段处于课室附近区域时，需通过 App 完成上课签到。授课教师可在课堂上为学生补签或在课上发起"点名"，以便掌握学生的上课情况（参见 3.3.3 节 "6.'GPS +蓝牙'全局打卡模式"）。

〖Moodle〗，WeMust 将第三方应用 Moodle 嵌入课程管理，通过接口将科目信息同步给 Moodle，教师和学生可通过 Moodle 平台开展课上或课后教学工作，组织专题讨论、布置作业和测验等。

〖科目评估〗主要包括科目评估列表和评估设置。科目评估在授课期间和授课完成后都可以进行，主要采用发出、回收电子问卷的方式。通常由教学单位在指定日期范围内导入科目列表，统一组织评估。每门科目可向指定班级发出问卷，针对科目和教师授课情况征询学生意见。评估设置主要包括评估计划推送时间设定、统计规则设定、科目评估开放导入时间、结果是否公布等。学生在 App 端可查看与指定学期相关的科目评估列表，并可直接参与评估。

〖空课室〗，为使大学空间资源得到充分利用，WeMust 在大学空间统一调度的基础上，提供"空课室"功能，用于学生自习，深受欢迎。课室是大学重要的空间资源，排课、排考、答辩安排都具有一定的提前量，将安排后的剩余课室释放为"空课室"具有较强的可行性和一定的现实意义。学生可选择日间和夜间，指定日期和时间段，限定区域或楼栋，寻找"空课室"去自习。

〖考试计划〗主要针对科目，兼顾补考，添加、查看及发布考试计划，涉及考试名称、考试学期、考试类别（期中、期末、补考等）、考试日期和时间、考试形式（如现场考试）、监考员、教师可查看时间、学生可查看时间、发布状态等，并可进行自身时间冲突检查。

〖排考〗遵循大学空间资源统一调度，结合课室考位数量要求分配考试课室，并为每个考生分配具体考位。

〖考试行事历〗，在排考后，考试列入考生、监考员的行事历，学生可直接查看科目、考场和考位；监考员可直接查看科目、考场等。

〖巡考计划〗，编制巡考计划，在考试期间指定教务人员为作为巡考员，现场巡查若干考试课室的情况。

〖监考员综合报告〗，巡考员向组织考试的教学单位提交综合报告，如领取试卷情况、监考员到场情况等。

〖登分〗，教师通过登分应用登记本人授课科目的学生的分数或成绩，经审核、发布后学生才能查看成绩。

〖成绩核对/发布〗，教师登分完成后，经教务人员核对，由教务主管人员审核后统一发布。

〖成绩查询〗，成绩发布后，学生可查看自己的成绩和 GPA，教务人员可查看本教学单位各班级学生的成绩和 GPA，教师可查看授课科目的评估结果。学生可通过学业/学生服务应用组群中的「证明信」应用，获取电子成绩单。

〖论文导师〗主要包括研究生论文导师计划管理、申请指导老师、导师审核申请、导师查询与设置等。「论文导师计划管理」，管理人员依据学习计划将需要参与论文指导的学生和相关导师编入论文导师学年计划，成为学生提交申请和导师审核的基础数据。「申请指导老师」，按论文导师计划，由学生提出申请，选择自己的论文导师。「导师审核申请」，导师对学生提出的申请予以回复。学生通过「导师查询」可查看指定学年的论文导师情况。管理人员通过「导师查询」可查看指定教学单位、指定学年的所有导师和已确定导师的学生，以及导师论文指导名额的完成情况。

〖论文开题/题目申请〗是学位论文内容及题目确认的过程，涉及申请、审核和答辩环节。「开题计划管理」在学习计划（教学计划）的基础上，为所有需要开题和撰写论文的学生形成开题记录。「开题报告申请」「论文题目申请」为学生提交申请的主要功能。「开题报告审核」「论文题目审核」根据学生的开题记录展开，满足指导老师、院所代表、评阅人审核并提出意见的需求。「设置」包括论文评阅人设置、论文写作期限设置等。

〖论文查重〗主要包括申请查重、我的查重、查重服务、导师审核。学生通过「申请查重」提出新的查重申请，支付相关费用，并通过「我的查重」查看查重结果。「查重服务」嵌入图书馆服务平台，针对学生提出的查重申请开展服务，在查重后给出查重报告。在查重后，申请的状态变为"待导师审核"。「导师审核」指论文导师依据查重报告，最终确认"查重通过"或"查重不通过"。

〖论文提交〗主要包括本科生论文提交、研究生论文提交、本科生论文列表、研究生论文列表、本科生论文审核、研究生论文审核、研究生终稿列表、研究生终稿审核及设置等。「本科生论文提交」「研究生论文提交」为学生提交论文的功能。「本科生论文列表」「研究生论文列表」「研究生终稿列表」汇集学生提交的论文信息。「本科生论文审核」「研究生论文审核」「研究生终稿审核」为相关导师、评审委员、院所代表和行政人员提供审核功能，便于集中审核并提出审核意见。

〖论文答辩〗为参与答辩的各方在 PC 端和 App 移动端提供相关应用，主要包括答辩计划管理、答辩投票管理、学生答辩查询、我添加的计划、我的答辩计划、二次答辩确认及设置等。「答辩计划管理」管理教学单位所有的答辩计划，涉及计划名称、答辩时间段、发送邀请函时间、教师可查看时间段、学生可查看时间段等。「答辩投票管理」支持参与答辩的委员投票。「学生答辩查询」支持学生查看本人的答辩计划，并可下载投票结果与表决结果。在「我添加的计划」中，管理人员可以创建新的答辩计划，并查看其以往添加的计划。「我的答辩计划」呈现教师、学生、答辩委员及相关人员需要参与的答辩。「二次答辩确认」主要针对二次答辩，列出答辩计划，可查看答辩详情，由学生确认进行或不进行二次答辩。「设置」包括对答辩日期范围的设置、对答辩课室及使用时间的安排与锁定、对答辩时段的分组、对论文等级与分数的对应关系设置、打分表设置、论文提交设置等，让整个答辩过程能够规范、有序地进行。

〖学业进展〗对照学习计划，帮助学生随时了解学业进度，包括 GPA、修读科目、学分、学位论文、发文等情况，并合计每学期修读清单。教学单位也可更准确地掌握每个学生的相关信息。

〖证明信〗在大学中是常用的学生服务项目，如学籍证明、成绩证明等，证明信一般用于学生升学或找工作。WeMust 在保留纸质证明信方式的同时，引入电子证明信，并采用通用且安全的数字证书方式。证明信应用组群主要包括申请证明信、申请单查询、电子信审核、电子信下载、纸质信审核、纸质信办理、证明信管理与系统设置等。「申请证明信」支持学生提出申请，主要涉及证明信类别、证明信形式（纸质/电子）、所需份数和领取方式等信息。证明信可归为若干类别，对应相对统一的格式。通过「申请单查询」可查询所有申请单，并可关注其状态（待审核、已撤回、审核中、可领取、审核不通过、退回）。「电子信审核」与「电子信下载」支持对申请进行审核，并在审核后调用基础服务平台的数字签名组件，形成带有数字签名的电子信，供学生下载。「纸质信审核」与「纸质信办理」支持对申请进行审核，并在审核后由管理人员打印、盖章，通知学生领取。「证明信管理」汇总一定时期内各类证明信申请的总量及状态分布，以掌握本项服务的总体情况。

〖学生资料查询/确认〗专门用于查询与更新学生个人动态数据，如常驻地址、团体保险等。

〖导师学长〗主要包括导师/学长列表、班级列表、学生列表和时间设置。「导师/学长列表」将各教学机构参与该计划的导师、学长及其主要信息列出，显示每个人已关联班级的数量，并予以管理。「班级列表」用于展示各教学机构的所有班别，并可面向指定学年、学期的指定班别，配备主任导师、导师和学长。「学生列表」用于在指定班级内，由导师为每个学生填写"学生综合评价"，由学长填写"学生面谈记录"。学生则可在本应用中，查看自己班级的导师和学长，以及他们给出的评价。

3.4.2 科研服务平台

WeMust 科研服务平台为教研人员、研究人员，以及科研管理人员提供服务，对所属部门和职位进行细分，围绕科研项目、科研成果、人力资源（如立项、答辩、结题涉及的人员），依据大学规划与科研项目管理制度、教师评核制度、关联机构科研项目管理制度等规则，聚合大学科研成果，提供在线智慧化服务。重点实现项目申报、项目审批、项目启动与实施、经费使用、项目结题/终止及成果评鉴等，最终形成大学科研成果库。通过对科研成果的挖掘分析，为大学科研工作的组织提供决策支撑。规范统一的大学成果库也为实现广泛的学术交流和科研合作奠定了坚实基础。

WeMust 科研服务平台应用系统构成如图 3-42 所示（参见 3.4.2 节 "3. 科研服务主要应用简介"）。

1. 科研项目全过程服务保障

WeMust 的一个重要目标是全面优化和提升大学科研项目的管理效率，确保从项目申报到成果转化的每个环节都能得到严格且高效的服务保障。通过精心设计科研项目全过程服务保障体系，WeMust 为科研人员和科研管理部门提供了一个便捷、透明、可靠的工作平台，从而支撑科研活动顺利开展，有利于科研成果的产出，也有助于大学整体科研水平的提升和科研竞争力的提高。

WeMust 科研服务平台「科研项目」应用工作流如图 3-43 所示。

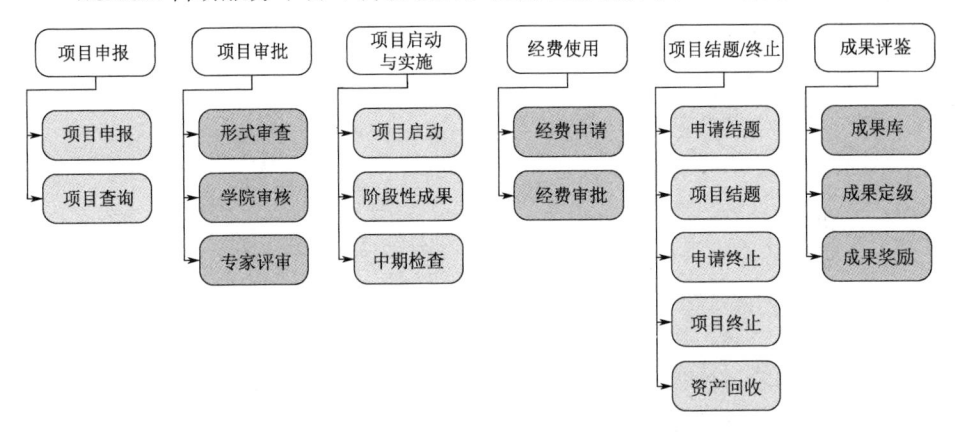

图 3-42　WeMust 科研服务平台应用系统构成

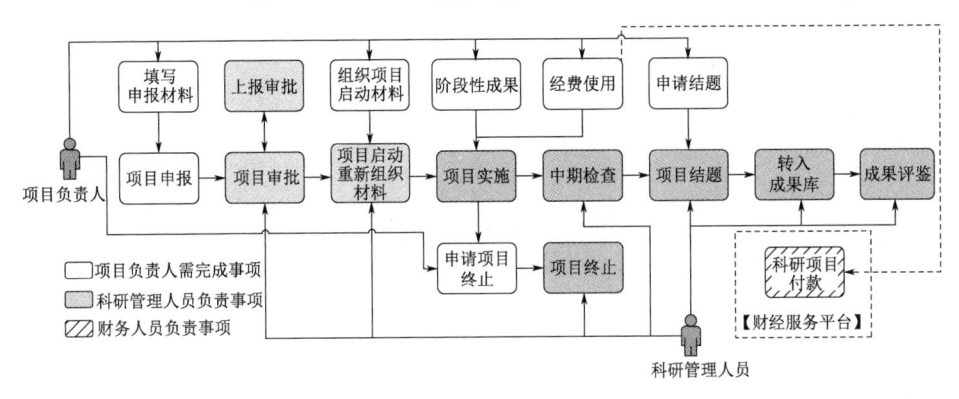

图 3-43　WeMust 科研服务平台「科研项目」应用工作流

科研项目申报是整个科研管理流程的起点。WeMust 支持科研项目团队通过一个简洁的用户界面提交项目提案，包括研究目标、预期成果、预算计划等关键信息。系统设计了一套完善的模板和指南，引导申请者准确、全面地填写所需信息，确保项目申报的质量和完整性。此外，WeMust 还提供了智能化的建议和提示功能，可自动检测申报材料的完整性和合规性，减少了项目申报的错误和遗漏，增大了获批概率。在申报项目时，项目类别重点区分项目出处/预算来源等，如国家科技部项目、国家自然科学基金项目、澳门基金会项目、澳门科技发展基金项目、澳门科技大学基金会项目等；同时，将预算类型与财务类目进行关联，用于在项目经费使用过程中实现与财务管理系统的对接。

WeMust 集成了一个透明的审批流程，确保所有项目申请都能得到公正和及时的评估。在审批流程中，由科研管理部门和项目所属机构联合组成的审批组会根据项目的创新性、可行性、预期影响等对项目进行综合评价。系统支持在线审批和反馈，审批人员可以直接在平台上对项目提案提出意见和建议，从而加快决策速度并提高工作效率。

在项目启动后，WeMust 提供了一系列工具来监控项目的实施进度和经费使用情况。项目负责人可以通过系统实时更新项目进展，包括研究成果、实验数据、技术难题等，确保项目信息的透明性和可追溯性。同时，系统还支持经费的动态管理，项目成员可以随时查看经费使用情况，提交经费使用申请，并通过系统进行报销。

项目实施过程的服务重点是保障项目预算的使用符合资助要求，WeMust 将科研服务平台与财经服务平台的经费管理互联，简化了经费使用流程。

在项目中期阶段，科研管理部门会组织中期检查，评估项目进展和经费使用情况。WeMust 支持在线提交中期报告和相关证明材料，使得中期检查过程更加简便和高效。

在项目结题阶段，WeMust 提供了完整的结项评审流程。项目团队需要提交最终报告和成果材料，系统自动通知审批组进行评审。在评审过程中，WeMust 支持多轮反馈和修改，以确保最终成果的高质量。此外，系统还支持将科研项目的成果转入成果库，并组织成果评鉴。

在整个科研项目管理流程中，WeMust 还提供了一系列辅助功能，以进一步提升科研工作的便捷性和效率。例如，系统集成了文献管理工具，方便科研人员整理和引用学术文献；数据分析工具可以帮助科研人员处理和分析实验数据；团队协作工具则支持项目成员之间的沟通和文件共享。

2. 科研项目经费一站式服务

在科研项目的整个生命周期中，经费管理是至关重要的环节，它直接关系到项目的顺利执行和研究成果的产出。WeMust 将财经服务融入科研项目服务，为科研人员提供了一站式的经费管理和服务解决方案。

科研项目经费使用应用的设计初衷是为了解决传统科研项目经费管理中存在的诸多问题，如流程繁琐、效率低、资金使用不够透明等。WeMust 从以下几个方面考虑并提供相关应用，以确保经费管理的高效、透明和合规。

（1）项目负责人和委托人可以通过科研项目「经费使用」应用提交请款申请。WeMust 提供了直观易用的界面，用户可以迅速填写和上传请款单据，并附上相应的支持文件和凭证。WeMust 设计了智能校验功能，能自动核对请款信息的准确性和完整性，减少了人为错误和申请被退回的情况。

（2）科研项目「经费使用」应用与 WeMust 财经服务平台无缝对接。当用户提交请款申请后，系统自动将申请信息传给财经服务平台，财务人员可在平台上直接进行审核和处理，加快了审批速度，缩短了款项划拨的时间，使科研团队能够及时获得所需资金，保证了科研项目的连续性和稳定性。

（3）WeMust 财经服务平台的「科研项目付款」应用提供了全面的经费追踪和报告功能。科研人员可实时查看经费的使用情况和余额，系统还能自动生成各种财务报表，包括经费使用明细、预算执行情况、成本分析等。上述报告不仅对项目团队具有参考价值，还方便了科研管理部门和审计部门开展监督工作。

（4）为了保障资金使用的合规性，WeMust 还配备了严格的权限管理和审计追踪系统。为不同角色的用户根据其职责设置不同的系统访问和操作权限，所有与经费相关的操作都会被记录下来，并形成审计日志，保证了资金流动的可追溯性和透明度。

（5）WeMust 考虑到科研项目可能面临的特殊情况，如项目延期、预算调整等，支持灵活的经费管理策略。项目负责人可通过 WeMust 申请经费调拨或变更预算，确保项目的正常运转。

3. 科研服务主要应用简介

〖项目申报〗主要包括项目申报和项目查询。用户通过「项目申报」提出新项目申请，指定项目名称、项目类别、项目团队，上载项目申报数据、年度预算经费及经费来源等。在项目申报完成后，会形成状态逐步变化的项目申报记录，包括首次申请、学院/部门/研究所意见、科研管理部门意见、最终结论（同意/项目作废/重新申报）等。「项目查询」列出所有已申报项目，可限定状态、申请类别（出处/预算来源等），指定项目负责人和项目名称。

〖项目审批〗，申报的项目需经过科研管理部门的「形式审查」，并通过「学院审核」和大学组织的「专家评审」，形成"已审批项目"。支持由设定的审批组人员线上审批。对于需上报的项目，则继续履行上报报批手续。

〖项目启动与实施〗，获批的项目通过「项目启动」，按照批复内容重新核实、填报项目数据，涉及项目类型、项目负责人、项目代理人、学院/部门/研究所、项目资助机构、档案编号、项目名称、开始时间、结题时间、提交年度报告时间、项目预算金额、实批预算总金额、项目申请文件、项目批复文件、项目收款证明、经费使用选择等。「阶段性成果」帮助项目负责人及授权人按照项目阶段性要求填报中间过程文档。「中期检查」支持科研管理人员查看项目实施情况，包括经费使用情况。

〖经费使用〗，对于科研项目总预算，项目负责人及其授权人需将每笔科研项目的支出进行汇总，并报销。经费使用需提出「经费申请」，再按照审批流程进行「经费审批」。

〖项目结题/终止〗，在项目完成后，项目负责人及授权人可将项目成果及相关材料上载，提出「申请结题」，在完成审批或完成结项答辩流程后，标记为"已结项"项目。如果在项目启动后遇到特殊原因，可「申请终止」，经审批形成"已终止"项目。支持查看所有"已结项"或"已终止"项目。在项目结题或终止后，履行相关的「资产回收」手续。

〖成果评鉴〗，项目在结题后入大学「成果库」。澳门科技大学针对教研人员的科研成果每年组织评鉴。由专家委员会完成「成果定级」，给出建议奖励级别，实行「成果奖励」。

3.4.3 图书馆服务平台

图书馆是高校进行学术研究和教学活动的支持中心，也是学生学习的重要场所。澳门科技大学图书馆采用 Alma 图书馆管理系统和 Primo 发现系统。

WeMust 面向全体教职员和学生，围绕纸本文献、电子数据库、图书馆设备设施、研究生学位论文、大学学术成果等资源，依据大学教师评核制度、学生业绩评定制度，以及图书馆资源建设规划、服务规则等规则，从全校视角整合和创新图书馆服务，在实现统一认证的基础上，采用多种方式，与图书馆相关系统深度集成，将图书馆服务嵌入教学与科研，融入师生的学习和生活，引入 AI 创新图书馆知识服务，构建起 WeMust 图书馆服务平台，为用户带来更加高效和个性化的图书馆服务体验。

WeMust 图书馆服务平台应用系统构成如图 3-44 所示（参见 3.4.3 节 "4.图书馆服务主要应用简介"）。

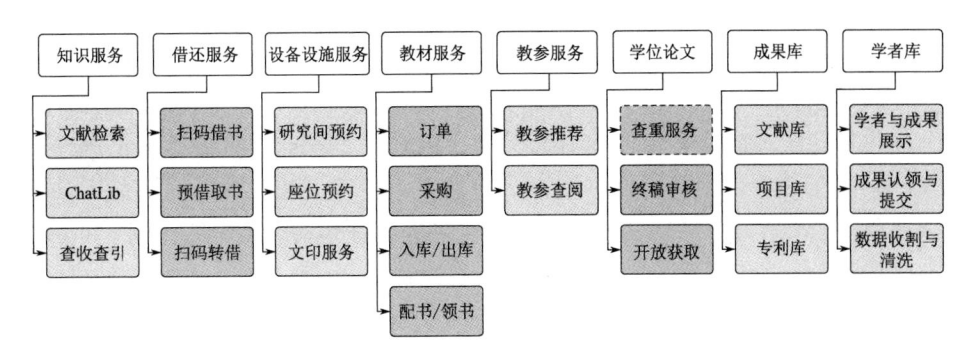

图 3-44　WeMust 图书馆服务平台应用系统构成

1. 图书馆基本服务深化升级

WeMust 以基础服务中心、集成服务平台、基础服务平台为支撑，通过与 Alma、Primo、道闸、取书柜系统深度融合，深化升级图书馆基础服务，在 WeMust 上实现了扫码借书、预借取书、扫码转借等一系列应用，读者可以更加方便快捷地获取和管理自己的借阅信息，享受更为高效和贴心的图书馆服务。WeMust 图书馆服务平台基本服务深化升级如图 3-45 所示。

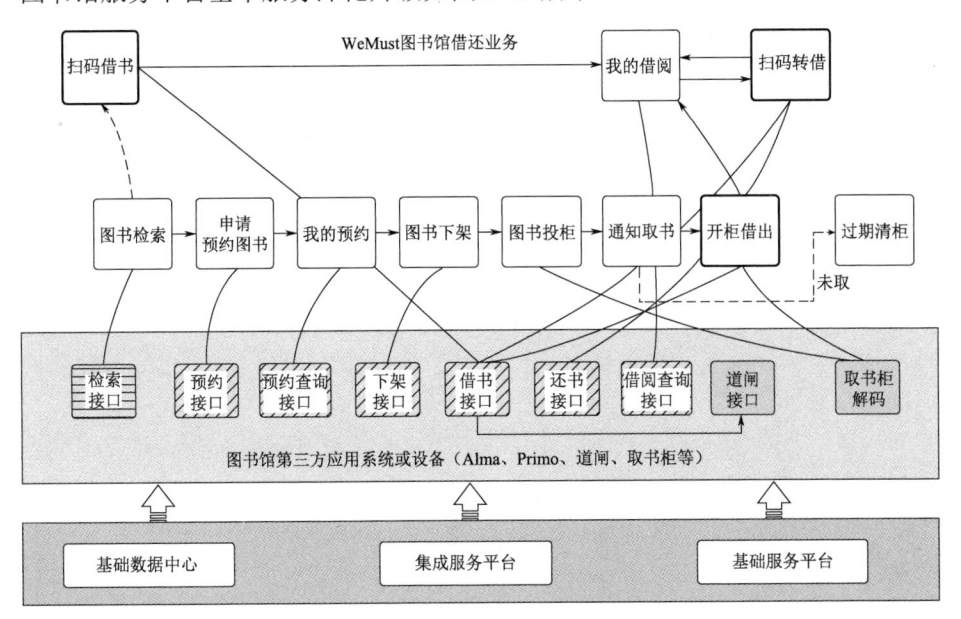

图 3-45　WeMust 图书馆服务平台基本服务深化升级

1）扫码借书

在传统的图书馆借书流程中，读者在找到所需图书后，需将图书拿到自助借还设备上或到服务台办理借书手续。WeMust 扫码借书彻底改变了这一流程，缩短了读者的等待时间，提高了借书效率。读者在找到所需图书后，只需使用 WeMust App 扫码功能扫描图书上的馆藏条形码，系统即调用 Alma 接口完成借书，所借图书信息会实时更新到读者 WeMust App 中的「我的借阅」页面。同时，扫码借书还与图书馆的道闸系统对接，在读者成功借出图书后，系统会自动将所借图书加入道闸系统的白名单，从而允许读者携带图书离开图书馆。

2）预借取书

WeMust 与 Primo 发现系统集成，提供在线预借服务，读者可在文献检索界面提交预借申请，在预借申请提交后，图书馆工作人员会收到通知，利用 WeMust 预借服务应用组群中的「图书下架」功能，调用 Alma 接口完成图书下架登记。工作人员前往预借取书柜，进行「图书投柜」操作，即通过 WeMust App 生成的开柜码打开取书柜，将图书放入指定的格子。投柜的同时，WeMust 自动向读者发送取书通知。读者可在规定时间内前往取书柜，在 WeMust App「我的预约」页面打开取书码，刷码开启柜门并取走图书，WeMust 调用 Alma 接口完成借书登记。如果读者在规定时间内未能取书，图书馆工作人员将执行「过期清柜」操作，将图书重新放回书架，供其他读者借阅。

3）扫码转借

扫码转借应用专为促进图书在图书馆外的流转设置，对于高校较为适用。WeMust 与 Alma 集成，读者在 WeMust App 中进入「我的借阅」页面，选择想要转借的图书，系统会生成一个转借二维码。其他读者只需使用 WeMust App 扫描该二维码，便可将图书转借到自己名下。双方「我的借阅」相关借阅信息会即时更新。

2. AI 创新图书馆知识服务

人工智能（AI）已成为推动图书馆服务创新的重要力量。WeMust 不断探索将 AI 技术融入图书馆知识服务，创新图书馆知识组织与服务模式，提升读者的体验和服务效率。

1）将传统检索转变为 AI 解析交互

在传统的图书馆检索系统中，读者需要通过一系列的选择和输入操作来完成信息检索。这种检索方式虽然具有一定的逻辑性，但对于不熟悉图书馆资源和检索技巧的读者来说，可能会显得复杂和不友好。WeMust 运用 AI 技术，将读者的自然语言问题转换为发现系统能够理解与处理的检索途径和检索词。读者可以通过对话式交互提出问题，系统会进行语义分析和理解，自动确定检索途径和构造检索词，然后与后端发现系统交互，完成检索并返回结果。

例如，读者问："我想找关于人工智能在医疗领域应用的最新研究"。系统会解析这个问题，识别关键词"人工智能""医疗领域"和"最新研究"，然后进行检索。系统在检索结果返回后，还可继续与读者进行交互，询问是否需要提供进一步的服务，如预借取书等，让读者感受到服务的连贯性。

2）AI 深度嵌入改变信息发现模式

随着全文检索系统的普及，读者在检索信息时往往会遇到大量不相关的结果，即"信息噪音"。为了解决这个问题，WeMust 基于大语言模型，理解和预测读者的意图和偏好，并利用 AI 技术重构目标数据的特征，对检索结果进行智能筛选和排序，减小了读者在海量信息中进行筛选的负担，提供了更加精准和个性化的检索结果。WeMust 图书馆服务平台基于 AI 的信息发现如图 3-46 所示。

图 3-46　WeMust 图书馆服务平台基于 AI 的信息发现

例如，WeMust 可以根据读者过去的检索历史和阅读习惯，预测读者可能感兴趣的领域，并在检索结果中给予更高的权重。同时，AI 技术还可对检索结果进行分析和总结，帮助读者快速获取所需信息的核心内容。

3）基于向量化知识组织的 ChatLib

WeMust 利用 AI 技术将图书内容组织成知识向量空间，实现了图书资源组织的"破壁重构"，打造 ChatLib 应用，构建读者个人主题"智阅书架"。在 ChatLib 知识向量空间中，图书内容不再按照传统的目录组织方式展现，而是根据章节、段落的相关性进行聚合。ChatLib 可以让读者从"智阅书架"上的一批图书中发现关联内容，从而进行跨书籍的知识考辨。

例如，当读者对某个主题感兴趣时，ChatLib 可以快速提供该主题在不同图书中的相关内容，帮助读者构建更为全面和深入的知识视角。ChatLib 还能够基于对读者需求的理解，主动提供或推荐相关和有价值的知识与原文。这不仅扩展了读者的阅读深度和广度，还确保了对原文的准确理解和有助于批判性思维的培养。WeMust 图书馆服务平台「ChatLib」应用如图 3-47 所示。

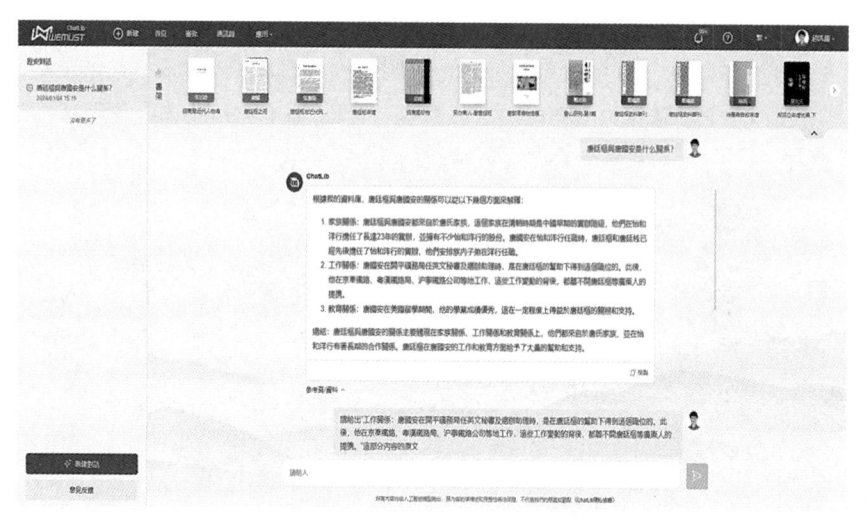

图 3-47　WeMust 图书馆服务平台「ChatLib」应用

3. 图书馆嵌入教学与科研过程

WeMust 围绕教学与科研过程，嵌入图书馆专业服务，保障教学与科研工作的高效运转，提升图书馆的核心价值，形成了嵌入式教材和教参服务、嵌入式学位论文服务、科研成果规范汇集与展现等应用案例。

1）嵌入式教材和教参服务

澳门科技大学的教材相关工作由图书馆负责。图书馆引进教参系统 Leganto

为全校师生提供教参服务。在传统服务模式中，学生在选课后，往往需要通过多个渠道和步骤来获取所需的教材和教参。WeMust 构建新型图书馆教材和教参服务系统，与图书馆原有教参系统 Leganto 对接，嵌入整个教学过程。当学生在 WeMust 平台「选课」时，系统会自动展示与所选课程相关的教材信息。学生可根据自己的需求，一键「订购教材」，无须离开选课页面，省去了繁琐的步骤。当学生进入「教材」应用时，系统会根据学生的课表和学习计划，优先展示相关教材，使得学生能够更高效地获取学习资源。WeMust 与教参系统对接，使教师能够方便地为学生推荐参考书目。学生在自己的「课表」中能轻松地查看和获取推荐的参考书目。

2）嵌入式学位论文服务

澳门科技大学图书馆承担学位论文查重服务。在传统服务模式中，学生需要向图书馆系统专门提交待查重论文，不仅环节多，还容易导致在不同地方提交的论文版本不一致的情况发生。WeMust 与图书馆原有查重系统 Turnitin 集成，将查重服务嵌入整个学位论文服务过程，使图书馆与教务部门能更高效地协同工作，确保论文质量和学术诚信。学生通过 WeMust「申请查重」，不需要重复上传论文；图书馆工作人员通过 Turnitin 使用论文「查重服务」后，在 WeMust 平台上直接填写查重结果；导师也在平台上对查重结果进行审核并得出最终论文查重结论。WeMust 教学服务平台嵌入式「论文查重」应用如图 3-48 所示。

图 3-48　WeMust 教学服务平台嵌入式「论文查重」应用

3）科研成果规范汇集与展现

WeMust 根据大学的发展需要，专门构建「成果库」应用组群，分别建设文献库、项目库、专利库，使得大学科研成果可从多个维度被汇总和检索。文献库主要收录学者库中的数据和通过教学管理平台的论文指导应用产生的学位论文，项目库的数据同步自科研服务平台，专利库同样采取多元化的数据采集方式，确保科研成果的全面性和时效性。

WeMust 平台严格遵循统一的编目和标引规则，由图书馆专业馆员负责维护数据质量。通过这种方式，WeMust 成果库为学者、相关部门、学院/研究所及评价机构提供了便捷的成果查询服务。

WeMust 图书馆服务平台大学「成果库」应用如图 3-49 所示。

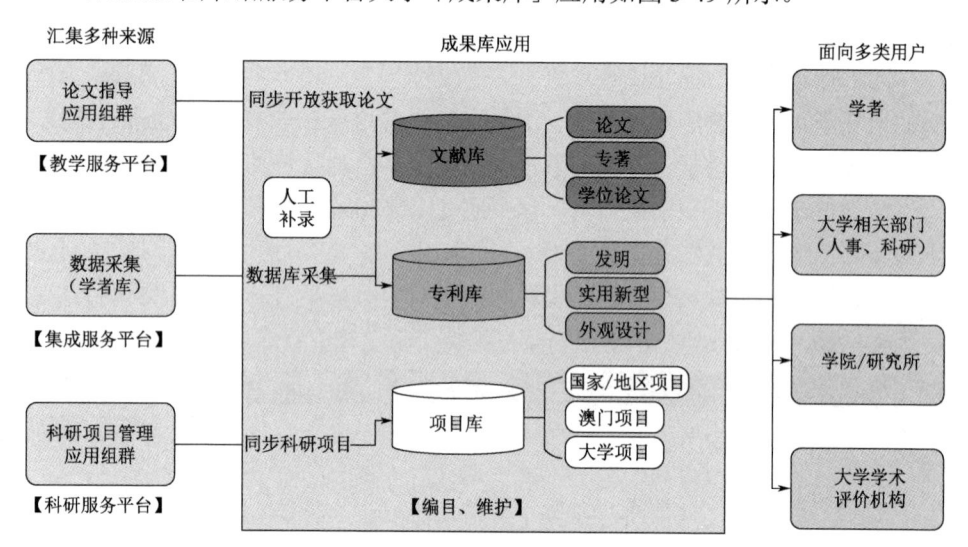

图 3-49　WeMust 图书馆服务平台大学「成果库」应用

〖文献库〗主要收录澳门科技大学署名的研究论文、综述、会议论文、会议文摘、评论、综述，以及专著、学位论文等，按照基本信息、科大机构、科大作者、评价、学科信息、基金与项目信息、代码与唯一标识符、其他等栏目进行展示。"基本信息"标记文献编目信息、数据来源、收录时间等，以及来源出版物编目信息。"科大机构"和"科大作者"专门针对文献的署名进行描述，包括澳门科技大学是否为第一署名机构，以及署名的具体单位；科大作者的姓名、工号和署名位置，以及是否为通讯作者等。"评价"专门描述收录数据库、发表年期刊的影响因子和发表年期刊的分区（Q1、Q2 等）。"学科信息"专指 WOS

学科类别。"基金与项目信息"主要涉及文献使用的基金，以及是否为科研项目成果。"代码与唯一标识符"指 SCOPUS 标识 ID、WOS 标识 ID、DOI、Author ID 等。文献库的数据主要源于澳门科技大学学者库。

〖专利库〗主要收录涉及大学的发明、实用新型、外观设计等专利。按照基本信息、摘要、科大发明人、项目信息、专利分类信息+同族信息、代码与唯一标识符、其他等字段，对专利进行详细描述，重点展示大学的专利成果。"基本信息"标记专利编目信息、数据来源、公开信息等，"摘要"对专利内容进行描述，"科大发明人"对专利的署名进行描述，包括姓名、工号和署名位置等，"项目信息"标记是否为澳门科技大学的项目，"专利分类信息+同族信息"描述专利具体情况，"代码与唯一标识符"包括来源标签、学者库数据 ID、文献 ID 等。专利库的数据同样源于学者库。

〖项目库〗主要结合 WeMust 科研项目管理应用，提供独立的建库与管理模块，通过同步 WeMust 科研项目管理应用中的所有项目信息，与文献库、专利库共同形成大学研究与学术成果。

4. 图书馆服务主要应用简介

〖知识服务〗主要包括文献检索、ChatLib、查收查引等。「文献检索」与图书馆资源发现系统集成，在 WeMust 中提供文献检索服务，并基于 AI 重构文献检索模式，支持资源推荐，以及提出预借申请。「ChatLib」是 WeMust 利用 AI 技术组织图书内容形成的知识向量空间，是让读者能在一批图书中发现关联内容，并可参考原文的新型平台。根据设定的查收查引指标，管理人员受理用户申请，提供论文「查收查引」服务，调用基础服务平台的数字签名组件，出具采用数字签名技术的查收查引报告，申请人可自行下载。查收查引与成果库应用集成，补充成果库中的信息，并提示管理人员将未收录论文补充到成果库中。

〖借还服务〗主要包括扫码借书、预借取书、扫码转借等。「扫码借书」与图书馆借还服务系统集成，读者通过 WeMust App 扫描图书上的馆藏条形码即可完成借书。所借图书被加入道闸系统白名单，允许读者携带图书离开图书馆。「预借取书」与图书馆预约服务和取书柜系统集成，读者在查询图书后提出预借申请，图书馆工作人员在找到图书并进行下架处理后放入取书柜，通知读者取书。读者通过 WeMust App 让取书柜系统识别取书二维码，即可开柜借走图书。「扫码转借」与图书馆借还服务系统集成，读者通过 WeMust App 扫描其他人"我的借阅"中选定图书的转借二维码，即可将图书转借到自己名下。

【设备设施服务】主要包括研究间预约、座位预约、文印服务等。「研究间预约」主要针对图书馆的研究间，遵循图书馆的开放时间和预约服务规则。用户在 PC 端和 App 移动端，在指定时段对图书馆开放的研究间提出预约申请。门禁系统通过系统接口获取预约者信息，在预约时段支持其利用校园卡或 WeMust App 开门。「座位预约」调用 WeMust 位置服务组件，支持图书馆采用预约方式管理指定区域的座位。读者在预约后存在有效使用时段，允许暂离。「文印服务」与复印、打印设备系统集成，提供云打印模式，支持 WeMust 统一支付。

【教材服务】主要包括订单、采购、入库/出库、配书/领书等。「订单」支持学生、管理人员下单订购教材。「采购」汇集学生订单，向图书供货商发出采购申请。「入库/出库」支持到货验收入库和按需出货。「配书/领书」用于管理图书配发和领用过程，包括领书预约、催领、弃领、补收书款、图书置换和退款等。

【教参服务】提供教学参考资料服务，与教参系统 Leganto 集成。教师在 Leganto 上发布授课科目的教学参考书，学生在 WeMust 课表、Moodle、云课堂或 Leganto 上都可以查看。

【学位论文】主要包括查重服务、终稿审核、开放获取等。「查重服务」是教学服务平台中论文查重的一部分，与引进的专用查重平台集成，图书馆工作人员直接利用提交的论文完成查重服务，填写查重结果。「终稿审核」支持图书馆专业人员针对所提交的论文终稿提供本领域的审核意见。「开放获取」与图书馆资源发现系统集成，将经作者授权的论文导入开放获取平台。

【成果库】支持大学针对学术成果，按照文献库、项目库、专利库分别进行收集与整理。「文献库」主要收录澳门科技大学署名的研究论文、综述、会议论文、会议文摘、评论、综述，以及专著、学位论文等。「项目库」主要收录大学的科研项目。「专利库」主要收录涉及大学的发明、实用新型、外观设计等专利。

【学者库】主要包括学者与成果展示、成果认领与提交、数据收割与清洗等。「学者与成果展示」列出学者清单，体现大学学者风貌和学术成就，并展示每位学者的成果。「成果认领与提交」支持学者确认数据收割后的个人成果，补充提交新的学术成果。

3.4.4　招生与注册服务平台

澳门科技大学开设了学士学位、硕士学位、博士学位课程，面向全球招生。

WeMust 将招生录取业务全面融入智慧应用，通过集成数据分析、文本识别、图像识别等先进技术，在相关系统之间建立了有效连接，构建了高效、科学的招生录取应用，为招生工作提供了坚实支撑。录取应用支持多元化招生录取方式，录取依据包括自主招生考试成绩、保荐资料、高考成绩、国际课程成绩和外语水平等。

WeMust 招生与注册服务平台应用系统构成如图 3-50 所示（参见 3.4.4 节"3.招生与注册服务主要应用简介"）。

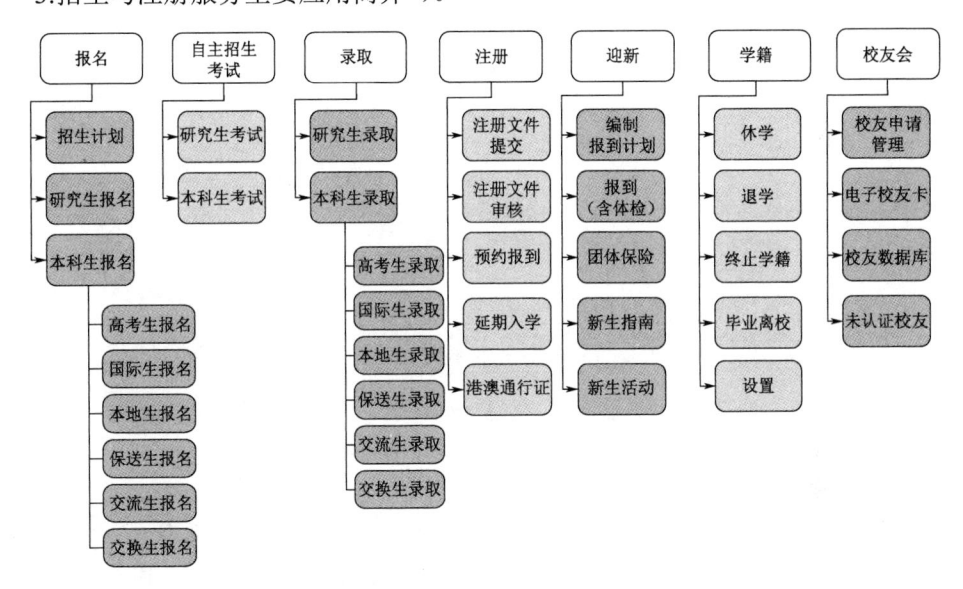

图 3-50　WeMust 招生与注册服务平台应用系统构成

1. 智慧应用全面融入招生录取业务

澳门科技大学的招生录取涉及本科生、硕士研究生、博士研究生，面向全球录取。录取方式包括笔试入学、保荐入学，以及凭高考成绩、国际课程成绩、外语水平等入学。WeMust 依照成绩及资料审核、自主招生考试、择优录取的流程，在招生录取过程中运用数据处理、文本识别等技术，强化自动处理和总体管控，保障招生录取工作有序且高效地进行。WeMust 招生与注册服务平台「招生录取」应用如图 3-51 所示。

1）成绩与资料审核

在成绩与资料审核环节，WeMust 采用多种校验方法，确保了审核的准确性和效率。对于雅思等外语成绩，通过与权威数据库的对接，实现自动查询和校验；对于学生提供的成绩单或其他资料，能够自动整合信息，并向相关学校或机构发送审核邮件，在确认回复后自动判断审核结果，减少了人工审核的工作量。高考成绩则直接由澳门特别行政区政府教育及青年发展局提供，导入WeMust，确保了数据的权威性和准确性。澳门科技大学作为澳门"四校联考"的共同组织者之一，为从考试组织到成绩录入及审核分析的全过程提供了技术支持。

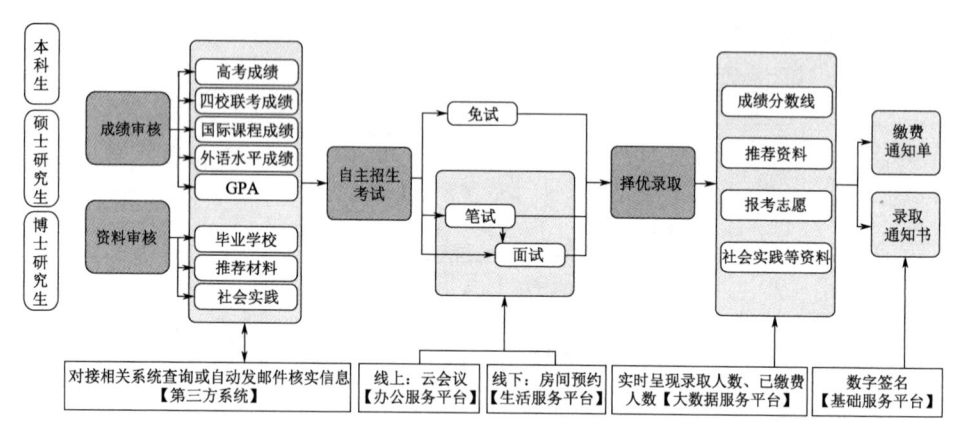

图 3-51　WeMust 招生与注册服务平台「招生录取」应用

2）自主招生考试

招生部门在完成成绩与资料审核后，教学单位进一步分析报名人的成绩与相关资料，确定是否需要安排自主招生考试，并通过关联「房间预约」应用确保笔试或面试的地点能够得到妥善安排，「云会议」有效支撑线上考试顺利进行。考试时间和地点一旦确定，会通过「消息推送」应用及时通知考生、考官及考务人员。

3）择优录取

WeMust 根据申请人的成绩、推荐材料、社会实践履历、报读志愿等多维度信息，以及是否同意调剂、是否报读先修等条件，按照既定的分数线，分批进行择优录取。WeMust 实时展示招生名额、已录取人数、已缴费人数等关键信息，使招生人员能够全面了解录取的总体情况。WeMust 对不同地区的报名人的成绩进行归一化处理，并根据地区的不同分配适当的难度系数，确保录取的公平性和科学性。

在确认录取后，WeMust 会向报名人发送录取通知书和缴费通知单，通过与银行系统对接，自动获取缴费信息，并及时反馈至系统。这个环节的智能化处理，不仅提高了工作效率，还提升了用户体验，减少了缴费信息处理不及时造成的误解和不便。

2. 毕业离校流程化管理与自动查询

毕业离校是一个复杂的处理过程，通常需要由财务处、图书馆、学生事务处、教务处、资讯科技发展办公室等核实相关信息。WeMust 按照准毕业生服务、离校服务、校友服务的流程，在毕业离校组群中聚合相关应用，建立整个服务流程，并调用相关应用接口，自动完成对宿舍退宿、图书馆未还图书、未缴账单、未归还物品等的查询，形成查询结果，为毕业离校应用提供支撑。WeMust 招生与注册服务平台「毕业离校」应用如图 3-52 所示。

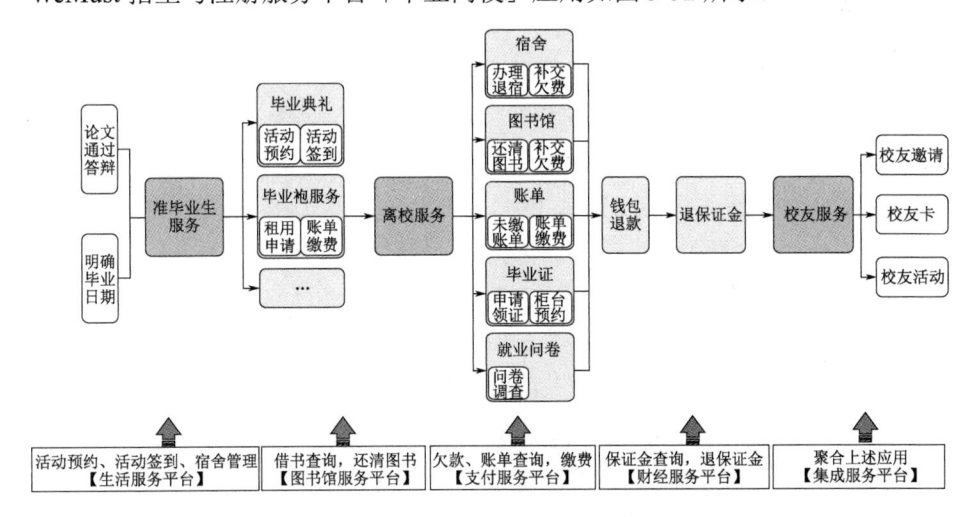

图 3-52 WeMust 招生与注册服务平台「毕业离校」应用

1）准毕业生服务

准毕业生服务作为毕业离校流程的起点，通过聚合不同平台的相关服务，如毕业典礼活动预约、毕业袍租用申请等，为即将毕业的学生提供一站式服务。系统自动发送毕业典礼活动电子票券至学生的个人账户，并同步至个人日程，提醒学生参加活动。

2）离校服务

离校服务是毕业离校流程的核心环节，学生需要处理宿舍退宿、图书归还、财单结清等一系列事务。WeMust 通过预先调用宿舍管理、我的借阅、账单等应用接口，自动查询学生的退宿状态、图书馆借阅记录、未缴费用等信息，并及时向学生反馈。自动查询不仅为学生提供了便利,减少了离校前的繁琐流程,还为学校管理部门提供了高效的信息核实手段。学生在申领毕业证时,WeMust 提供邮寄、自取、代领等多种选项,以满足不同的需求。学生填写的就业问卷也可以由系统自动收集和整理,为学校的教学质量评估和就业数据分析提供了重要数据支持。

3) 校友服务

校友服务将毕业生与母校之间的联系延续下去。WeMust 不定期向毕业生发送成为校友的邀请,一旦毕业生确认,便可获得校友身份,并领取校友卡。系统还会记录校友的联系方式、职业信息等,为大学举办的校友活动提供邀请名单,并通过校友卡提供校友专属的优惠和服务。校友服务不仅增强了校友对母校的归属感,也为校友间的交流和合作搭建了桥梁。

3. 招生与注册服务主要应用简介

〖报名〗,学生根据大学发布的招生目录,选择专业报名,提交相关资料。主要分为招生计划、研究生报名、本科生报名等应用。本科生报名又细分为高考生、国际生、本地生、保送生、交流生、交换生等报名。

〖自主招生考试〗,教学单位根据需要安排自主招生考试,分为研究生考试、本科生考试,涉及考期、考场安排、线上资源配置等。

〖录取〗,大学针对不同的招生计划和生源组织录取,核对相关资料,发放录取通知书、留位通知书及缴费通知单。在学生缴费后,WeMust 即为学生创建学号,标记为"在读生/未注册"。录取通知书应用调用基础服务平台的数字签名组件,形成带有数字签名的电子信。

〖注册〗,在学生缴费后,需要通过注册完成录取流程。学生通过「注册文件提交」上传注册文件(含近期照片),通过「预约报到」确定报到时间、预约体检时间、填写报到行程信息等。管理人员通过「注册文件审核」查看、下载上述资料,在审核通过后,WeMust 将学生标记为"在读生/未报到"。「港澳通行证」为港澳地区特有服务功能,重点记录学生港澳通行证及签注信息,作为学生基础资料的一部分,辅助日常学生管理。如果学生遇到特殊情况,可申请「延期入学」。

〖迎新〗主要包括编制报到计划、报到(含体检)、团体保险、新生指南、新生活动等(参见"3.2.5 WeMust 流程化应用组织")。

〖学籍〗主要包括休学、退学、终止学籍、毕业离校及设置等。「休学」与

「退学」申请可通过基础服务平台申请表应用提交，形成申请名单，相关人员可在此对各类与学籍有关的申请进行统一处理。「终止学籍」涉及停学、勒令休学、勒令退学及其他终止学籍的情况，由教务人员直接处理，无须申请。「毕业离校」除涉及学籍管理外，还涉及毕业活动、离校相关业务，离校前需核实相关信息，将通过检查的学生列入保证金和钱包余额退款名单。「设置」重点确定管理一个事项的相关部门，并指定各自的管理员。例如，休学需要学院、财务处、图书馆、学生事务处、教务处、注册处、资讯科技发展办公室办理相关手续。管理人员可根据学籍管理中的办理进度应用统一对指定学期、指定学籍类别、指定学位类别的申请进行汇总，列出相关部门所有申请的办理进度，涉及申请人数、已办理人数、未完成人数、完成率等，亦可查看具体的学生申请列表。

〖校友会〗主要包括校友申请管理、电子校友卡、校友数据库、未认证校友等。「校友申请管理」主要针对已毕业生或离职教职员，通过申请方式，经审核"加入校友会"。「电子校友卡」专门用于生成、出示电子校友卡。「校友数据库」即校友个人资料，包括校友基本信息、学历信息和工作经历。「未认证校友」每年定期将毕业生或离职教职员转入未认证校友，并定期向指定群体发出成为校友的邀请，经本人确认"成为校友会成员"。

3.4.5 支付服务平台

WeMust 支付服务平台（简称 MustPay）面向教职员、学生及商户的系统管理员提供服务，围绕支付渠道（如商户、银行，商户/门店）、支付设备（如 POS 机）、支付方式（如零钱、消费券、银行卡）等资源，依托大学各项业务的收费制度、大学与银行确定的刷卡规则，大学与商户确定的消费与优惠规则，以及大学与商户或大学内部的结算制度等规则，构建起一体化的大学缴费和小额消费支付服务平台。MustPay 大大降低了大学支付系统的复杂度，为各类需要使用支付服务的应用系统提供了集成化接口，将高校与"费用"有关的应用汇集成一个有机整体，实现了大学缴费与消费 "一卡通"和"一账通"管理，保障了大学各类"费用"的规范与安全。目前，MustPay 已涵盖面向师生的所有缴费业务、收费服务，所有门店都支持 MustPay，所有师生都可以通过 MustPay 享受各种优惠。

WeMust 支付服务平台应用系统构成如图 3-53 所示（参见 3.4.5 节

高校数智转型：WeMust 理念、路径、实践与运营

"3.支付服务主要应用简介"）。

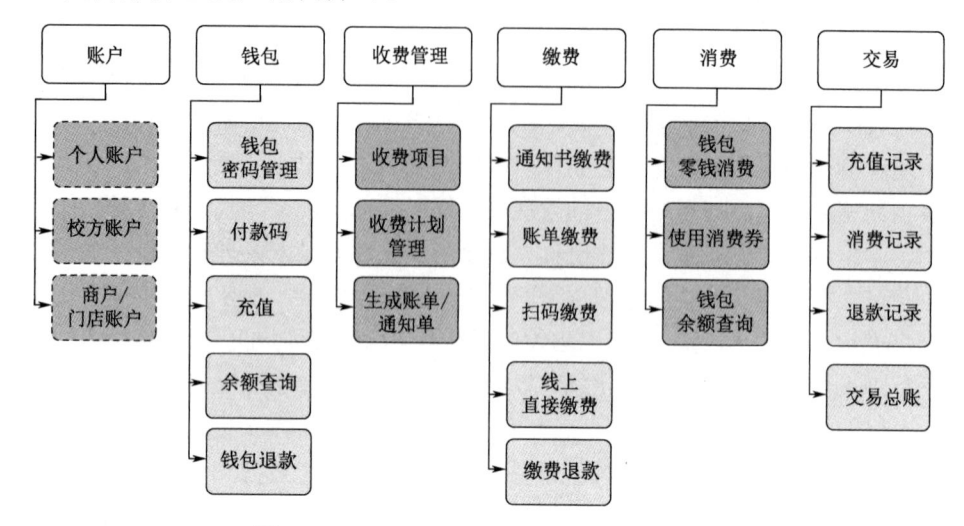

图 3-53　WeMust 支付服务平台应用系统构成

1. 全面聚合型模式简化校园支付

支付系统的便捷化和多样化已成为提升学生和教职员日常生活体验的重要方面。全面聚合型模式简化校园支付是一种综合性支付解决方案。MustPay 通过建立钱包，提供了多样的支付渠道和充值方式，简化了校园内的支付流程，提高了交易的效率和便捷性。无论是在食堂就餐、购买学习用品，还是参加校园活动，用户都能享受快速、便捷的支付体验。同时，这种模式也能够帮助校园内的商户和服务提供者提高运营效率，避免现金处理的繁琐，实现了资金流的快速和安全。WeMust 支付服务平台校园支付如图 3-54 所示。

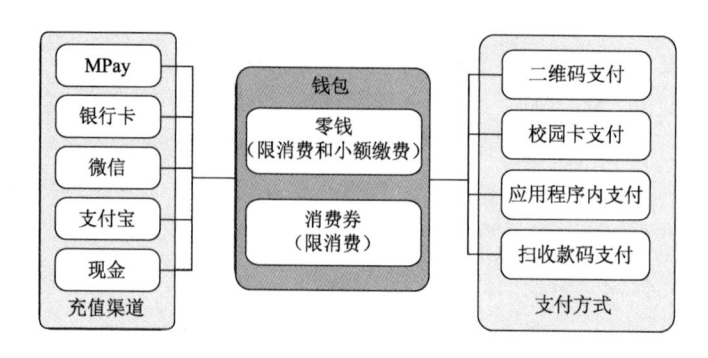

图 3-54　WeMust 支付服务平台校园支付

1）钱包

钱包是全面聚合型模式的核心，是用户在校园支付系统中的个人账户，包含两个部分：零钱和消费券。用户可以使用零钱在校园内进行各种小额消费，如购买食品、购买文具、支付服务费用等。零钱方式给予用户较大的自由度，几乎可在校园内所有接受电子支付的地方使用。消费券是澳门科技大学为鼓励消费或提供补贴而发放给学生、教职员的一种优惠凭证。消费券具有使用期限和使用范围，如只能在食堂或特定商户使用。在支付时，系统会优先扣除消费券。

2）支付方式

为了适应不同场景和用户习惯，MustPay 聚合了多种支付方式。

- 二维码支付是一种快速且方便的支付方式，用户只需在手机上展示自己的个人支付二维码，食堂商户或其他服务提供者使用收银系统扫描后即可完成交易。
- 校园卡支付是一种常见的支付方式，用户将校园卡贴近读卡器即可完成支付。校园卡通常集成了身份认证、图书馆借书等多种功能，同样可用于校园支付。
- 应用程序内支付适用于一些特定的校园服务，如储物柜租用、考试报名、证明信申请等，WeMust 在服务流程中自动调用支付接口，用户可直接完成支付，简化了操作。
- 扫收款码支付适用于小型商户或零散的收款业务，如个体经营者或临时组织的义卖活动。MustPay 会为这些商户或业务部门提供专用的收款二维码，用户使用 WeMust App 扫码功能即可完成支付。

3）充值渠道

为了确保钱包中有足够的资金进行支付，全面聚合型模式提供了多种充值方式。

- 用户可通过与澳门发展银行快捷支付系统的对接，实现快速充值。用户在 MustPay 中绑定银行账户后，可直接从银行账户扣款，将资金充值到钱包中。
- 用户可通过与第三方聚合支付平台的对接进行充值。MustPay 会拉起银行 App、微信、支付宝、MPay 或使用 Visa/Master 卡进行充值。
- 虽然电子支付越来越普遍，但柜台现金充值仍然是一个保障性的服务选项，特别是对于那些不愿意使用电子支付工具的用户。

WeMust 支付服务平台「充值渠道」应用界面如图 3-55 所示。

WMPGS通道設置　轉賬退款通道設置

支付通道	英文名稱	手續費率	通道提供方	處理中訂單查詢間隔	退款時限	交易處理提示語	狀態	排序	操作
澳門發展銀行（MDB）	Macau Development Bank	0.2%	MDB	1分鐘	365天	若30分鐘後仍顯示「交易未能完成」，請在「問題反饋」欄目反饋您的問題。	啟用	↓ ↑	編輯 簽約協議
澳門中銀手機銀行（BOC Pay）	BOC MACAU	0.6%	BOC-MO	1分鐘	180天	若30分鐘後仍顯示「交易未能完成」，請在「問題反饋」欄目反饋您的問題。	啟用	↓ ↑	編輯
微信支付	WeChat Pay	0.8%	BOC-MO	1分鐘	365天	若30分鐘後仍顯示「交易未能完成」，請在「問題反饋」欄目反饋您的問題。	停用	↓ ↑	編輯
支付寶(ALIPAY)	ALIPAY	0.8%	BOC-MO	1分鐘	365天	若30分鐘後仍顯示「交易未能完成」，請在「問題反饋」欄目反饋您的問題。	啟用	↓ ↑	編輯
MPay	MPay	1.5%	MACUSPASS	30分鐘	0天	若30分鐘後仍顯示「交易未能完成」，請在「問題反饋」欄目反饋您的問題。	停用	↓ ↑	編輯
Visa/Master	Visa/Master	1.6%	MPGS	30分鐘	0天	若30分鐘後仍顯示「交易未能完成」，請在「問題反饋」欄目反饋您的問題。	啟用	↓ ↑	編輯

图 3-55　WeMust 支付服务平台「充值渠道」应用界面

2. 统一模式下的收费与缴费管理

统一模式下的收费与缴费管理对于保障校园服务的高效运营非常重要。WeMust 在全面聚合型模式的基础上，采取了多项措施来规范和简化校园内的收费与缴费流程，从而提高了收费与缴费工作效率，增强了用户体验，并确保了资金流的安全性和透明度。WeMust 支付服务平台统一收费与缴费管理如图 3-56 所示。

1）统一收费管理

MustPay 针对大学不同类型的多项收费项目，进行集中定义和统一编码，建立了规范化的收费管理机制。对于每个收费项目，除了分配唯一编码，还定义收费项目名称、项目编号、会计科目/项目、收费对象（在读生、非在读生）、收费方式与标价、收款二维码、零钱手续费率、授权人员等，并与相应的会计科目关联。

收费方式与标价分为 3 种：固定金额、按份收费和自定义收费。固定金额适用于服务费用不变的项目，如书袋费，固定为 1 澳元。按份收费适用于纸质证明等，如纸质证明信，首份有一个基础费用，随后每增加一份则按其他费率收费。自定义收费适用于根据在业务执行的过程中实际产生的金额来设定的项目，如出于个人原因损坏设备导致的维修费用。

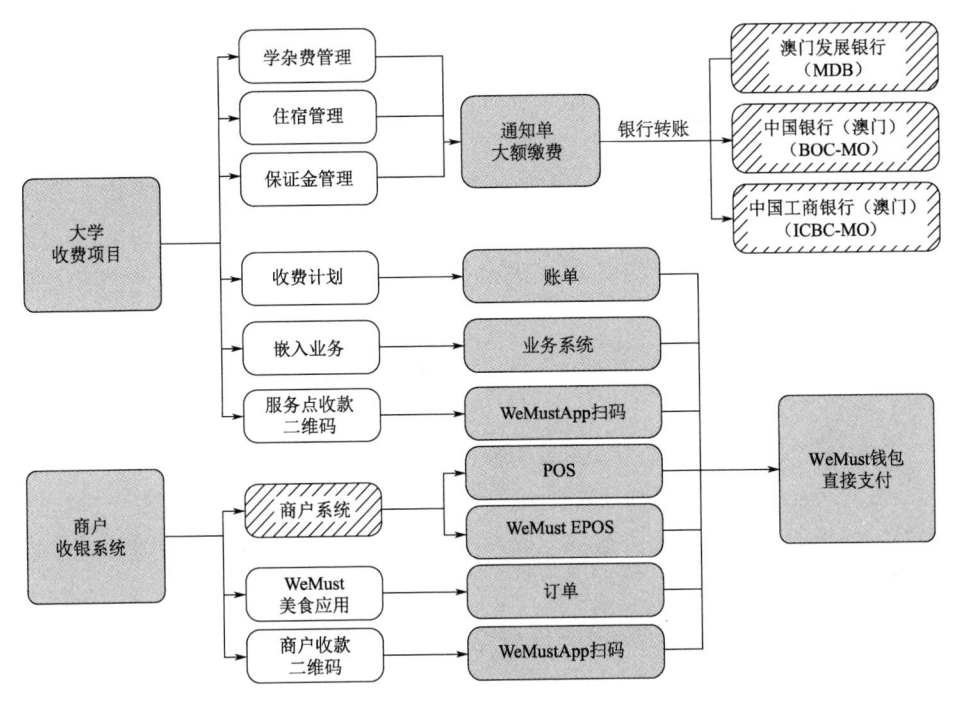

图 3-56　WeMust 支付服务平台统一收费与缴费管理

2）规范业务收费

针对一般性业务收费，MustPay 支持 3 种方式：一是通过接口将收费服务嵌入业务系统，使得用户在使用某项服务时能够无缝支付；二是为收费项目管理员提供专用的收款二维码，使用户可以通过扫描这些二维码完成支付；三是管理人员可在收费应用中创建收费计划，涉及收费计划单号、收费项目、应收人数/金额、已收人数/金额、待收人数/金额、状态等，实施收费计划则面向一组人形成待缴费账单，涉及账单名称、金额、账单状态、推送时间、账单来源等。收费对象在收到账单通知后，可在账单应用中完成缴费。一般性业务收费采用电子钱包支付方式。

3）规范商户收银

MustPay 为校园商户提供快捷的收银服务。商户可在收银系统（POS）上集成 WeMust 提供的收款接口，或者使用由 WeMust 提供的轻量级电子收银系统（EPOS），通过 Web 浏览器访问 EPOS 进行操作。WeMust 还为商户提供了专用的收款二维码，供顾客扫描支付。

4）规范大额缴费

对于学费、住宿费等大额收费项目，MustPay 建立大额缴费组件，与澳门发展银行（MDB）、中国银行（澳门）（BOC-MO）、中国工商银行（澳门）（ICBC-MO）等银行系统对接，并提供统一封装的接口，供涉及大额缴费的应用调用。学生可在这些银行的 App 中通过缴费通知书编号和学号后四位进行缴费。MustPay 对账管理也实现了与银行的对接（参见 3.4.9 节"2.内外一体化快速结算与对账"）。

3. 支付服务主要应用简介

〖账户〗是支付服务平台的重要组成部分，涉及个人账户、校方账户、商户/门店账户等。支付服务平台主要汇集与个人账户有关的应用，个人账户基本信息源于基础数据中心。校方账户、商户/门店账户的管理，特别是对账、结算，归入财经服务平台。

〖钱包〗是个人账户的重要组成部分，主要存放"零钱"和"消费券"，用于商户消费和小额缴费。钱包应用组群主要包括钱包密码管理、付款码、充值、余额查询、钱包退款等。「付款码」为 App 端的应用，经开启后可扫码支付，用户不必携带物理校园卡。「充值」为 App 端的应用，教职员和学生可通过指定的充值渠道（如银行、微信、支付宝等）对钱包充值，形成"零钱"余额。「余额查询」支持教职员/学生查询个人零钱、消费券余额。

〖收费管理〗主要包括收费项目、收费计划管理、生成账单/通知单等。「收费项目」用于设定大学收费项目类别及具体规则。「收费计划管理」包括创建新收费计划等。通过创建新收费计划，可针对收费项目划定应缴费时间，面向一组人形成待缴费记录。「生成账单/通知单」为收费计划的实施过程，向计划涉及的人员推送缴费通知单或账单，发出缴费提醒。

〖缴费〗主要包括通知书缴费、账单缴费、扫码缴费、线上直接缴费、缴费退款等。「通知书缴费」主要针对收费计划中的大额缴费项目，如学费、学杂费、住宿费等，在用户 Web 和 App 服务门户设专栏汇集缴费通知书，以提醒用户尽快缴费。在缴费后，需上传缴费凭证，以便核验。「账单缴费」主要针对大学一般性收费项目，在用户 Web 和 App 服务门户设专栏汇集缴费账单，分列全部账单、待缴费账单、已缴费账单、已退款账单、已截止账单。账单与 WeMust 消息通知应用联动，及时告知待缴费动态。「扫码缴费」为现场缴费方式，在相关区域呈现收费项目二维码，使用 App 扫码缴费。「线上直接缴费」主要针对在业务流程中出现的缴费环节，如获取成绩单，只有完成缴费才能进入下一步。「缴费退款」支持在特殊情况下退款。

〖消费〗主要使用钱包中的"零钱"和"消费券"，可直接出示 App 中的付款码进行支付或使用校园卡支付。可随时查看钱包中的"零钱"和"消费券"余额。

〖交易〗汇集来自各渠道的充值、消费、退款等记录及交易总账。本应用关注交易的具体地点、方式、时间和交易状态，每笔交易详细记录交易单号/商户订单号、支付方户名/账号、交易金额、交易类型（消费/缴费）、交易方式（消费券/零钱）、用户类型、收款方户名等。

3.4.6 生活服务平台

WeMust 生活服务平台为教职员、学生及校外用户提供服务。重点围绕校园卡、设备设施（如储物柜）、空间资源，依托大学校园卡制度、宿舍管理制度、空间服务规则、设备设施使用规则、维修服务规则等，汇集校园卡管理、活动管理与组织、住宿服务、餐饮服务、空间预约服务、储物箱管理、宿舍管理、报修服务、线上与线下客服中心等应用，引入 AI 技术，构建大学生活全景智慧服务。

WeMust 生活服务平台应用系统构成如图 3-57 所示（参见 3.4.6 节 "6.生活服务主要应用简介"）。

1. AI 驱动的人机协同个性化客服

WeMust 平台的线上与线下一体化智能客服设计，源于对高校服务需求的深刻理解，强调效率与体验的双重优化，是高校数智转型的一个重要实践。WeMust 融合了 AI 智能客服和人工客服，实现了服务的高效与人性化的完美结合。AI 智能客服通过 GPT 等先进技术构建知识库，能够理解并回答全校范围内的咨询问题，而人工客服则在 AI 处理不准确或无法解决问题时介入，以提供专业指导。WeMust 生活服务平台智能客服应用构成如图 3-58 所示。

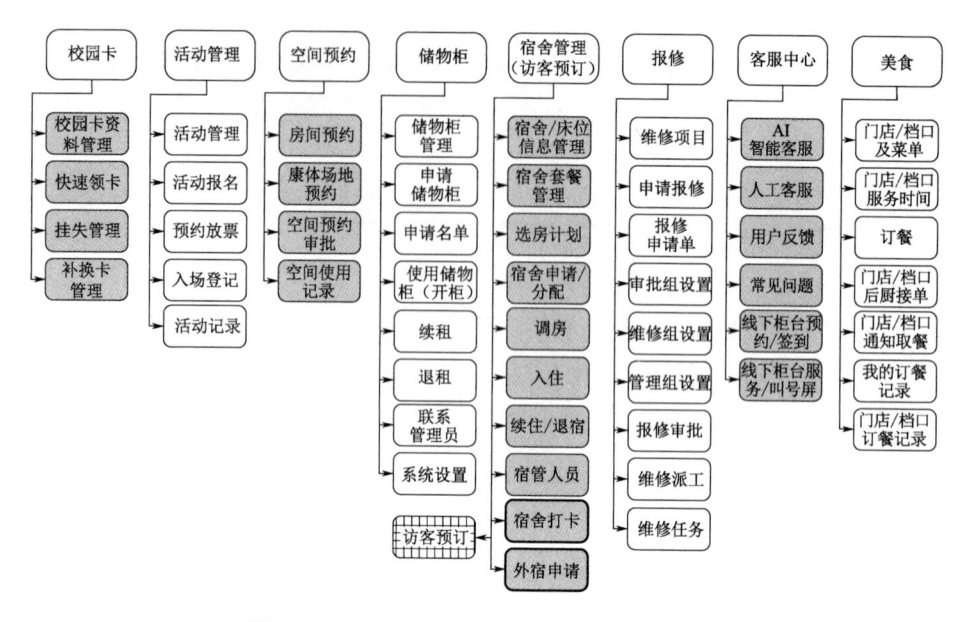

图 3-57　WeMust 生活服务平台应用系统构成

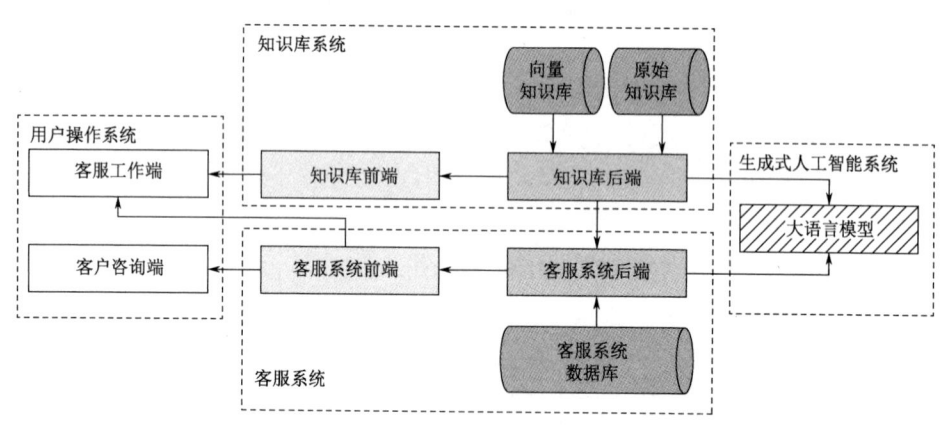

图 3-58　WeMust 生活服务平台智能客服应用构成

WeMust 智能客服体系包括 AI 智能客服、人工客服、用户反馈、常见问题和线下柜台 5 个重要组成部分。AI 智能客服作为前端响应，能够迅速给出答案，减轻人工客服的压力。人工客服则在更深层次上回复问题，提供更为精准的服务。用户反馈机制确保了服务的持续优化，而常见问题的集成则便于用户快速获取信息。线下柜台服务是线上服务的必要补充。

WeMust 生活服务平台「AI 智能客服」应用界面如图 3-59 所示。

图 3-59 WeMust 生活服务平台「AI 智能客服」应用界面

AI 智能客服的实现依托生成式人工智能技术，利用自主学习和不断更新的动态知识库，提升了对问题的理解和解答能力。此外，人机一体化服务流程的设计，使得用户在遇到问题时可以无缝切换至人工客服，提高了整体服务流程的自然性和顺畅性。通过精细化数据分析和用户反馈机制，WeMust 不断优化服务流程和知识库内容。同时，通过定期的人工审核和系统升级，确保服务质量的稳定和系统的先进性。

线下柜台服务包括预约查询、现场签到、叫号屏和我的办理等功能，为学生提供更便捷的线下服务体验。工作人员在受理业务时，能够通过系统记录和管理学生的办理情况，保障服务的有序进行。WeMust 生活服务平台「线下柜台叫号屏」应用界面如图 3-60 所示。

自 WeMust 的 AI 智能客服应用上线以来，在提高服务质量、优化用户体验、提升智能化水平和实现个性化服务方面取得了显著成效。通过定期进行用户满意度调查和服务效率分析，WeMust 平台的服务质量得到了持续提升。

2. 统一调度下的多空间预约服务

WeMust 在生活服务平台中，遵循基础服务平台的空间资源统一调度，将大学各类公用房间（如会议室、多功能室、课室等）纳入统一预约管理。大学

159

可针对不同的房间类型设定不同的预约规则，涉及用户群体限定、可使用时间范围和时长限定等。用户针对规则允许的房间，确定预约的具体日期及时间段，并提出设施设备要求等。WeMust 生活服务平台「房间预约」应用如图 3-61 所示。

图 3-60　WeMust 生活服务平台「线下柜台叫号屏」应用界面

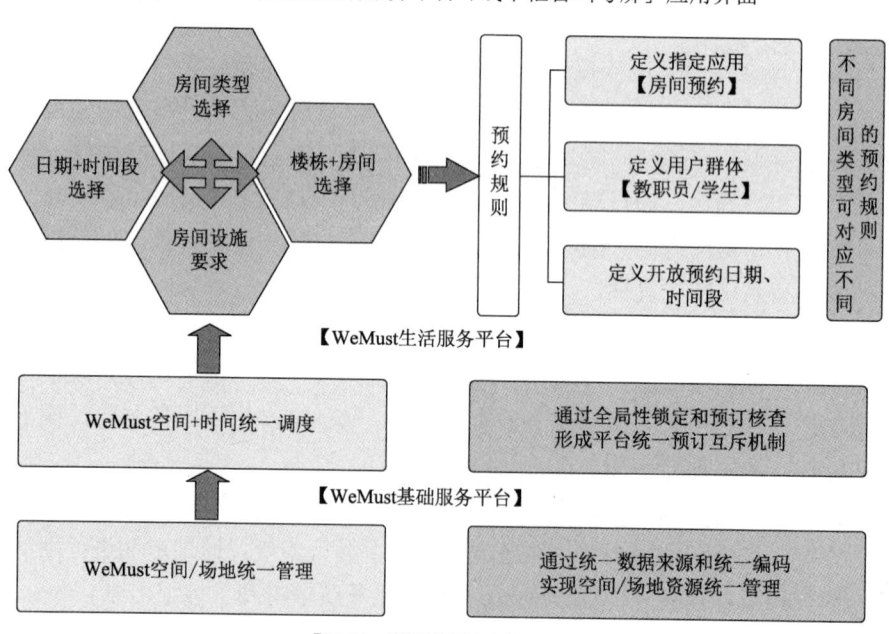

图 3-61　WeMust 生活服务平台「房间预约」应用

如图 3-61 所示，WeMust 房间预约属于整个大学空间资源管理与调度的一部分。WeMust 对大学空间资源进行统一登记、记录，包括统一编码、记录房间的楼栋/位置、房间类型。在本应用中，重点是针对一个或一组房间，确定适用的预约规则。

WeMust 生活服务平台「房间预约」应用界面如图 3-62 所示。用户进入房间预约应用，先看到的是规则中确定的可预约房间集合。用户可按校区和楼栋查看房间，在选择预约时间时，应符合其提前预约的时间要求（如必须提前一天预约）。在用户预约时，WeMust 通过全局性预订核查机制防止冲突，并在预订后在统一调度层面对房间及其预订的时间进行锁定。WeMust 针对每个房间记录预约次数、预约总时长，以统计房间利用情况。

不同的空间可针对人员和时间设定不同的规则，允许预约人提出设备与家具等需求。例如，2023 年 10 月 4 日，珠海澳科大科技研究院对 SB1A 房间提出预约申请，提出申请的时间符合本房间需提前一周预约的要求，提出申请的人员属于本房间可预约人员序列，预定时间为 2023 年 10 月 16 日至 2023 年 10 月 18 日，每天 12：30 至 18：30，用于开展活动，不要求提前布置场地，需要长台桌 1 张、学生椅 3 把。在预约成功后，WeMust 自动将设备与家具需求推送给 ITDO 和总务部门，安排相关人员提供。

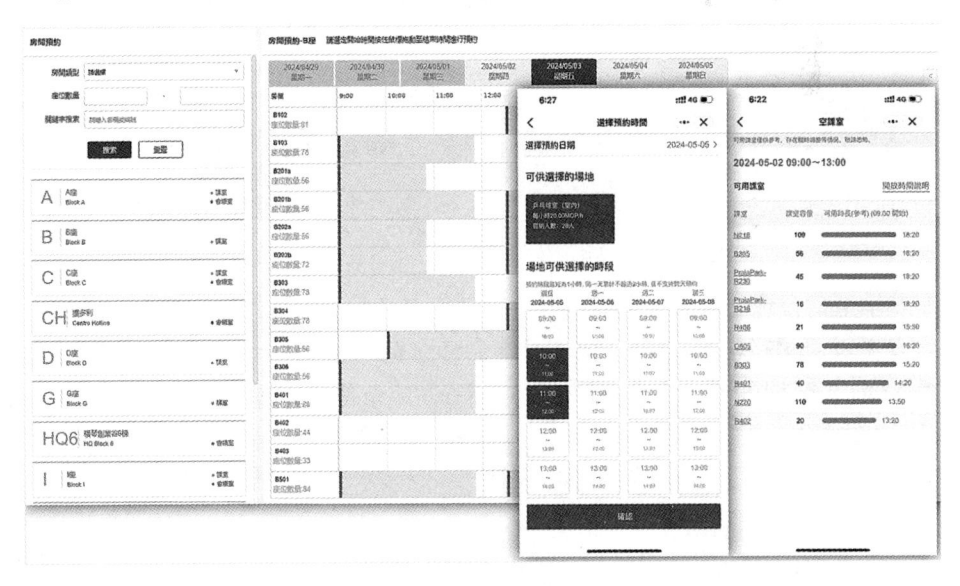

图 3-62　WeMust 生活服务平台「房间预约」应用界面

3. 支持自选的酒店式宿舍服务

宿舍管理属于校园生活服务的重要业务，主要分为学生宿舍、教职员宿舍和访客宿舍等。澳门科技大学学生宿舍有近一万个床位，不同宿舍的管理方式不同。WeMust 将学生宿舍、教职员宿舍纳入流程化管理，依据套餐和发布选房计划，实现宿舍申请/分配、调房、入住、续住/退宿等管理。访客预订主要采用酒店模式，通过系统发送邮件实现预订管理。宿舍打卡和外宿申请主要针对学生宿舍管理设置。

WeMust 学生宿舍管理是比较典型的发生很多"数据故事"的应用组群，整个流程包括制定套餐、拟定选房计划、推出房源、学生选房或分配、入住管理、学生申请调房、宿舍签到、退宿管理等，其中选房、调房和维修涉及缴费。

WeMust 生活服务平台「宿舍管理」应用如图 3-63 所示。

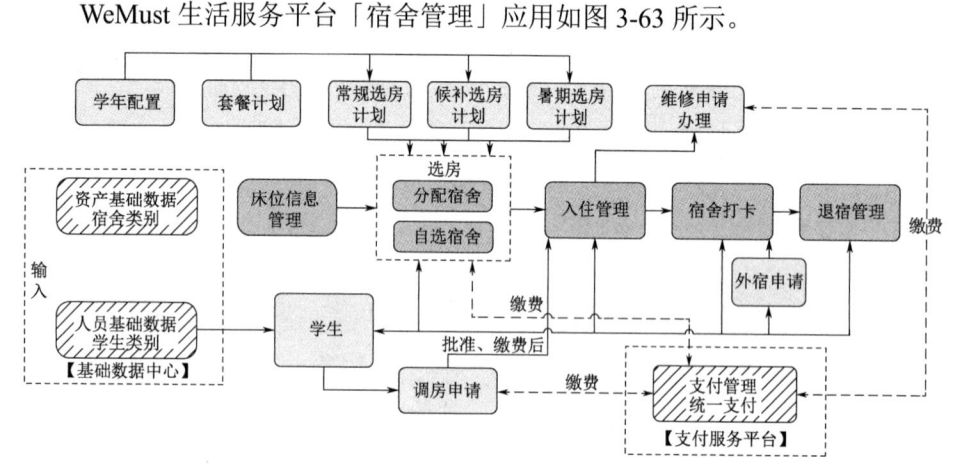

图 3-63　WeMust 生活服务平台「宿舍管理」应用

学生宿舍管理从大学空间资源规划开始，必须划定一组房间资源作为"学生宿舍"，并细分到每个床位的编号和注释信息，如 A 上（上铺下桌模式）。WeMust 生活服务平台「宿舍管理」应用——床位信息如图 3-64 所示。

房間號	樓棟/樓層	床位	已分配數/停用數/總床位數
PG18C	擎天-18樓	共6床 1A,1B,2A,3A,4A,4B	6/0/6
PPT8-4D	擎天匯第八座-4樓	共7床 1A,1B,2A,3A,4A,4B,5A	7/0/7
G327	G座-3樓	共5床 A,B,C,D,E	3/0/5
PPT12-24A	擎天匯第十二座-24樓	共6床 1A,1B,2A,2B,3A,3B	6/0/6

图 3-64　WeMust 生活服务平台「宿舍管理」应用——床位信息

学生在选床位后必须按时缴费才能真正锁定床位。学生一旦入住，则需遵守宿舍打卡制度，如果外宿不归，必须提出申请并获得批准。学生在入住后可申请调房、申报维修，以及按规定退宿。宿管人员重点维护宿舍及床位信息，为学生办理入住，受理调房、维修、退宿申请。涉及宿舍管理的缴费统一由支付服务平台支持，纳入统一支付管理。

4. 校园活动丰富学生课余生活

澳门科技大学组织丰富多彩的校园活动，如迎新活动、社团活动、文体活动、讲座培训等，全部纳入 WeMust 平台统一管理。WeMust 生活服务平台「活动管理」应用如图 3-65 所示。各部门、各社团都可以策划活动，包括指定活动名称、活动时间、地点、活动形式、所属部门、活动类型、活动内容、预览图及简介、微信分享标题及内容等。活动经审批并申请到相关资源（如房间）后即可发布。如果已发布的活动为对校外开放的，则在官网/官微上发布；如果活动为对校内开放的，则在 WeMust Web 和 App 活动栏目中发布；如果活动为内部的，则通过通知或待办事项等方式告知指定人员。属于校级活动的则推送到基础服务平台的「日程管理」，进入所有学生的「我的日历」；属于迎新活动的则推送给新生，进入新生的「我的日历」。

学生根据活动公告预约报名，形成「我的报名」，成为学生的「我的日历」中的事项，等待活动放票。「预约放票」意味着活动如期举办，学生会收到参加活动的电子票，可在「我的报名」中查看、使用。当活动开始时，现场工作人员需要进行入场登记，即验票。验票一般采用 App 移动端扫码的方式，也支持在 PC 端安装扫码设备进行扫码。现场工作人员可随时了解入场学生总数，包括预约已签到的人数，当入场人数不足时，可通过实名认证直接签到入场。

WeMust 支持在活动中上载活动的照片、记实和花絮，以及在活动结束后，上载活动总结等。活动总结与活动瞬间以文档形式统一存储在 WeMust 文档管理中心，并可发布到官网/官微/WeMust Web/WeMust App 活动资讯栏目。

5. 智能储物柜为师生提供便利

高校普遍有很多自助服务的需求，也会引入不少自助服务系统。WeMust 始终致力于保障服务的高度便捷，实现自助服务门户、规则、登录和数据的一体化。

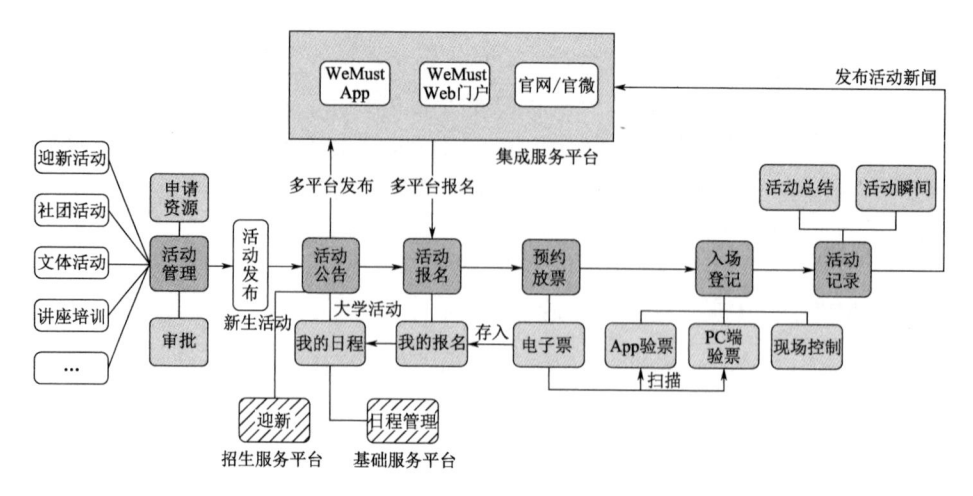

图 3-65　WeMust 生活服务平台「活动管理」应用

以常用的储物柜应用为例，不少高校引入了在管理上相对独立的储物柜系统，一些高校将其与校园卡系统进行了集成，提供基本的刷卡开启柜门功能。由于服务规则和服务数据独立保存在储物柜系统中，所以依然存在孤岛问题，难以二次开发利用和支持长期发展。

澳门科技大学在校园内布设了 1500 多个储物柜。WeMust 采用最简洁，也最有利于实现可持续发展的建设与运营模式，选择不依赖网络的电子储物柜，通过使用安全加密算法，学生只需要使用 WeMust App 动态二维码即可开启柜门，将储物柜安装的环境要求降至最低。

在储物柜安装到位后，储物柜的基础数据被登记在 WeMust 中，包括摆放位置、柜号、箱号及每个箱体的尺寸，它们构成「储物柜」应用的资源数据。在 WeMust 中统一设定服务规则，由 WeMust 管理储物柜的预约、取消和收费，让整个过程处于完全可控状态。用户可在储物柜应用的租用界面查看所有储物箱的租用状态，可以租用自己喜欢的储物箱，并通过动态二维码开启柜门。WeMust 与电子储物柜系统的深度融合，确保了自助服务的一码通行和统一支付，确保了服务规则的可控和服务数据的可用，让储物柜的使用成为学生校园生活的有机组成部分。

用户在提交储物柜租用申请后，系统暂时锁定该储物柜。用户必须在规定时间内完成支付，才判定租用成功，并可在租期内无限次开启储物柜。当租期已满时，系统根据用户租用申请到期处理方式帮用户自动退租或续租。如果需要续租或提前退租，用户必须在租期结束前通过 WeMust 平台提出续租或退租申请。在完成退租后，在一定时间内，原租用者可申请一次自助开柜。如果在使用储物柜期间出现问题，用户可在 WeMust「储物柜」应用中与管理员联系，并根据情况选择所需要的帮助。WeMust 生活服务平台「储物柜」应用如图 3-66 所示。

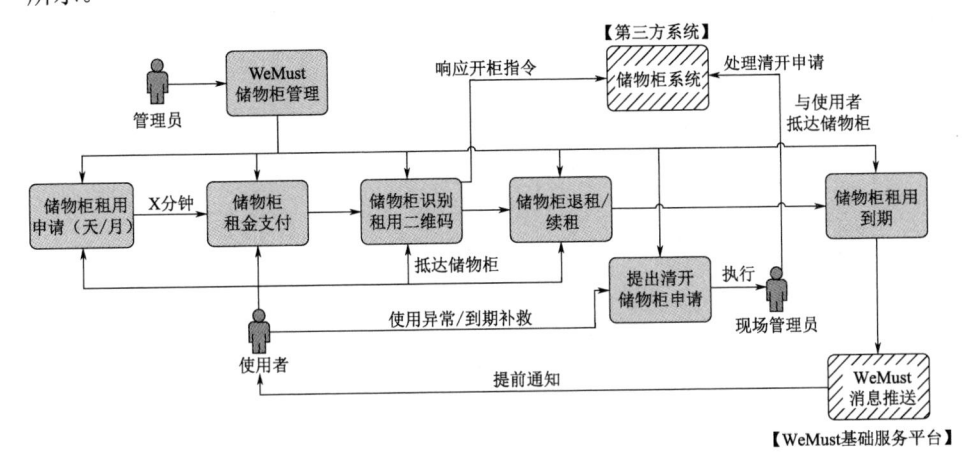

图 3-66　WeMust 生活服务平台「储物柜」应用

6. 生活服务主要应用简介

〖校园卡〗主要包括校园卡资料管理、快速领卡、挂失管理、补换卡管理等。「校园卡资料管理」统一加载教职员和学生校园卡数据，可制作物理卡（有银行功能），也可使用电子卡（无银行功能）。物理卡制卡完成则批量发出领卡通知，相关教职员/学生可在指定柜台通过「快速领卡」功能实现领卡。电子卡由 WeMust App 生成。「挂失管理」提供校园卡挂失、解除挂失功能，「补换卡管理」支持持卡人提出补换卡申请（可撤销申请）。

〖活动管理〗主要包括活动管理、活动报名、预约放票、入场登记、活动记录等。「活动管理」主要用于策划、管理大学的各类活动，支持用户在 Web/App 服务门户查看已发布的活动信息。当活动需使用大学场地或房屋时需要预约，涉及"房间预约"应用。「活动报名」专为需报名的活动设置，在设置可报名人数、范围和报名起止时间的基础上，在客户端提供"我要报名"和查看"我的报名"功能。在「预约放票」后，用户账户会收到电子票。「入场登记」支持现场验票/签到方式。用户报名参加的活动和校级活动会列入基础服务平台的日程管理，在个人行事历中呈现。活动相关照片等可通过「活动记录」查看。

〖空间预约〗包括房间预约、康体场地预约、空间预约审批和空间使用记录。「房间预约」主要包括房间管理、房间预约、高级预约、房间批量预约、房间预约管理、我的预约等。房间预约的涉及面较广，通常需要审批。房间管理在查看房间基本信息（房间名称、编号、位置地点、面积、最大容纳人数、房间类型、设备）的基础上，配置预约规则，定义开放的人员范围（可以指向一类人员，可以是具体人员），设置预约日期范围、开放时间段和提前量，以及是否需要审批，并关注各房间的预约及使用情况。房间预约、高级预约、房间批量预约提供多种房间预约方式，帮助用户找寻合适的房间。房间预约管理汇集用户预约申请，关注状态。预约者通过我的预约可查看个人所有房间预约记录及状态，并可限定申请日期范围、使用时间范围、楼栋及具体房间号，以便查找。「康体场地预约」主要包括场地管理、预约规则、场地类别、场地预约、预约管理等。康体场地预约规则较为细致，涉及各类收费。场地管理对康体场地资料进行维护并为场地配置必要的属性，如室内/室外、容纳人数、收费标准和对应的预约规则等，如果出现停用、维修情况则及时标记。通过预约规则可针对不同的场地设定多种规则，涉及开放的用户范围、预约提前时间、单日最多时长、可预约时间段等。预约规则按场地类别划分，支持设置黑名单、VIP 等。场地类别是对康体场地的必要划分，如乒乓球场地、羽毛球场地、排球场地、篮球场地、足球场地、网球场地等，在预约时可分类选择。教职员和学生通过 App 进入康体场地预约，在选择场地类别与日期后，显示可预约场地信息，选定场地并在指定时间内完成支付后完成场地预约，并可查看个人场地预约记录。管理人员通过预约管理可查看所有场地的预约情况，涉及编号、预约场地、预约时间、使用时长、申请人信息、是否租用设备、场租合计等，并可关注状态。

〖储物柜〗主要包括储物柜管理、申请储物柜、申请名单、使用储物柜（开柜）、续租、退租、联系管理员、系统设置等。「储物柜管理」对分布在全校范围内的储物柜进行统一登记管理，支持管理人员查看每个储物箱的当前状态和租借人，以及历史租借、开锁情况。「申请储物柜」为学生专用模块，支持 App 端应用。学生查找、选定储物箱，确定租用时长，在按规则支付租金后完成申请，储物箱则被当前用户锁定。「申请名单」汇总近期的所有储物柜租用申请，涉及申请人信息、储物箱信息及当前申请的状态，并可查看申请和支付历史。「使用储物柜（开柜）」支持用户在租期内，进入 App 储物柜应用，使用动态二维码开柜。「续租」和「退租」支持用户在租期内续租或退租。如果在使用中发生异常或在租期满时忘记清理储物柜，用户可通过「联系管理员」，要求管理员开柜或清柜,形成清开柜申请单,由管理员处理。「系统设置」主要为用户设置规则,如按天/按月(30 天)、到期提醒时间及退租后重新开放时间、租金有效支付时间、最长租赁时长、储物柜开锁二维码加密密钥等。

〖宿舍管理〗主要包括宿舍/床位信息管理、宿舍套餐管理、选房计划、宿舍申请/分配、调房、入住、续住/退宿、宿管人员等。「宿舍/床位信息管理」中的宿舍数据来自统一的空间资源,其类别为"宿舍",涉及校区、楼栋/楼层、房间号等,结合床位信息管理,可以掌握宿舍整体情况及状态(已预定、使用中、停用)。床位信息是选房的基本资源,需要在宿舍信息的基础上,形成每学年每个床位的信息,包括床位编号和标记特征(如上床下桌、双层床上床、双层床下床),并体现每个床位的当前状态(如空闲、使用中)。「宿舍套餐管理」根据学年配置,结合宿舍信息形成租用缴费的套餐。管理人员依据房源及对应的套餐,面向一定的用户群体,编制「选房计划」,在适当时间推出,约定期限,支持教职员/学生提出选择宿舍申请。学生的选房计划通常分为常规选房计划、候补选房计划、暑期选房计划。「宿舍申请/分配」支持教职员和学生针对选房计划提供的房源提出宿舍申请,形成宿舍申请记录,亦可由管理部门分配;申请后可随时查看"我的申请"。学生可提出「调房」申请,由宿管人员审核,可同意、拒绝,包括是否同意豁免相关费用及进行费用结算。「入住」专为学生办理入住手续,将申请中的"待入住"状态改为实际的入住日期,并支持「续住」。「退宿」指"中途退宿"。在「宿管人员」应用中可指定处理本应用群组事务的管理员,并划分区域。宿管人员进入本应用,则呈现"我管理的区域"。

〖宿舍打卡〗是对宿舍管理的补充,主要针对学生宿舍,包括宿舍打卡、打卡记录、考勤统计、外宿申请等。「宿舍打卡」为 App 端专用功能,在基础服务平台—位置服务—蓝牙配置的基础上,结合宿舍制度中的打卡时间和住宿信息,支持住宿者在宿舍附近打卡。「打卡记录」列出当日所有打卡记录,涉及日期、时间、打卡地点、入学学期、姓名、性别、学号、学院、学位类型,可限定打卡日期范围或指定学生。「考勤统计」可列出当月各楼栋的所有打卡记录,按学生汇总其实际打卡天数、未打卡天数,可限定楼栋、打卡日期范围和时间。当住宿学生需要外宿时,可通过〖外宿申请〗告知宿管人员。

〖访客预订〗是相对独立的应用组群,涉及访客预订、我的申请、申请单查询、通知邮件设置等。「访客预订」通常为代订,形成申请单,涉及申请编号、访客姓名、联系电话、订房原因、申请人数据(记账学院/部门、申请人、申请人电话、申请时间)、宿舍及入住信息(宿舍位置、特别要求、入住日期、退房日期、入住天数）等。代订人可查看「我的申请」。管理人员可使用「申请单查询」查看本部门的所有访客订单。「通知邮件设置」主要设置访客房间的运营方或管理方邮箱，访客房间通常为酒店式管理。由于订房人员的不确定性和访客房间系统的复杂性，WeMust 通过邮件将预订信息发给访客房间管理方的联系人，不采用系统互联方式。

〖报修〗，澳门科技大学提倡共同参与的校园文化，只要师生发现有问题的地方，都可以通过 WeMust 直接拍照报修。为方便师生拍照，报修应用部署在 App 端，让师生可以"随手一拍即报修"。该应用组群主要包括维修项目、申请报修、报修申请单、审批组设置、维修组设置、管理组设置、报修审批、维修派工、维修任务等。「报修项目」对报修的内容进行基本分类，每个报修项目统一编码，并赋予直观的名称，指定适用人群（如教职员、学生）、适用区域（如宿舍、校园、校外机构等）和审批要求。「申请报修」由教职员、学生提出申请，内容涉及报修时间、位置、区域与楼栋、报修项目、问题描述、故障附图、报修人、报修单号等，并可查看我的报修。「报修申请单」汇集所有报修服务申请，是相关人员响应服务的基础。「审批组设置」汇集多组人员，每组人员负责指定区域的一组报修项目，主要职能是对申请进行审批。「维修组设置」汇集多组人员，每组人员负责指定区域的一组报修项目，主要职能是响应申请并组织实施。「管理组设置」汇集多组人员，每组人员负责指定区域的一组报修项目，主要职能是监管报修申请单的执行情况。审批组人员可在「报修审批」中查看待审批的申请，完成报修审批。维修组人员查看报修申请单，完成「维修派工」，并关注待派工、已派工、已完成状态。外派人员查看自己的维修任务，完成「维修任务」，重点关注待接单、待维修、已完成状态。

〖客服中心：线上咨询〗主要包括 AI 智能客服、人工客服、用户反馈、常见问题等。「AI 智能客服」运用 GPT 建立大学的客服知识库，提供全校范围的 AI 智能客服咨询。师生提问先由 AI 智能客服回答，如果回答不准确或没有解决师生的问题，则由 AI 根据提问内容自动识别并转接相应部门的人工客服。人工客服回答的内容可自动加入知识库。「人工客服」按咨询内容设置专业组，一旦上线则可看到师生反馈的问题，并负责回复。「用户反馈」将用户反馈的问题形成列表，记录问题、反馈人、反馈时间，方便人工客服进行针对性回复，并计入咨询档案。「常见问题」则融合在对话界面。

〖客服中心：线下柜台〗针对无法在 WeMust 线上完成的服务，提供线下柜台服务的应用组群，如学生领取纸质成绩单等情况。线下柜台应用组群包括线下柜台预约/签到、线下柜台服务/叫号屏等。「线下柜台预约/签到」支持学生预约线下柜台服务，指定业务类别、日期和时段，并通过现场签到进入叫号流程。「线下柜台服务/叫号屏」为线下柜台服务端的应用，包括查看预约列表、叫号屏、我的办理列表等，学生在签到后可根据现场及 App 的叫号屏提示，到指定窗口办理业务。

〖美食〗主要包括门店/档口及菜单、门店/档口服务时间、订餐、门店/档口后厨接单、门店/档口发出取餐通知、我的订餐记录、门店/档口订餐记录等。通过获取「门店/档口及菜单」与「门店/档口服务时间」，构建起订餐的集成化门户。教职员和学生可选择门店/档口及菜品，提交「订餐」申请，WeMust 与餐厅系统深入对接，在完成支付后直接将订单发送至门店/档口的后厨，在制作完成后由门店/档口通知取餐。教职员和学生在 WeMust 中可获得取餐通知，凭取餐码在约定的时间到门店/档口取餐。教职员和学生可查看「我的订餐记录」。门店/档口也可以查看通过 WeMust 订餐的记录。

3.4.7 办公服务平台

WeMust 办公服务平台主要为全体教职员提供服务，将教职员（包括被邀请参会、参与接待的教职员）按部门和职位进行细分，围绕办公用房、办公设备、文件资料和信息资讯等资源，依据办公制度、办公流程等规则，将公文签批流转、信息发布、公务接待安排、会议召集与会议纪要、合同与协议签订等业务集中在一个平台上，以实现无纸化办公。同时，打破时空限制，实现移动办公，提高办公效率，记录并保存大学发展历程，最终形成大学办公管理的数字历史档案和宝贵数据资产。

WeMust 办公服务平台应用系统构成如图 3-67 所示（参见 3.4.7 节 "3.办公服务主要应用简介"）。

1. 公文流转促进行政办公高效协同

公文管理是最常用的功能，是大学行政办公的重要平台，也是大学档案的重要数据源。公文在大学各部门之间流转，每个公文会指向不同的人员，并要求他们回复或办文，整个过程在各高校中不同，比较复杂。

WeMust 公文管理遵循统一认证和授权，发文人、办理人、阅件人信息源自基础数据中心，每个公文都可以跨部门设置办理人与审批人，在部门内部遵循基础数据中心设定的审批流，在跨部门办文时通过统一的「选人」组件，快速选定公文的非本部门的相关办理人。待阅公文、待办公文为公文的两种处理方式，可简单对应抄送人和收件人。一个公文在处理过程中会同时出现原件、处理意见和阅件回复情况，WeMust 保留整个公文处理流程，最终由发文人确认办结，按制度归档。WeMust 办公服务平台「公文管理」应用工作流如图 3-68 所示。

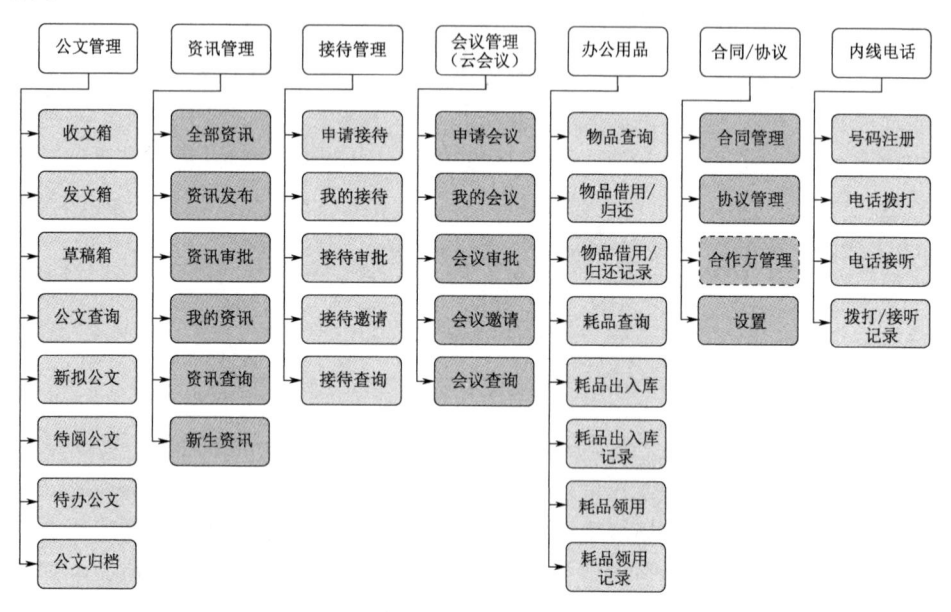

图 3-67　WeMust 办公服务平台应用系统构成

WeMust 公文处理工作流参考电子邮件模式，具有以下特点。

（1）可同时设置多个跨部门的收件人，每个收件人必须回复意见；可同时设置多个跨部门的阅件人，阅件人可以不回复意见；公文涉及的所有人都可以看到公文回复的全过程，系统设置已阅、已回复标识，让发起人可以随时了解上级人员是否已阅或已回复。

（2）收件人回复意见不局限于层级，如果有需要，上级可以在其他人没有回复意见时直接审批，保证办公效率。

（3）公文可以根据需要，由相关人员随时转发，即在建立了完整的流转过程，可以跨部门协同办公，提高了审批效率。

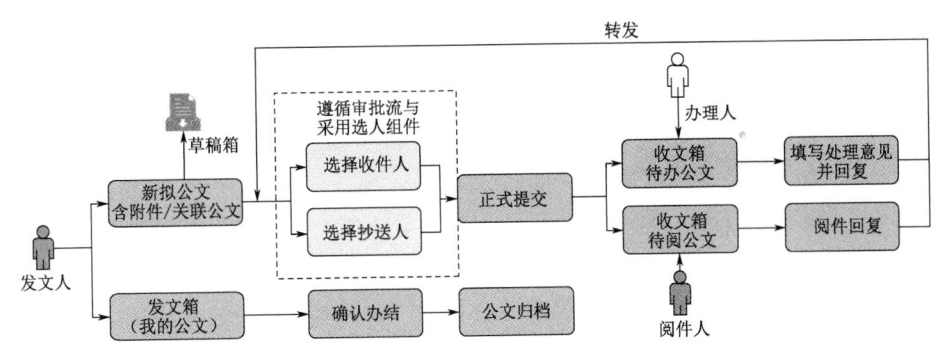

图 3-68　WeMust 办公服务平台「公文管理」应用工作流

2. 多应用互联实现接待无缝衔接

各高校来往的接待任务很重，各种协调耗时耗力。WeMust 在办公服务平台设置接待管理应用组群，其工作流如图 3-69 所示。接待管理即由接待的具体负责人创建一个"申请单"，使用「选人」组件指定参与接待人员，按指定的「审批流」交由上级审批。同时，WeMust 将审批任务纳入上级的「待办事项」，以提示上级尽快审批，将接待任务纳入接待人员的「待办事项」提示接待人员尽快回复是否参与接待；在接待过程中，如果需要安排会议，则直接调用「会议管理」应用设置会议需求；如果接待需要使用房间，则调用生活服务平台的「房间预约」；接待用车辆则直接将车牌、时间、路线推送到总务道闸系统，予以放行。在 WeMust 平台，接待管理调用基础数据中心、基础服务平台和生活服务平台的多项应用，同时，还可以形成接待纪要或新闻，直接发布接待资讯。

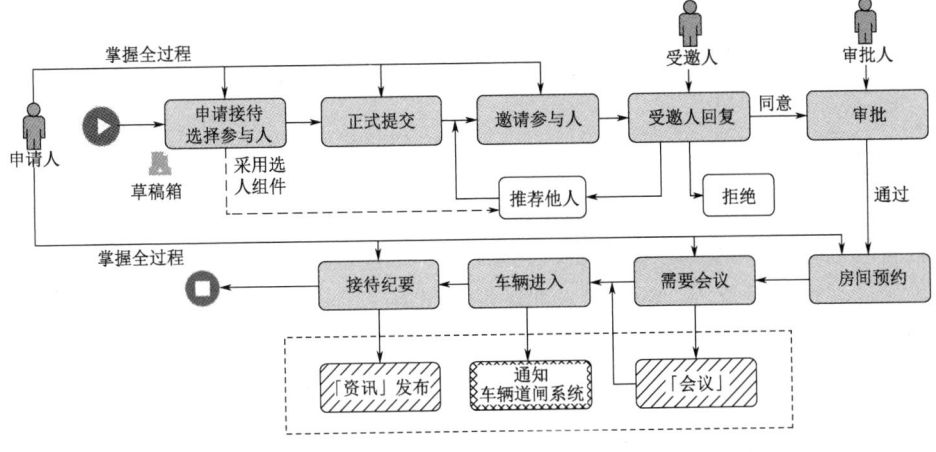

图 3-69　WeMust 办公服务平台「接待管理」应用工作流

WeMust 的集成能力与跨平台的调用能力，在接待管理中可以完整地体现出来。

3. 办公服务主要应用简介

〖公文管理〗主要包括收文箱、发文箱、草稿箱、公文查询、新拟公文、待阅公文、待办公文、公文归档等。公文类别包括通告、请示、成果评鉴、采购申请、工作备忘、专利申请、合作协议签署申请、协议文件、付款申请等，并可标记重要度、紧急度、保密度等。公文主要按待阅公文、待办公文两种方式处理。

〖资讯管理〗主要包括全部资讯、资讯发布、资讯审批、我的资讯、资讯查询、新生资讯等。「全部资讯」按最近资讯、通知公告、新闻动态、规章/指南分类列出。「资讯发布」用于创建新信息并指定资讯来源、资讯类别、发布用户范围、发布时间和发布位置等，其中包括面向新生的导览资讯。「资讯审批」专为审批人设置，按待审批资讯和已审批资讯分别列出。「新生资讯」为专设的资讯栏目。

〖接待管理〗主要包括申请接待、我的接待、接待审批、接待邀请、接待查询等。「申请接待」需明确接待事项，包括接待来宾、时间、目的、车辆信息等，并提出需要邀请的参与接待人员。「我的接待」专为接待事项的创建人员全面管理接待工作的实际进展而设置。「接待审批」专为审批人设置，接待项目可视具体情况考虑设置审批环节。「接待邀请」专供被邀请人参与接待人员表达是否能够参与接待，被邀请人可接受、拒绝或委托他人。「接待查询」为全部接待的管理功能。

〖会议管理〗主要包含申请会议、我的会议、会议审批、会议邀请、会议查询等。与接待管理类似，会议的关键也在于审批、邀请参会人、安排会场、车辆等。会议管理最终会形成会议纪要，并发布会议资讯。会议可采取线上、线下或混合方式，线上会议又称云会议。

〖办公用品〗分为资产类物品和耗品（耗材）。针对资产类物品的应用主要包括物品查询、物品借用/归还、物品借用/归还记录；针对耗品（耗材）的应用主要包括耗品查询、耗品出入库、耗品出入库记录、耗品领用、耗品领用记录等。

〖合同/协议〗主要包括合同管理、协议管理、合作方管理及设置等。对于新增合同，除了涉及基本信息，还需区分采购合同、服务合同等，指定合同执行部门、经手人、预算部门、经费来源、供货商、供货商联系人、开放范围等，合作方数据由基础数据中心统一管理。「合同管理」提供按签订日期范围、剩余天数、合同类型、合同状态和关键词进行组合查询的功能，列出符合条件的合同的合同编号、合同标题、供货商或合作方，以及签订日期、合同结束日期、合同类型、合同联系人、合同金额、已付金额、合同负责人、状态（完成、执行中、超期、中止等）、合同剩余天数等，并遵循合同开放范围要求。「设置」则对合同管理所需要的特殊参数进行定义，如合同到期提醒。

〖内线电话〗即 App 网络电话，主要包括号码注册、电话拨打、电话接听、拨打/接听记录等。WeMust 将办公电话与手机移动网络电话同步，通过网络可以在任何地点用手机拨打大学的内线电话，实现了所有教职员的移动办公。

3.4.8 人力资源服务平台

WeMust 人力资源服务平台主要面向全体教职员与人力资源管理部门提供服务，对教职员所属部门和职位进行细分，围绕职位、业绩、时间等资源，依托大学人力资源发展规划与职位设置、人力资源管理制度、科研项目管理制度、教职员评核制度等，实现教职员从招聘、入职、培训，到排班、打卡、请假、加班，再到工作量统计、考核、晋级升职、离职的全过程服务管理。WeMust 人力资源服务平台是教职员数据的主要来源，也是教职员业务数据的主要生产平台。

WeMust 人力资源服务平台应用系统构成如图 3-70 所示（参见 3.4.8 节"3.人力资源服务主要应用简介"）。

1. 弹性考勤实现差异化管理

WeMust 针对大学最普遍的考勤管理细分应用，依托排班与打卡，结合员工个人休假、加班管理，实现了对教职员在岗时间的有效管理，并考虑出勤修正、考勤免除等应用处理特殊情况，构建了较为系统的教职员考勤管理机制。

澳门科技大学设有珠海澳科大科技研究院，其员工按《中华人民共和国劳动法》签订劳动合同，统一纳入 WeMust 管理。为此，WeMust 考勤管理会根据员工的工作地点设置考勤规则，实现在多校区不同制度下的统一管理。

WeMust 人力资源服务平台「出勤管理」应用如图 3-71 所示，排班是大学考勤管理的基础，是通过打卡进行考勤管理的前提。面对复杂的排班情况，WeMust 采用为每个员工赋予不同出勤组别的方式，以对应不同的考勤规则。「排班表」是在员工分组的基础上进行排班的结果。根据排班表、打卡参数设置，当员工在指定的打卡时间范围内进入设置的打卡区域时，其 App 被触发打卡提示，进而实现考勤打卡，形成统一的打卡记录。部门根据排班表和打卡记录，结合请假和加班情况，生成考勤报表，经部门主管审核后报送人力资源管理部门。人力资源管理部门负责进行出勤修正和考勤免除等，形成最终的考勤报表，作为员工出勤情况档案并核算薪资。

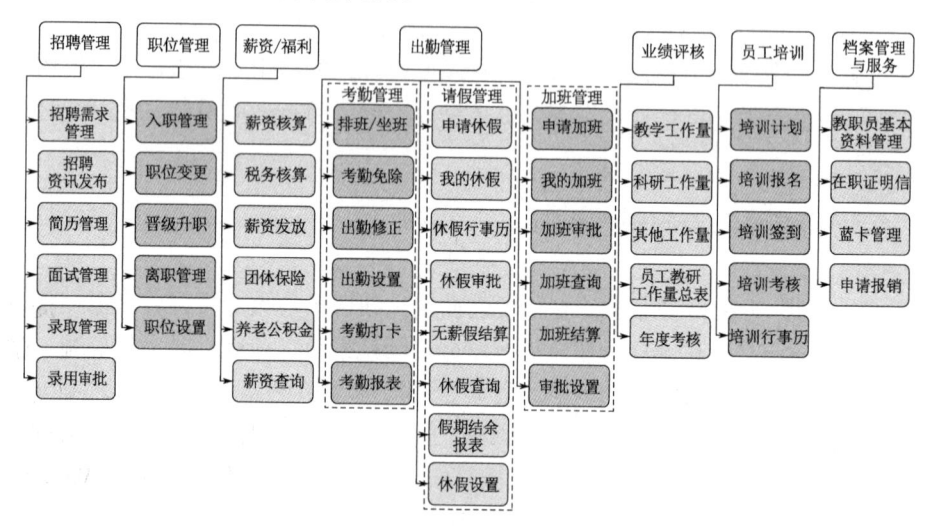

图 3-70　WeMust 人力资源服务平台应用系统构成

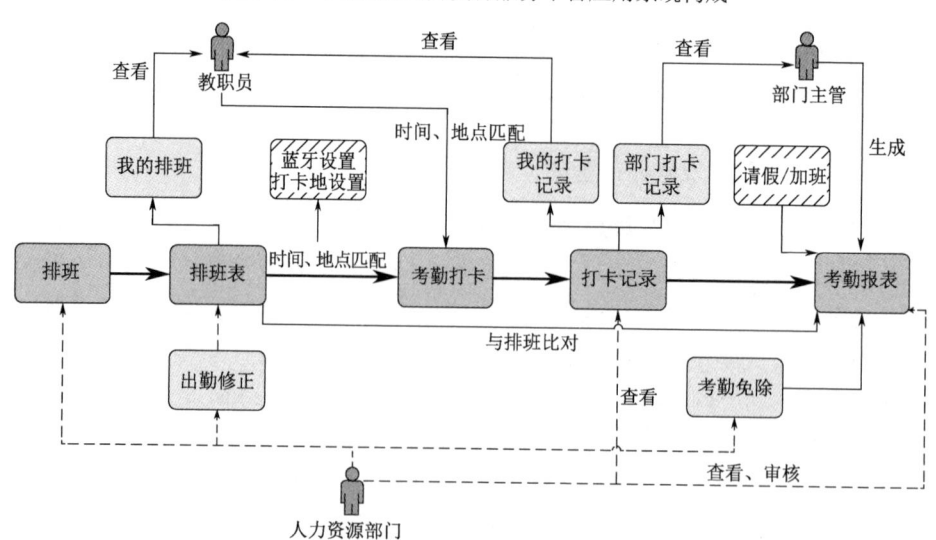

图 3-71　WeMust 人力资源服务平台「出勤管理」应用

不同的出勤组对应不同的打卡类型和出勤时间，系统设置预留打卡时间区间及豁免时限等。WeMust 人力资源服务平台出勤组别与时间设置界面如图 3-72 所示。

图 3-72　WeMust 人力资源服务平台出勤组别与时间设置界面

澳门科技大学为方便学生与教师交流，制定了教师坐班制度，形成了坐班表、我的坐班表、坐班出勤设置等应用。教师存在长期坐班、定期坐班和不坐班等情况。长期坐班按大学办公时间执行考勤规则；定期坐班需要由教师所在的学院或研究所编制「坐班表」，每周有总天数和总时长要求，并需要与上课时间实现防冲突验证。

2. 教师工作量多维精细核算

教师工作量是大学人力资源管理的重要指标，更是教师晋级升职的重要依据。WeMust 依据大学需求，将教师工作量分为教学工作量、科研工作量、学生服务及其他工作量等。WeMust 人力资源服务平台「业绩评核」应用如图 3-73 所示。

WeMust 从多个平台汇集相关数据，并按照大学的工作量要求及核算方式予以分项计算并合计，生成工作量报表。教学工作量的一部分源于课堂教学数据，涉及教师每周工作量要求、上课周数、年度工作量要求、超额与不足，并结合科目评估数据对教学质量进行评估；另一部分源于论文指导数据及评审答辩数据等。科研工作量源于科研服务平台成果库及科研项目管理应用组群，按照科研项目、专利、文献分项计算并合计。学生服务及其他工作量按教师承担的具体工作计算，如担任班级导师。教师工作量报表生成后会触发消息推送，以待办事项方式提请所属部门、教学/科研管理部门、人力资源管理部门审核。

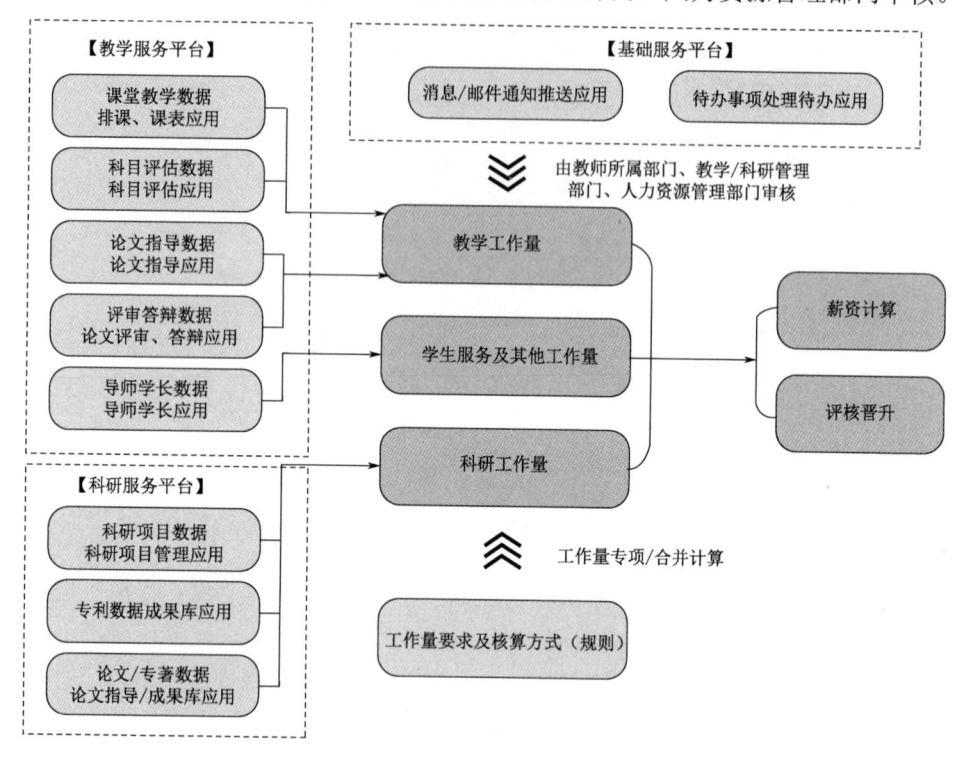

图 3-73　WeMust 人力资源服务平台「业绩评核」应用

3. 人力资源服务主要应用简介

〖招聘管理〗澳门科技大学面向全球进行人员招聘。招聘管理应用组群主要包括招聘需求管理、招聘资讯发布、简历管理、面试管理、录取管理、录用审批等。「招聘需求管理」主要针对大学各部门的职位编制招聘需求，设置招聘人数和截止时间。「招聘资讯发布」支持在大学网站相关栏目发布招聘需求，发布后管理人员可同步查看目前投简历的人数。「简历管理」支持线上应聘者投放简历，填写应聘职位、个人主要信息等。支持对应聘者发来的简历进行初筛、评审等。「面试管理」主要包括针对招聘职位和应聘者，编制面试计划，安排面试地点、时间，邀约面试人员，向应聘者发送面试通知，在面试后支持面试官提交面试意见，向应聘者发送面试结果等。「录取管理」用于确定初步录取名单，并创建录取通知书。「录用审批」支持以录取通知书形式报送大学管理层及上级主管机构审批,并跟踪结果,在获批后向应聘者发出录取通知书。

〚职位管理〛主要包括入职管理、职位变更、晋级升职、离职管理、职位设置等。「入职管理」为已获得录取通知书的教职员办理入职手续,发放工卡。「职位变更」主要针对教职员临时性职位变动,上载相关数据(会议纪要或人力资源部门的决定),进行职位调整。「晋级升职」属于常规性操作,主要根据考核结果,对符合标准的教职员晋级或升职。「离职管理」针对教职员离职的情况,核查多个平台的相关信息,如账户信息、宿舍信息、图书馆信息等,在核查通过后办理相关手续。「职位设置」用于设置大学的职位及其职责,职位是招聘和考核的基础,所有教职员入职后都对应职位职责和要求完成工作。

〚薪资/福利〛主要包括薪资核算、税务核算、薪资发放、团体保险、养老公积金、薪资查询等。其中,薪资核算会结合考勤情况和业绩评核进行综合考虑。

〚考勤管理〛主要包括排班/坐班、考勤免除、出勤修正、出勤设置、考勤打卡、考勤报表等。「排班/坐班」设定每个员工的出勤组,并指定生效时间,直到其离职或排班表被修正。部门主管和人力资源管理部门会结合出勤组设定与打卡记录对员工进行考勤。「考勤免除」支持当出现特殊情况时,可申请免除一定时间段的未出勤记录,由人力资源管理部门核销。「出勤修正」主要针对特殊人员在特定时间段出现的特殊情况,通过变更特定时间段的出勤组别进行修正。「出勤设置」主要对出勤组进行管理,行政管理人员通常要求一天两班、四次打卡,教师坐班可看作排班的一种。需要打卡的则设置打卡时间段和豁免时间,不需要打卡的人员需特别标注。「考勤打卡」依据排班表、出勤设置、打卡设置,结合教职员排班/坐班情况,在相应时间和区域触发打卡,形成打卡记录。「考勤报表」主要包括考勤日报、考勤月报、考勤异常月报等。考勤日报针对指定部门的员工详细列出每日出勤(打卡)情况,并按制度要求标明请假、迟到、早退、考勤免除等情况。考勤月报针对指定部门的员工详细列出每月出勤(打卡)情况,并按制度要求累计请假、迟到、早退、考勤免除的次数和时长,并累计加班小时数。考勤异常月报只列出存在考勤异常的员工出勤情况及时间的分布。

〚请假管理〛主要包括申请休假、我的休假、休假行事历、休假审批、无薪假结算、休假查询、假期结余报表、休假设置等。教职员「申请休假」时需区分假期类型,并上传必要的附件。不同假期类型和请假时长对应不同的审批流程,针对有薪年假还规定了提前申请的时间要求。教职员在申请休假后,可在

「我的休假」中查看申请记录，在未通过审核的情况下可予以撤销。「休假行事历」以日历形式汇总本人或所管辖人员的请休假情况。「休假审批」遵循审批流进行，最终报人力资源管理部门备案。「无薪假结算」专门对一个部门教职员的无薪假进行查询，并统一处理与核销。「休假查询」支持查看休假记录。「假期结余报表」是针对当年休假情况生成的统计报表，列出教职员基本信息，以及当年的假期周期、历史结余天数、当年可休天数、当年已休天数、年假结余天数等，并根据需要支持转结上年假期到下一年。「休假设置」对带薪年假、休息日、公众假、通用假期、病假、工作时间、假期周期等进行设置，辅助休假管理和核算假期。

〖加班管理〗即超时申请，主要包括申请加班、我的加班、加班审批、加班查询、加班结算、审批设置等。「申请加班」需明确加班时间范围和加班原因，并上传必要的证明附件。教职员在申请加班后，可在「我的加班」中查看申请记录，在未通过审核的情况下可予以撤销。「加班结算」按月汇集未结算的加班，并统一计算当月薪资。

〖业绩评核〗主要包括教学工作量、科研工作量、其他工作量、员工教研工作量总表、年度考核等。「教学工作量」源于教学工作，包括授课课时、论文指导、论文答辩、监考等。「科研工作量」主要面向科研项目，依据科研项目数量和科研项目类别进行核算。「其他工作量」主要源于参与"导师学长"等工作。「员工教研工作量总表」将上述工作量按人合并，以规定的系数形成总表。「年度考核」主要分为部门年度考核、大学年度考核，综合各方考核意见，由主管给出考核等级、评语等。

〖员工培训〗主要包括培训计划、培训报名、培训签到、培训考核、培训行事历等。编制「培训计划」是组织员工培训的前提，可安排课程，也可安排活动。如针对培训课程应规划名称、教师、计划时间，并预订课室，发出通知，并支持网上「培训报名」。在培训开始前，提供「培训签到」功能。通过「培训考核」登记员工培训情况及考核结果，辅助培训效果评估。「培训行事历」为参加培训的员工的培训日历，纳入 WeMust 统一日程管理。

〖档案管理与服务〗在维护个人基本信息、学历信息、专业资格信息、家庭状况、紧急联络人等档案信息（教职员基本资料管理）的基础上，WeMust 提供一系列教职员服务应用，主要包括在职证明信、蓝卡管理（外雇人员工作签证）、申请报销等。「在职证明信」为员工提供在职证明服务，员工经申请可获取电子版或纸质版在职证明。「蓝卡管理」用于集中办理澳门用工许可，查看历次签注时间及有效期。「申请报销」与办公服务平台对接，针对员工已申请获批的公差，凭差旅单据申请报销。

3.4.9 财经服务平台

WeMust 财经服务平台面向大学教职员提供财经服务，重点面向财务管理部门和其他部门的财务、采购、资产管理人员。财经服务平台对大学业务账户、教职员个人账户、学生账户中的资金，以及大学固定资产、楼栋/房屋、基础设施、无形资产、耗品等进行管理，依据大学财务制度、资产管理制度、业务收费项目、财务结算制度等规则，统一管控大学所有缴费项目、WeMust 钱包中的零钱和消费券业务，并与往来商户的账户进行对账和结算；统一管理大学各类资产；统一管控大学所有采购项目，以及各类财经收入与支出。WeMust 财经服务平台是支付服务平台的重要支撑，同时也是在生活服务平台、办公服务平台上为用户提供服务的各类资产的基础数据源。

WeMust 财经服务平台应用系统构成如图 3-74 所示（参见 3.4.9 节 "3.财经服务主要应用简介"）。

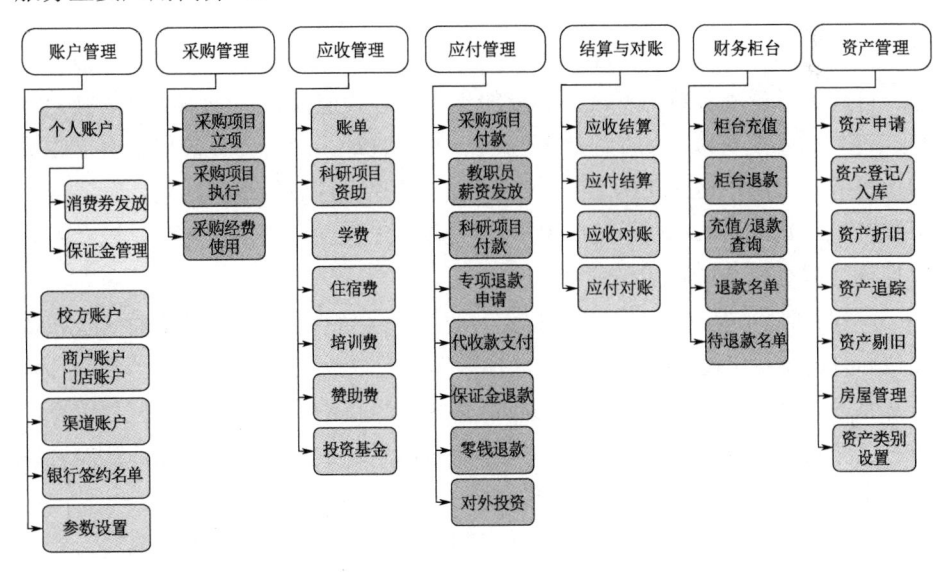

图 3-74　WeMust 财经服务平台应用系统构成

1. 集中式应收款和应付款管控

WeMust 建立了一套完善的「应收管理」和「应付管理」应用组群，如图 3-75 所示，确保了高校资金流的正常运转，为高校的财务决策提供重要的数据支持。

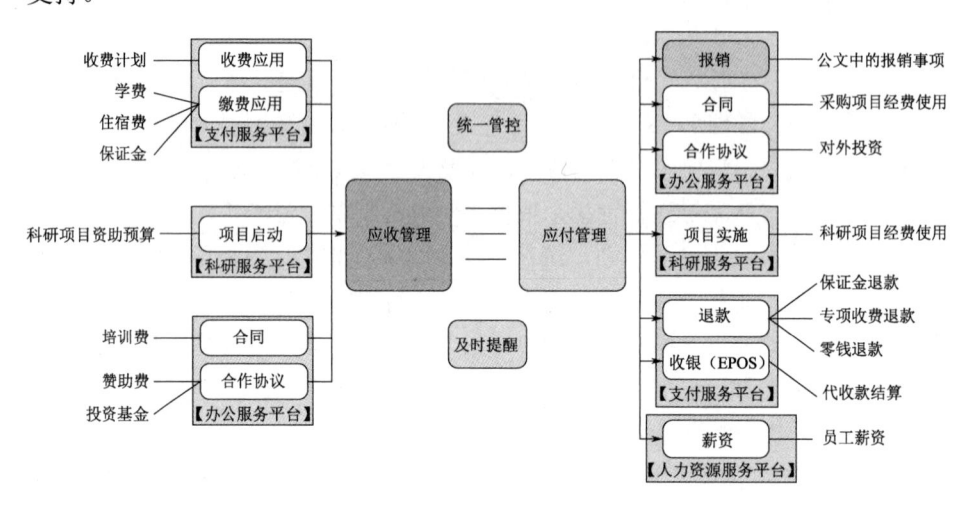

图 3-75 WeMust 财经服务平台「应收管理」和「应付管理」应用组群

「应收管理」的建立，旨在实现对学费、住宿费、培训费、赞助费、投资基金、科研项目资助预算等各项应收款的集中管理和监控。「应收管理」与其他涉及应收款的系统对接，如学生信息系统、基金管理系统等，以确保所有应收款的信息能够及时准确地汇总到一个平台上。通过「应收管理」应用，财务部门可实时查看每笔应收款的状态，包括已收款、未收款及逾期款项等，以及时采取措施，提高资金的使用效率。

「应付管理」是对采购维修合同、科研项目经费拨付、保证金退款、代收款支付、薪资支付、投资等应付款项进行管理的组群。「应付管理」与涉及应付款的各系统对接，如采购系统、人力资源系统等，集中管理所有的应付款信息。通过「应付管理」应用，财务部门能够清晰地了解大学的负债状况，从而合理安排资金支付计划，避免出现资金短缺的情况。

「应收管理」「应付管理」与大学专门的财会系统对接，以保证数据的一致性和准确性。大学财会系统是大学财务管理的核心，它负责记录和处理所有的财务交易数据。

「应收管理」「应付管理」在功能和流程上落实了相应的内控制度，确保了应收款和应付款管理的数据安全和操作的合规性，包括设置合理的访问权限，对关键操作进行审计跟踪，以及定期对系统进行风险评估和内控测试等，以最大程度地降低财务风险，保障大学资金的安全。

2. 内外一体化快速结算与对账

WeMust 采用内外一体化结算与对账解决方案，专门建立了「结算与对账」应用组群，不仅覆盖商户、各业务部门，还涉及学生和教职员个人账户，满足了校园内各种支付、结算和对账的需求，极大地简化了财经服务流程，实现了校园内部支付流程的高度集成和自动化，如图 3-76 所示。

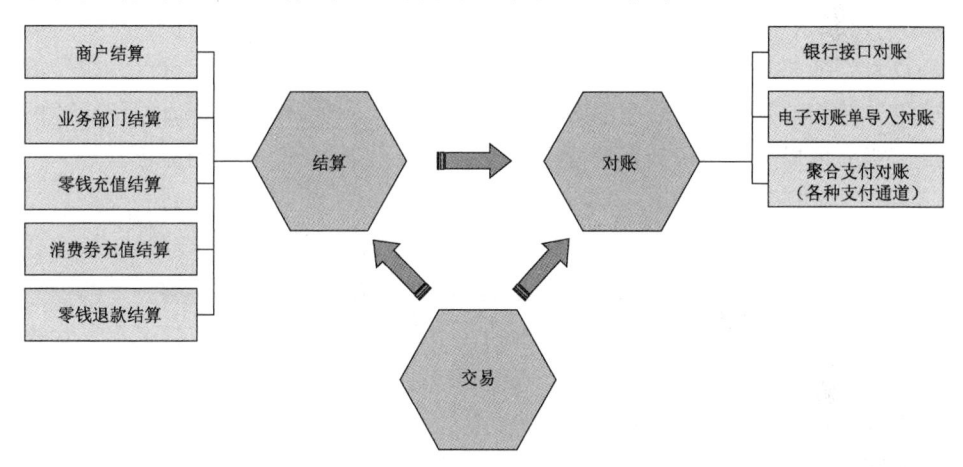

图 3-76　WeMust 财经服务平台「结算与对账」应用

在构建统一支付平台的基础上，WeMust 进一步为财务部门提供了一个集中的结算和对账窗口，所有交易数据都会被集中处理和审核，无论是学费、住宿费、赞助费等学生相关费用，还是科研项目资助、采购合同等业务部门相关的财务往来。财务部门可通过这个窗口，执行结算和对账工作，确保所有交易的准确性和合规性，提高了结算效率。

对于校园内的商户和业务部门，WeMust 系统提供了定期结算与对账功能，可以在既定时间点收到财务报表，清晰地了解自己的财务状况。这种透明度不仅有助于商户和业务部门更好地管理自己的现金流，还为大学的整体财务管理提供了清晰的财务画面。

在对外合作方面，WeMust 系统与合作银行及其他合作伙伴建立了结算与对账机制，使得高校财务管理的边界得以扩展。这种机制确保了资金流动的透明度和合规性，高校可通过系统实时监控资金的流入和流出情况，以及与合作方之间的应收款、应付款情况。这种实时的资金监控能力，让高校能够及时调整资金计划，有效管理流动性风险，增强了高校财务管理的灵活性和安全性。

结算和对账结果的反馈对于保持校园内外各方的财务透明度和信任至关重要。例如，学生通过支付平台向银行缴纳学费后，WeMust 系统可以自动更新学生的账户状态，并通过系统界面或通知方式告知学生其缴费已成功到账。这种及时反馈不仅增强了学生的支付体验，还减小了财务部门因缴费问题而需要处理的咨询量。对于科研资助资金的管理，当资金从外部资助机构流入高校时，财务人员能够确保这些资金及时准确地分配到相应的科研项目账户。科研人员和项目管理部门则可以通过系统收到资金到账通知，这样他们就可以立即开始或继续他们的研究工作，而不必担心资金问题。这种及时的资金流通和反馈机制，极大地提高了科研资金的使用效率，推动了科研活动的顺利进行。

3. 财经服务主要应用简介

〖账户管理〗主要包括个人账户、校方账户、商户账户、渠道账户、银行签约名单、参数设置等。财经服务平台的「个人账户」应用主要包括消费券发放和保证金管理。每次发放消费券，都需要形成教职员名单、学生名单，经核实后形成发放记录，按设定的发放时间"存入"个人钱包。「校方账户」又称大学业务账户，支持开户及停用、开启账户，并可设置结算周期。大学可以设置多个业务账户。「商户账户」可细分至门店，商户或门店账户都需要设置联系人、结算通知方式及结算周期。「渠道账户」针对银行的支付渠道进行管理。「银行签约名单」指个人为在大学采用银行卡支付或充值而与银行的签约，相关信息被保存在 WeMust 平台上。「参数设置」涉及充值渠道及手续费率、转账退款渠道及手续费率等。

〖采购管理〗主要包括采购项目立项（采购申请、工程申请）、采购项目执行、采购经费使用等。「采购申请」用于新建采购申请及查看申请状态。新建采购申请涉及申请部门、项目负责人、采购类别、物品名称、数量、型号规格、参考链接、图片、申请理由、预算规模、签批文件、收货等信息。「工程申请」主要面向装修、维修工程，新建工程申请涉及场所/房间、期望交付日期、预算、平面图、设备清单等信息。「采购项目执行」针对采购申请、工程申请，由采购归口部门拟定采购确认单，指定项目负责人，根据金额和类别对应审批流，并标记采购项目最终状态（完成/中止）。「采购经费使用」针对采购项目，向财务部门申请使用经费。

〖应收管理〗主要针对大学收费项目发出的账单、科研项目资助、学费、住宿费、培训费、赞助费、投资基金等，确保各项经费入账。财务授权人员可对指定项目进行应收管理，查看与项目相关的收费记录，并进行汇总统计。

〖应付管理〗主要对采购项目付款、教职员薪资发放、科研项目付款、专项退款申请、代收款支付、保证金退款、零钱退款、对外投资等进行管理。

〖结算与对账〗主要分为应收结算、应付结算、应收对账、应付对账。对账管理包括充值对账单、退款对账单、银行签约单等。「充值对账单」属于应收，针对可充值的渠道，分别形成专项对账单。「退款对账单」属于应付，针对可退款的渠道，分别形成专项对账单，包括离校退款和日常交易退款。结算管理用于大学各类业务账户结算，以及商户零钱结算、消费券结算等，可采取按月、按季、按年结算方式。「校方结算」主要是 WeMust 平台与大学核对各收费项目的金额，根据项目经费归属予以结清。「零钱结算」「消费券结算」主要是 WeMust 平台与商户核对钱包中的零钱或消费券交易金额，由大学向商户结清。

〖财务柜台〗专为大学综合服务中心的财务人工柜台设置，主要包括柜台充值、柜台退款、充值/退款查询、退款名单、待退款名单等。「柜台充值」专为财务柜台设置个人钱包充值功能，并支持导入包括名单和数额文件的充值批处理。「柜台退款」支持大学退款业务的集中办理，一般根据待退款名单、退款名单及用户提出的申请进行相应处理。「充值/退款查询」汇集用户的所有充值与退款交易。「退款名单」主要针对学生离校时的钱包和保证金退款等业务，由校方先形成退款名单及每人可退总额。学生需在指定日期范围内于线上提出退款申请或转线下申请，并指定退款渠道。「待退款名单」支持系统根据学生选择的退款渠道自动进行名单分类，按渠道依据的相关处理规则进行退款。

〖资产管理〗主要包括资产申请、资产登记/入库，资产折旧、资产追踪、资产剔旧、房屋管理、资产类别设置等。「资产登记/入库」按固定资产、楼栋/房屋、基础设施、无形资产、耗品等进行登记，基本数据纳入基础数据中心。从财经服务的角度，重点关注「资产折旧」「资产追踪」「资产剔旧」，资产的借用、领用、归还等服务分别由办公服务平台、生活服务平台提供。

3.4.10 大数据服务平台

WeMust 大数据服务平台主要面向全体师生、社会公众、主管部门、各学院、校领导提供所需要的服务。WeMust 遵循大学信息安全制度和数据管理与服务规范，全面构建多维度、多层级、跨系统数据仓库，推出嵌入式、集中式数据分析与预警服务，构建专业化数据分析平台，打造数据报表组群，实现数据定向报送，为大学决策提供支撑，驱动业务创新发展。

WeMust 大数据服务平台应用系统构成如图 3-77 所示（参见 3.4.10 节"4.大数据服务主要应用简介"）。

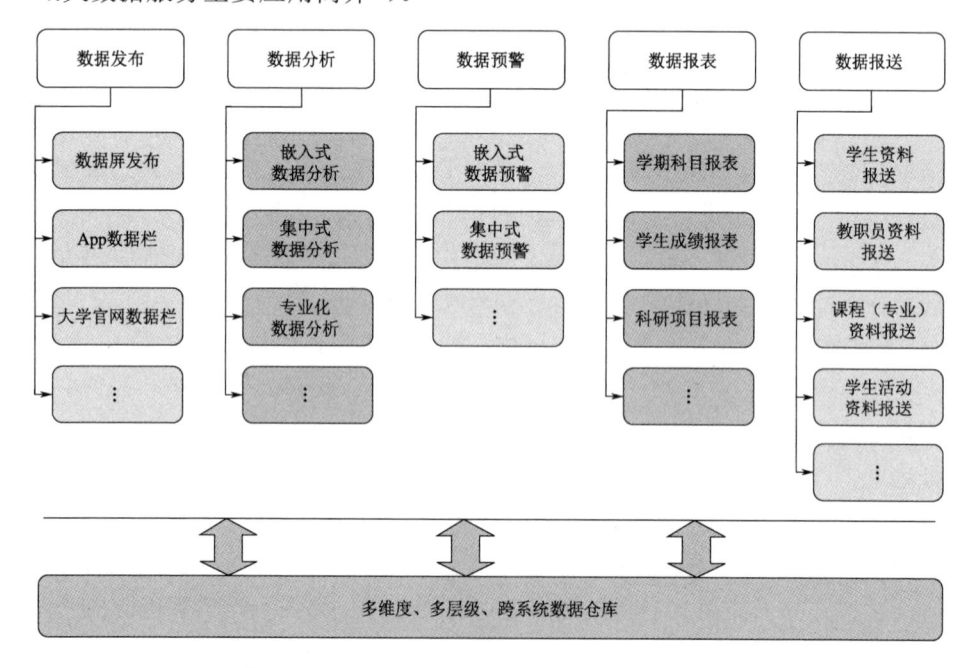

图 3-77　WeMust 大数据服务平台应用系统构成

1. 统一数据标准与建立数据仓库

数据是大学的重要资产，如何产生、保护与使用数据是智慧服务平台必须考虑的问题。WeMust 在构建基础数据中心的同时，致力于构建大学数据仓库，建立一系列数据规范，在控制数据质量的基础上，在各平台建设、重构、迁移过程中，持续推进数据治理，全方位积累大学发展的历史记录，让数据可知、可取、可控、可联。

WeMust 定时将各服务的数据抽取到数据仓库，并经清洗转换存储到多组数据库中。通过分层搭建隔离原始数据，把复杂问题简单化，让数据结构更清晰，让数据汇聚服务于各类应用。在整体架构上，WeMust 在原始数据层（ODS 层）存放原始数据，直接加载原始数据，保持原貌不做处理。明细数据层（DWD 层）结构和粒度与 ODS 层保持一致，并对数据进行清洗。数据汇总层（DWS 层）以 DWD 层为基础，进行轻度汇总，一般聚集到使用者当日、设备当日、商户当日、商品当日等。数据应用层（ADS 层）面向实际的数据需求，以 DWD 层或 DWS 层的数据为基础，组成各种统计报表，统计结果最终同步至关系型数据库服务（RDS）以供 BI 或应用系统查询使用。

WeMust 数据仓库存储了课程教学数据、论文指导数据、学生成绩数据、科研项目数据、学术成果数据等，可依托数据仓库建立完整的教研人员画像，全方位展示教研人员的贡献，为人才政策的制订和人才引进提供数据支撑；可依托数据仓库建立完整的学生画像，全方位了解学生的学习状况和成绩分布，为课程安排与教学优化提供数据支撑。

2. 嵌入式、集中式数据分析与预警

WeMust 采用嵌入式和集中式两种方式进行数据分析与预警。

嵌入式数据分析与预警和一项业务流程相关，一般在呈现业务数据的同时，呈现相关数据的分析结果，或者在其突出位置、以突出颜色发出警示。例如，在「迎新」应用的每个环节，都会向管理人员呈现该环节业务办理的总体情况分析数据，其中在体检环节，管理人员界面会同时呈现已预约人数和已体检人数等。人力资源服务的「休假概览」专设"假期使用情况"栏目，展示本人或下属人员剩余假期的总体情况，如图 3-78 所示。

WeMust 在人力资源服务平台的考勤管理应用组群中，专门设置「考勤异常月报」应用，汇集上班打卡异常情况、经常缺勤迟到的员工情况等，属于集中式预警应用，如图 3-79 所示。

3. 专业数据分析与统一报表服务

WeMust 将专业数据分析和统一报表服务进行有效结合，从而提高数据洞察力和决策效率。专业数据分析揭示了数据的深层次信息，统一报表服务则将这些信息以直观、易懂的方式呈现给决策者。专业数据分析从大量数据中

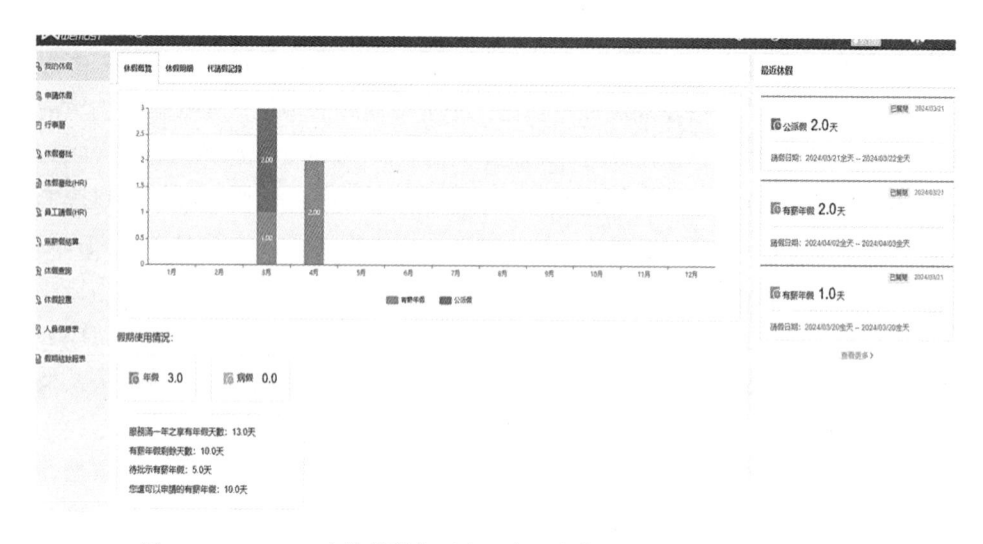

图 3-78　WeMust 大数据服务平台：嵌入式数据分析示例——休假概览

图 3-79　WeMust 人力资源服务平台：集中式预警示例——考勤异常月报

提取有价值的信息，不仅包括数据清洗和转换等基本处理，还包括更高级的预测建模、分类和聚类等处理。这些分析过程的完成需要采用专业的分析工具和技术，如 Excel、SQL、Kettle、Python、SPSS 等。统一报表服务的重点是将分散在各系统和平台上的数据集中起来，形成一个统一的视图，包括定期生成的报表、实时的仪表板，让用户可以轻松地访问和理解数据。WeMust 充分发挥不同平台的特点，追求实用，根据不同的使用场景，面向各学院、研究生院，以及教务、总务、人力资源、科研、图书馆等部门提供不同形式的报表服务。

在 WeMust 平台上，已使用 Qlik 建立了 436 种可视化报表，使用基于 SAP Crystal Reports 建立的 MUST Report System，已提供了 779 种工作报表。此外，使用 vue.js 开发了 Web 数据墙、数据专栏等应用，在公共场所、展厅、网站、App 展示可公开的数据。

WeMust 使用 Qlik 构建食堂消费分析可视化报表，如图 3-80 所示。图 3-80 呈现了所有商户订单的总体情况，以及日期、时段、餐厅、菜品等维度的分析数据。从图 3-80 中可以看出最受欢迎的菜品排行、每单平均消费、日均订单数量、预订的最早与最晚时间、一周订单走势、分时日均订单等。

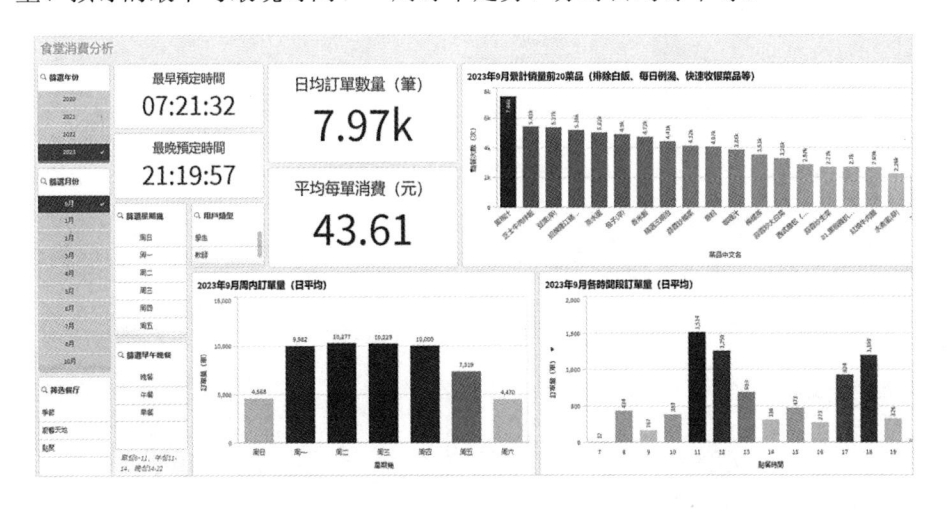

图 3-80　WeMust 使用 Qlik 构建食堂消费分析可视化报表

学生成绩表是使用较多的数据报表。WeMust 采用 SAP 水晶报表发布学生成绩表，如图 3-81 所示。学生成绩表为使用较多的表。在获取数据时，由于存在复杂的情况，系统也需要通过算法分析识别数据，指向学生最终的有效成绩。

针对 AI 客服，WeMust 自行开发了专门的可视化报表，如图 3-82 所示。图 3-82 呈现了 AI 客服的咨询量、时间段、咨询分类、AI 解答率、AI 平均解答时间等分析数据。从图中可以看出 AI 解答率达到 72%、AI 平均解答时间为 71 秒，AI 客服已成为线上客服的主要力量。

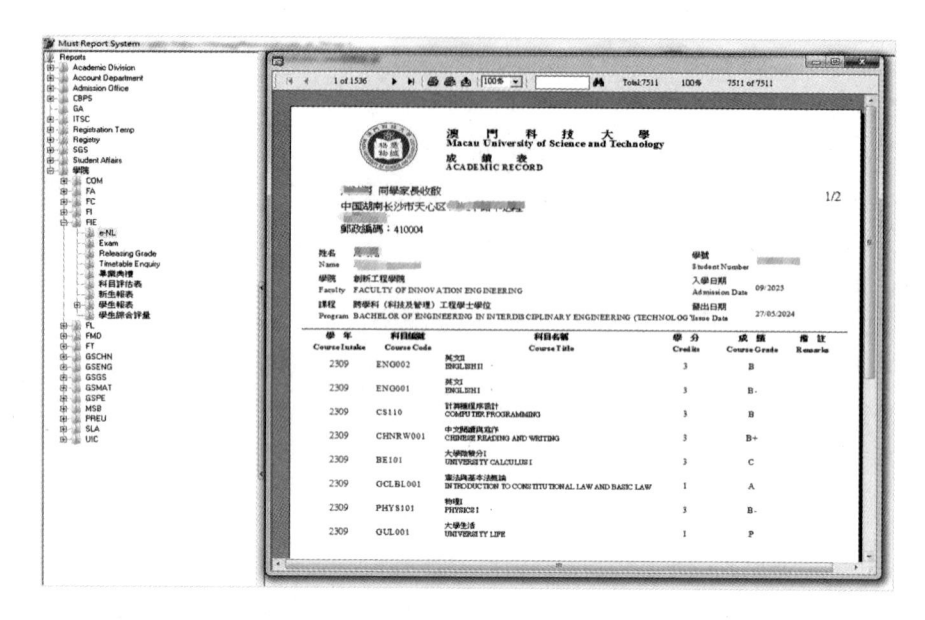

图 3-81　WeMust 大数据服务平台：SAP 水晶报表示例——学生成绩表

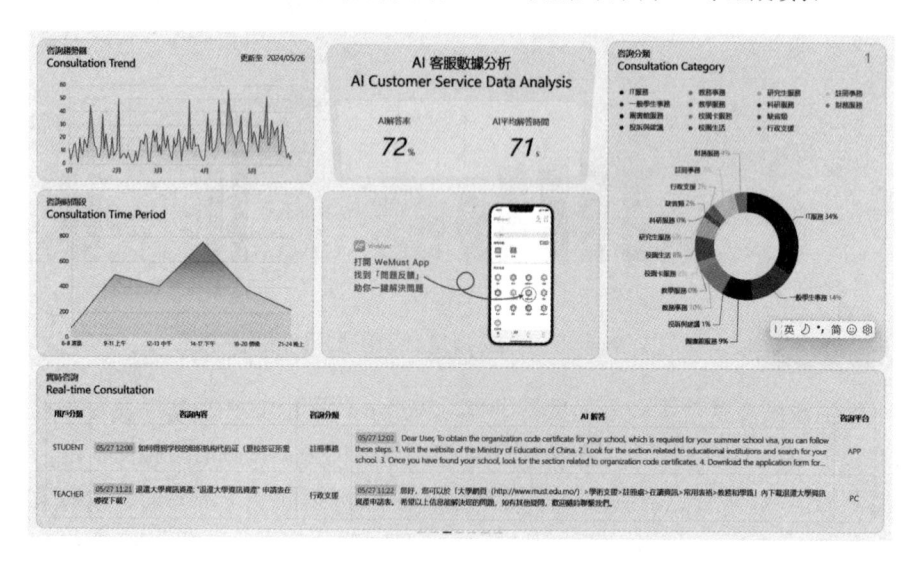

图 3-82　WeMust 大数据服务平台：自行开发的可视化报表示例——AI 客服

实现专业数据分析与统一报表服务的结合，关键在于数据流的设计和管理。数据需要从原始的数据源流向分析引擎，再从分析引擎流向报表系统。在这个过程中，数据的格式和结构可能需要转换，以适应不同系统的需求。例如，原始的日志数据需要通过日志聚合工具（如 Logstash）进行处理，然后通过消息队列（如 Apache Kafka）传给数据分析引擎，最终结果再通过 API 或直接数据库连接传给报表系统。

在实际操作中，WeMust 还特别重视数据的安全性和隐私保护，制定了严格的数据治理政策，确保数据在整个流程中的安全和合规。

4. 大数据服务主要应用简介

〖数据仓库〗，WeMust 按照一定的频率对生产数据进行抽取、清洗加工并汇集到数据仓库，采取多维度、多层级、跨系统组织方式，是大数据服务的基础。

〖数据发布〗主要包括数据屏发布、App 数据栏、大学官网数据栏等。「数据屏发布」即电子公告板发布，依托数据屏统一发布系统或自行搭建的统一发布页面，面向一组数据屏，定期按要求统一发布系统静态数据与动态数据。WeMust App 和大学官网都设有数据专栏。

〖数据分析〗采用嵌入式和集中式两种方式。嵌入式数据分析指 WeMust 各应用在呈现应用过程中出现的业务数据的同时，呈现相关数据的分析结果，帮助用户掌握整体情况，即将数据分析作为基本板块嵌入各应用。

〖数据预警〗与数据分析类似，也采用嵌入式和集中式两种方式。WeMust 在很多应用中，都将数据预警嵌入应用界面，以突出的位置和颜色发出警示，或者专设一组应用实现预警。

〖数据报表〗是数据统计分析的基本应用。WeMust 根据业务需求，编制了一系列常用报表模板，根据权限设置为不同部门、不同用户提供相应的数据报表。

〖数据报送〗指提供数据给大学的主管机构，按主管机构的数据格式与数据内容要求进行报送。WeMust 支持 Excel、JSON 等多种格式，可输出大学课程数据、学生数据、人员数据、学术活动数据、实习数据等，可选择全面数据更新报送和新增数据等多种报送方式。

第 4 章

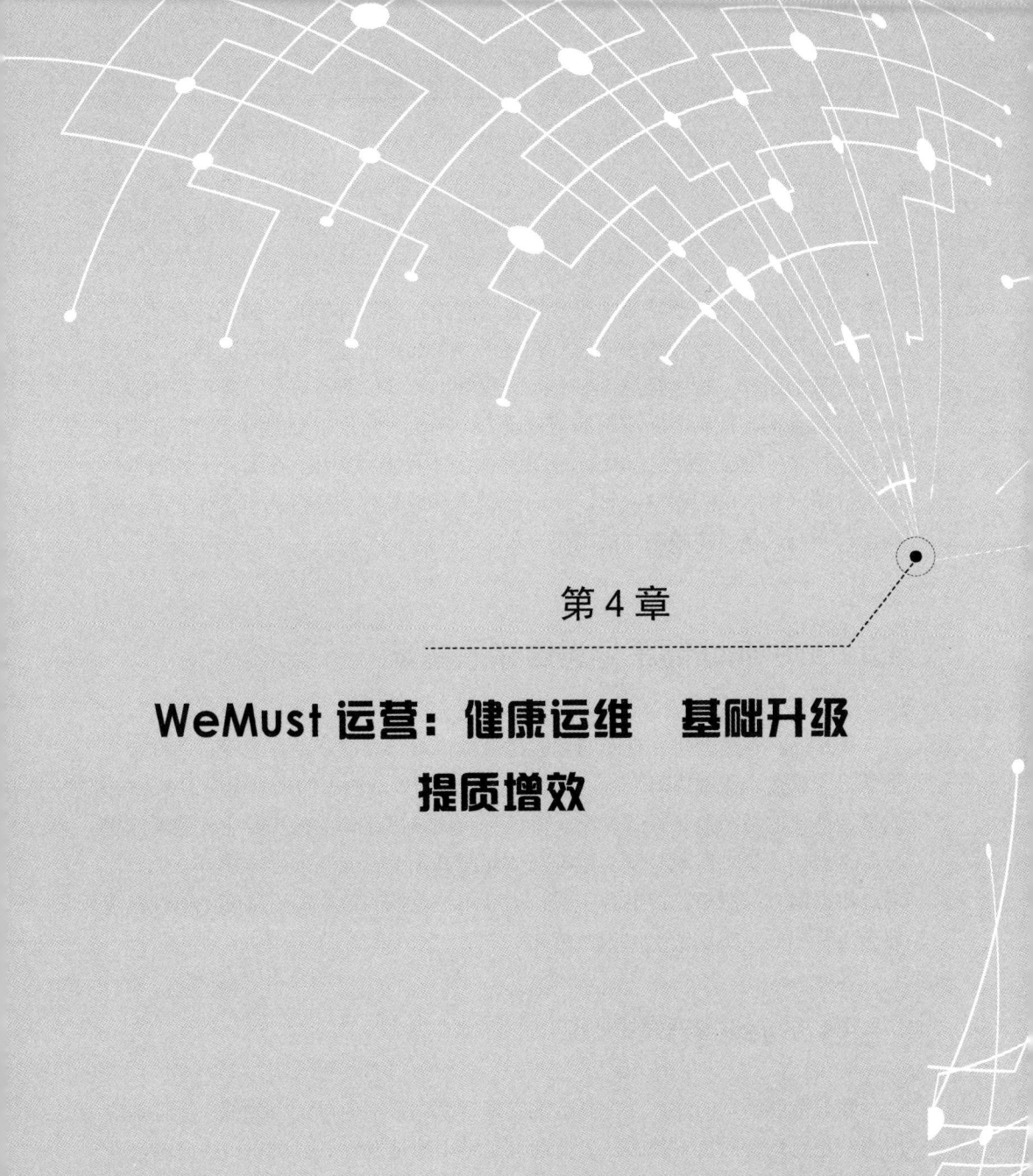

WeMust 运营：健康运维　基础升级
提质增效

澳门科技大学在智慧服务平台建设过程中，遵循 WeMust 健康运营理念，围绕平台同步推进运营体系建设，在服务 WeMust 快速应用部署的同时，采取科学有效的路径，持续推进 WeMust 运营管理模式的数智转型，实现基础设施的升级与重构，控制不断增长的运营压力，确保了整个平台的稳定性、安全性和高效性。在运营过程中，WeMust 智慧服务平台能力突出，在提升工作效率、助力改革创新、助力科学决策、助力产学研落地等方面取得了一系列成果，成为澳门科技大学发展战略中的重要一翼。

4.1 WeMust 健康化运维体系建设

WeMust 专注于建立全面的健康化运维体系，涵盖开发、运营、生产和安全等多个维度，通过协同工作，形成高度可用和效能突出的产品生态。WeMust 通过智能化服务和监管模式转型，确保平台的健康运行；依托专业软件组织交付、部署、变更，实现开发与运维一体化；基于 Elastic Stack 构建日志中心，通过数据治理与服务监控融合实践，提升运维监控的效率和精确度；通过构建安全运营中心，实现安全治理系统化。

4.1.1 运维管理模式转型

随着数智转型的深入，提升运维管理智慧化水平变得尤为关键。运维是应用系统稳定运行的重要基础，需要通过运维不断地发现、解决和预防问题，从而推动应用系统的健康发展。对于持续增长和不断完善的应用系统，其创建、维护和演进涉及众多人员和管理问题，需要考虑对需求变更的精准理解、系统实施的复杂度、应用系统的设备配置、网络传输效率影响、数据安全等多方面因素，这些都需要运维管理模式的有力支持。

1. 科学运维确保平台健康运行

WeMust 通过广泛的数据采集、处理和分析，快速识别系统运行中的关键指标和告警，形成可视化监控，并输出报告，以便快速进行异常检测和问题预测，不断强化科学运维。

目前，高校普遍采用的监控工具往往只提供静态和宏观的阈值设定，缺乏预测能力，精确度不够。科学地规划和定义关键绩效指标（KPI）对于监控设备负载、网络状态和应用系统状况至关重要。WeMust 构建智慧运维平台，及时汇集相关数据，并依据较为全面、精准的 KPI 实施预警，涵盖应用系统从计划、生产到部署运营的全流程管理，全面管理各种设备和软件的变更，规范各角色的权限和操作，确保各环节数据的有效记录、共享和可追溯。

2. 基于数据的运维管理决策

高效的监控运维离不开全面且精确的数据支持和系统化的数据治理。WeMust 依据不同应用系统的访问模式精心分析服务器配置的共性，全面定义了一套监控指标体系，并主动收集这些指标，确保运维数据的规范化和广泛覆盖。

在实践中，WeMust 将数据治理的原则和方法融入软件开发和集成过程。通过对所有请求和响应的状态数据进行详尽的记录和分析，WeMust 能够从微观层面识别并标记潜在的问题点，尤其是那些对系统稳定性和性能影响重大的关键问题点。细粒度、全覆盖的数据标记，保障了运维监控数据的质量和完整性，强化了建设与运维技术的协同，为数据驱动决策提供了有力支撑，为整个平台的可持续健康发展奠定了坚实基础。

3. 端到端智能感知关联分析

WeMust 智慧运维平台利用感知技术对设备和网络、应用系统日志等关键信息进行实时监控，通过设置预警阈值，能够在问题初现时发出预警。WeMust 结合业务流程，通过智能算法建立问题与潜在原因之间的关联，可实现智能溯源，使运维人员能够快速判断、定位故障源头，保障业务运行的高效性和连续性，显著缩短故障排查时间，有效降低运维对人力资源的依赖。

通过这种依托感知关联的智能溯源方法，WeMust 不断推进故障的自我诊断和自动修复。

4.1.2 开发运维一体化

开发运维一体化（DevOps）是现代软件开发和运维管理的关键理念，旨在通过一系列实践和对工具的应用，实现更快速、更高效的软件交付和部署。在这一框架下，WeMust 采用 GitLab 作为核心工具，以促进代码编写、持续集成（CI）、持续交付（CD）、持续部署和运维的无缝衔接。WeMust 开发运维一体化工作流程如图 4-1 所示。

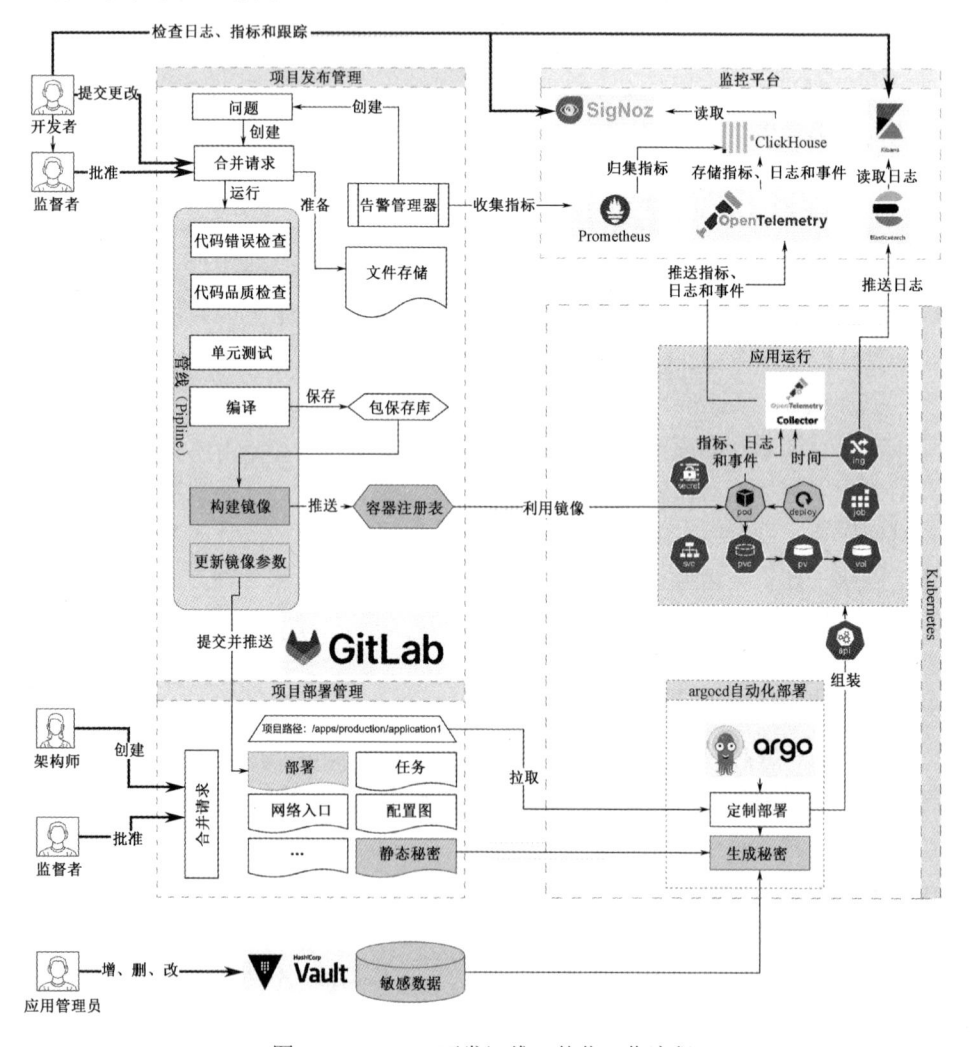

图 4-1　WeMust 开发运维一体化工作流程

通过 GitLab，WeMust 平台的开发团队得以进行有效的版本控制和协作。GitLab 的合并请求（Merge Requests）功能支持代码审查和团队内部的质量保障。同时，项目管理工具（如看板和议题跟踪系统）优化了里程碑、问题追踪和特性分支管理，支持敏捷开发流程。

GitLab CI/CD 的集成进一步自动化了构建和测试流程，使得每次代码提交都能触发相应的自动化检测，以确保代码的可靠性和稳定性。在软件部署前，WeMust 平台在 GitLab 配置的测试环境中进行了广泛的自动化测试，以验证核心业务和基础功能的稳定性。在软件部署后，自动测试验证部署效果，同时 GitLab 的环境监控和 Review Apps 功能提供实时预览环境功能，以评估变更的影响。

WeMust 允许实时监控部署过程中的情况，并在必要时轻松回滚更改。此外，GitLab 为变更管理提供了全面的版本控制和追溯机制，确保变更满足需求，并保持业务一致性。

在 WeMust 平台中，代码和架构的每个微服务都必须通过完全自动化的流程进行管理，以确保系统功能的正确实现和高安全性。人为交互被限制在通过 GitLab 对项目文件的受控修改方面，以及通过安全数据库 Vault 进行版本控制和审计日志记录。

为了实现角色分离、部署和可扩展，WeMust 在 GitLab 中组织了适当的工作区，以收集与架构相关的文档、代码、编码和部署过程。应用程序被组织为不同的组和项目，包括"apps"和"config"组，以及"architecture""registry"和"documentation"项目。

通过使用专业工具 Kustomize 和 Helm 等，WeMust 定义了可重用的架构元素，并通过 ArgoCD 进行管理，以便在目标集群中部署和监控。GitLab 负责通过电子邮件通知项目成员相关事件和活动，以确保能进行及时沟通和文档审查。

4.1.3 运维监管数字化

WeMust 建立日志中心（Logcenter），利用 Elastic Stack 技术，对大量分散的各类关键数据进行全面的收集、存储、分析和监控，提高了问题发现与解决的速度。Logcenter 不仅涵盖网络设备和应用服务器的操作日志，还包括对用户终端操作的行为记录，为系统的稳定运行和安全防护提供了坚实的数据支撑。

1. Logcenter 总体架构

Logcenter 是一个全面的日志管理系统，包含了日志的收集、存储、查询、分析、可视化及警报等多个关键模块，其总体架构如图 4-2 所示。Logcenter 旨在通过高效的日志处理流程，确保从用户活动到系统操作的每项数据都能被准确记录和及时分析。Logcenter 日志聚合采取了两种主要模式：一是基于代理的模式，使用 Elastic agent 进行日志收集；二是非代理模式，主要依靠 Beats 捕获日志数据。

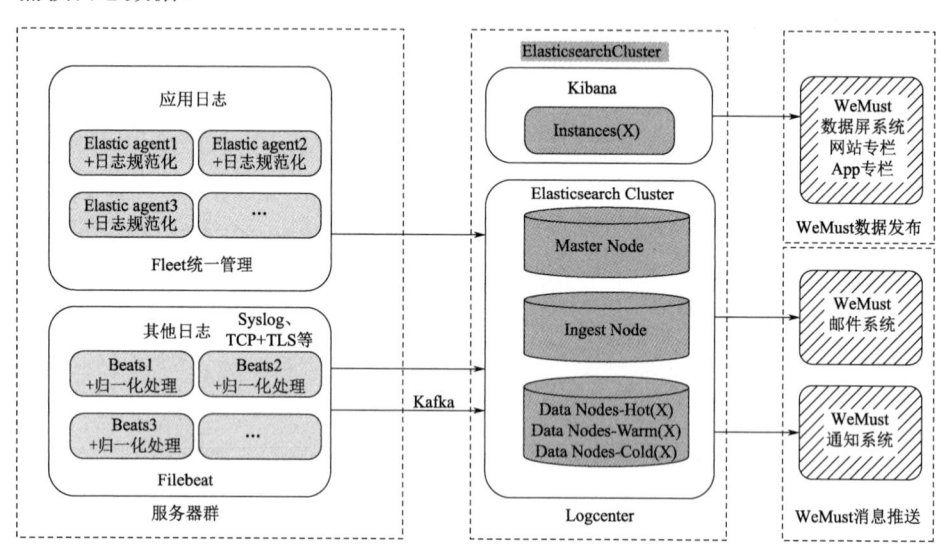

图 4-2　WeMust Logcenter 总体架构

2. 多维度日志聚合实现

Logcenter 采用了多维度的日志聚合机制，确保了从应用层到网络层的全面日志覆盖，主要包括以下 3 个方面。

1）应用系统日志全面聚合

通过在 WeMust 应用服务器上部署 Elastic agent，可以实现对日志和指标数据的集中收集。这些代理由 Fleet 统一管理，将数据直接发送至 Elasticsearch 集群。WeMust 应用日志源不仅包括 Tomcat 的 Catalina 日志、Nginx 的 Access 日志、Error 日志，以及自定义的从实际需求出发的更为详细的日志，还包括 Nodejs、Java 程序、Mariadb、MySQL、Redis、RabbitMQ 等日志。WeMust 应用日志主要包括登录日志和操作日志。登录日志记录用户操作的地址、操作系统及版本、登录终端、登录时间、登录状态等。操作日志记录用户操作涉及的应用名称、菜单名称、动作名称、请求方式、路径,以及用户操作的地址、时间等。WeMust 应用日志设计遵循严格的规范,以确保满足高标准的问题排查和分析需求,为运维团队提供了丰富的数据源,以便快速定位和解决问题。WeMust 应用每日产生的日志量约为 100GB。通过事件 ID 和用户名可串联多个服务的日志,查询操作执行时间或某段时间内的操作行为,快速定位用户是否执行操作或何时执行操作。

2)网络设备日志精确捕捉

对于无法安装代理的硬件设备,如交换机、路由器和防火墙,Logcenter 利用 Beats 作为补充手段来收集数据。通过部署 Syslog 服务器和 Filebeat,系统能够接收来自这些网络设备的日志信息,并对其进行初步处理。处理后的数据带有必要的标记和字段,随后被发送到 Elasticsearch 集群进行进一步的分析和存储。防火墙和路由器每日产生的日志数量达到 7 亿条以上,超过 200GB,为分析流量行为和保障网络安全提供了数据基础。核心交换机牵动整个校园网,Logcenter 收集核心交换机日志及系统指标并创建对应的检测和告警规则,以巩固网络安全。此外,针对 Trend Micro Email Security 和 Microsoft 365 等公网服务,使用 TCP+TLS 协议发送至 Syslog 服务器或使用 Filebeat 通过 API 方式拉取日志。

3)消息队列确保日志收集

Logcenter 引入 Kafka 消息队列来提高日志数据收集加工处理的可靠性。特别是在日志量剧增时,消息队列能够有效地平衡网络负载,并降低数据丢失的风险。日志收集端(Filebeat 和 Elastic agent)将日志推送至 Kafka 集群,再由另外一组 Filebeat 作为消费者从 Kafka 中按自身负载能力读取数据,然后发往 Elasticsearch 集群进行最终处理及存储。消费者 Filebeat 会衡量本机负载,因此当日志量剧增时不会造成 Filebeat 本机过载。如果消费者 Filebeat 出现异常甚至宕机,重启服务后仍能继续读取数据,可以确保不会造成数据丢失。此外,Kafka 还被用作其他冷备份方案的中介,另外一组消费者 Filebeat 从 Kafka 中读取数据,然后将其写入文件并进行压缩处理。

3. 毫秒级日志搜索引擎

WeMust 智慧运维平台采用 Elasticsearch 构建日志搜索引擎。通过精细的配置,实现了对日志信息的快速定位和高效分析,使得跨源数据关联和事件挖掘变得简单且直观。

Elasticsearch Cluster 分为 Master、Ingest、Hot、Warm 和 Cold 共 5 种角色，底层数据存储采用冷热分离的形式和快照管理方式，既提高了资源利用率，又提高了数据可用性。Master 节点主要用于协调、维护整个集群的运行；Ingest 节点主要用于在索引写入之前应用 Ingest pipeline 处理数据及转换和丰富数据；Hot、Warm 和 Cold 都属于数据节点，执行增删改查、搜索和数据聚合等操作，分层存储管理热、温、冷数据。通过分层的节点架构，配合冷热数据分离技术，不但优化了数据的存取速度，而且有效管理了长期存储的成本和性能。

系统的弹性架构还包括定期的数据快照备份，这些备份被安全地存储在外部系统中，并且按照法规要求保留至少 6 个月。这一措施不仅确保了数据的持久性和可恢复性，还为数据的完整性和合规性提供了保障。

当 WeMust 平台出现问题或需要进行性能分析时，运维团队可以依靠日志中心的高效检索功能，快速追踪问题的根源。日志中心的高级查询能力使得运维人员能够在复杂的数据海洋中找到关键信息，为问题的解决提供决定性线索。这种集中化的日志管理和智能分析机制，不仅提高了 WeMust 的运维效率，还为确保平台的稳定和安全运行提供了坚实的技术支持。

4. 动态日志可视化监控

Logcenter 通过 Kibana 实现了日志数据的动态可视化，提供了一个直观的交互式用户界面，使运维团队能够实时监控系统状态并迅速响应问题。Kibana 的多样化图表工具和定制化仪表盘允许用户创建从简单到复杂的数据展示形式，包括图形、表格、地图和各种度量指标，支持对数据进行深度挖掘并执行复杂的查询操作。用户可根据需要定制视图，关注特定的事件类型或数据模式，从而全面掌握系统的健康状况和安全风险。通过对比重要指标可清晰地看出哪些主机的负载较大，哪些请求随时间推移的变化量较大，以此关注某些主机是否需要优化。

Logcenter 对每个主机的各项详细指标进行全面监测，包括 CPU 利用率、内存使用率、网络进出站流量、硬盘使用率、各进程负载占比等。通过面板得知主机的总体运行情况，如果出现不符合预期的情况便可进行分析排查，例如，某块硬盘的数据异常情况增加，使用率急剧上升，该问题可以被提早发现并解决，避免硬盘爆满。各主机指标监测面板如图 4-3 所示。单主机详细指标监测面板如图 4-4 所示。

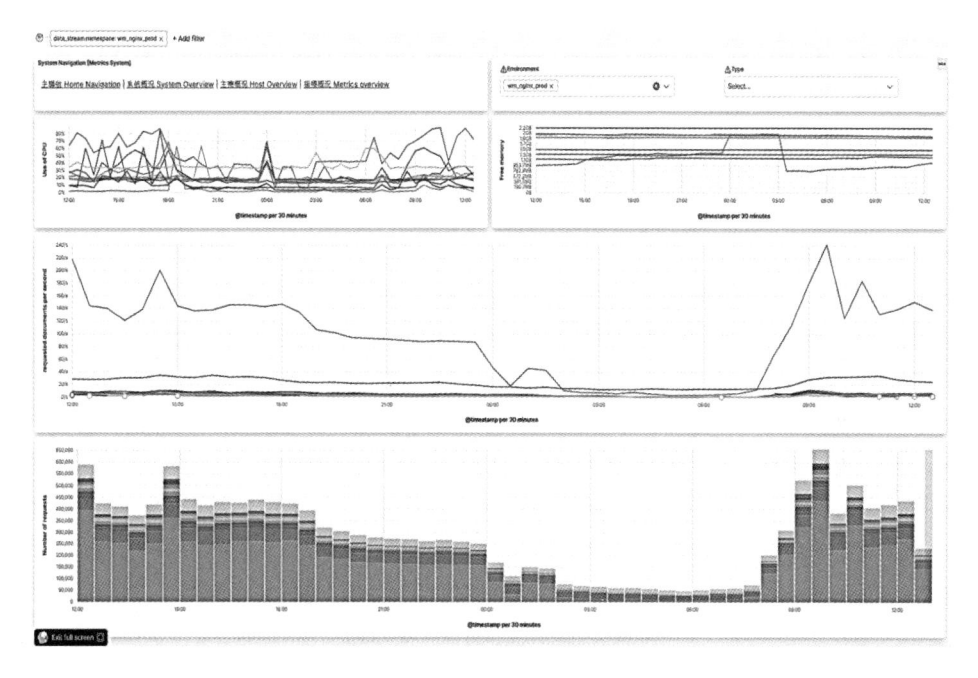

图 4-3　各主机指标监测面板

图 4-4　单主机详细指标监测面板

Logcenter 建立 Nginx 服务监测面板，根据日志告警等级筛选日志信息，找出报错原因，并且联动警报系统通知运维团队。监测分析范围既包括服务端的日志信息，也包括用户端的操作信息。Nginx 报错日志分析如图 4-5 所示。

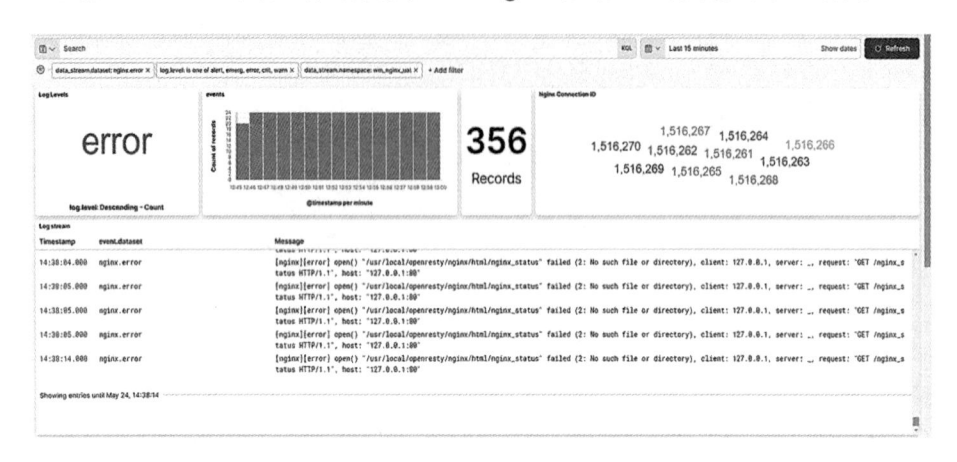

图 4-5　Nginx 报错日志分析

Logcenter 监测每个网站服务的运行情况，统计用户数量、网页回应代码及学生和非学生群体在各时间段的使用情况。网站服务器监测面板如图 4-6 所示。

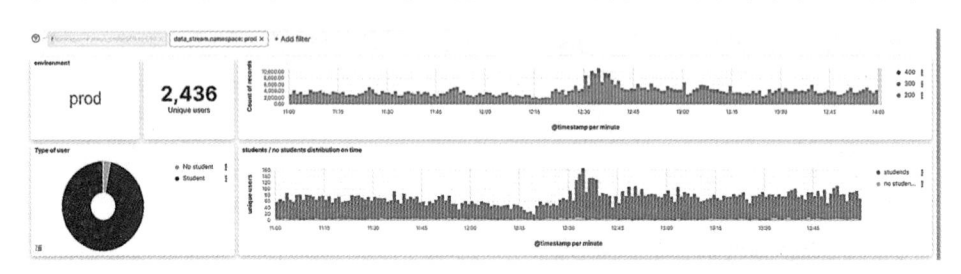

图 4-6　网站服务器监测面板

5. 快速纠错与系统优化

Logcenter 不仅关注日志数据的收集和展示，还强调在数据分析基础上的快速问题解决和持续系统优化。通过设定多维度的监控阈值，日志中心能够对潜在的异常状况进行预警，实现对关键指标（如错误率、流量波动、配置变更和安全扫描等）的实时监控。

1）敏捷的异常检测

Logcenter 内置的智能警报系统可根据预设规则对异常模式进行实时检测，

一旦发现异常，就通过 WeMust 消息推送平台通知相关负责人。这种即时的响应机制大幅缩短了问题识别和解决的时间，提高了系统的整体稳定性。

例如，通过日志异常流量检测，WeMust 曾多次识别出大量非法流量，触发了异常告警机制，系统主动通知相关负责人，串联 Nginx、AD 服务器、DHCP 服务器及交换机等日志，迅速定位来源设备的物理位置，精准实施网络阻断。WeMust 曾遭受多次 DDOS 攻击，这种攻击容易导致大面积服务瘫痪。通过 Logcenter 实时监测网络流量，能够从流量类型、流量走向等维度检测网络攻击行为，如果确定为网络攻击行为则发送警报，为最快速度掐断网络连接、避免形成灾难性故障提供重要条件。

2）结合 DevOps 快速纠错

Logcenter 的深度整合使其成为 WeMust 研发、测试、部署的重要组成工具。开发团队可以利用日志数据在运营中快速发现和解决问题，提高产品的质量和可靠性。

例如，在分析生产应用程序日志时，WeMust 发现用户在上传文件至 WeMust 时遇到问题，日志显示尝试上传大于 2MB 文件的用户收到负载均衡器的错误代码 413。此问题表明请求大小超出了负载均衡器配置的最大允许值，尽管应用程序设计允许上传最大 20MB 的文件。系统管理员对此进行了响应，创建了新分支以管理负载均衡器状态，修改了 Nginx 服务的配置文件，允许用户上传应用程序配置的最大文件。通过 Gitlab 的持续集成/持续部署（CI/CD）管道，进行了代码提交和请求合并，确保了修改的安全性和正确性。这种实践不仅确保了问题的及时解决，还允许对整个负载均衡器架构进行详尽监控，知悉每次配置变更的细节，确保现有的 150 多台服务器的负载均衡器集群的稳定运行。在 DevOps 模式下使用 Logcenter 快速纠错流程如图 4-7 所示。

3）集成 APM 优化系统性能

Logcenter 的分析工具不仅监控应用层面的业务操作，还深入数据库访问和中间件调用等更深层面。采用集成 APM（Application Performance Monitoring）解决方案，通过记录和分析每个操作的时间点、执行路径和耗时，WeMust 能够对系统架构、应用程序逻辑、数据库查询和资源分配等多个方面进行细致的性能评估和优化，找出系统瓶颈，针对用户体验过程中的性能下降问题设置告警，衡量最新版本的影响，从而提高整个平台的运行效率和成本效益。

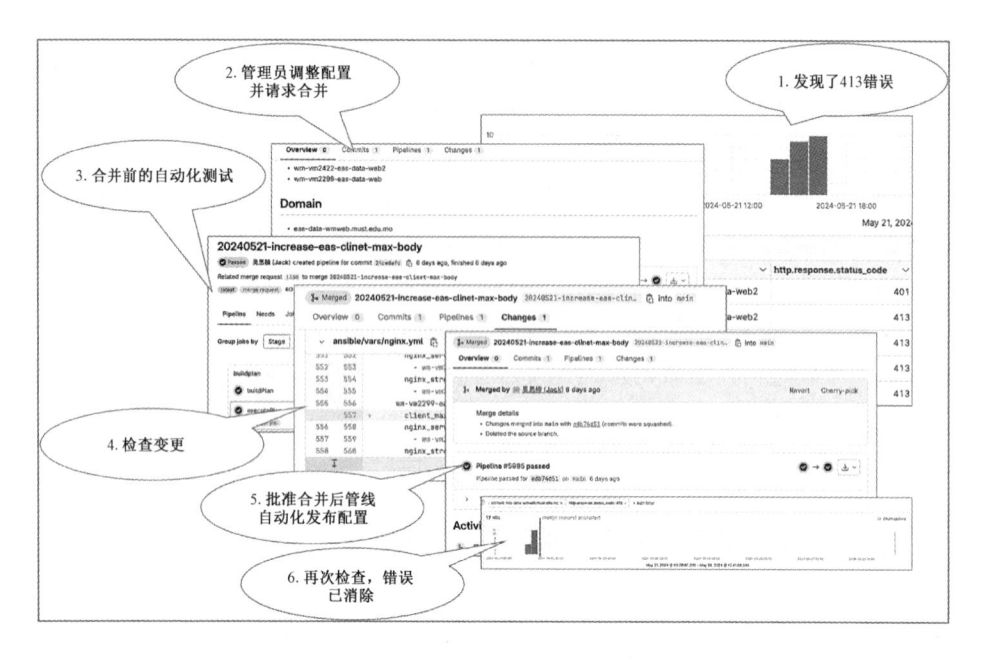

图 4-7　在 DevOps 模式下使用 Logcenter 快速纠错流程

综上所述，WeMust Logcenter 不仅是强大的监控和分析工具，还是提升运维质量、加速开发流程和优化系统性能的关键支持系统。这些能力的整合为 WeMust 的稳定运行和长期发展提供了坚实的技术基础和数据支撑。

4.1.4　安全治理系统化

《大数据产业发展规划（2016—2020 年）》（工信部规[2016]412 号）将"安全规范"作为发展原则之一，提出"安全是发展的前提，发展是安全的保障，坚持发展与安全并重，增强信息安全技术保障能力，建立健全安全防护体系，保障信息安全和个人隐私。加强行业自律，完善行业监管，促进数据资源有序流动与规范利用"。

随着国家大数据战略和《网络安全法》（澳门特别行政区第 13/2019 号法律）的实施，信息与网络安全成为智慧服务平台建设的重要组成部分，涉及智慧服务平台安全管理体系、智慧服务平台安全技术防护体系、智慧服务平台安全运维体系。其中，智慧服务平台安全技术防护体系又包含物理安全、网络安全、主机安全、应用安全和数据安全等。大学通过建立统一的安全运营管理平台，即澳门科技大学安全运营中心（Security Operations Center，SOC），来改进安全管理方式，提高安全管理效率。

1. 安全运营中心构成

SOC 总体上由主站、资产与漏洞管理子站、安全运维子站组成，涵盖信息系统管理、安全事件管理、变更管理、IT 资产管理、漏洞管理、安全区域运维管理、机房运维管理、高级别系统安全运维管理等。安全运营中心构成如图 4-8 所示。

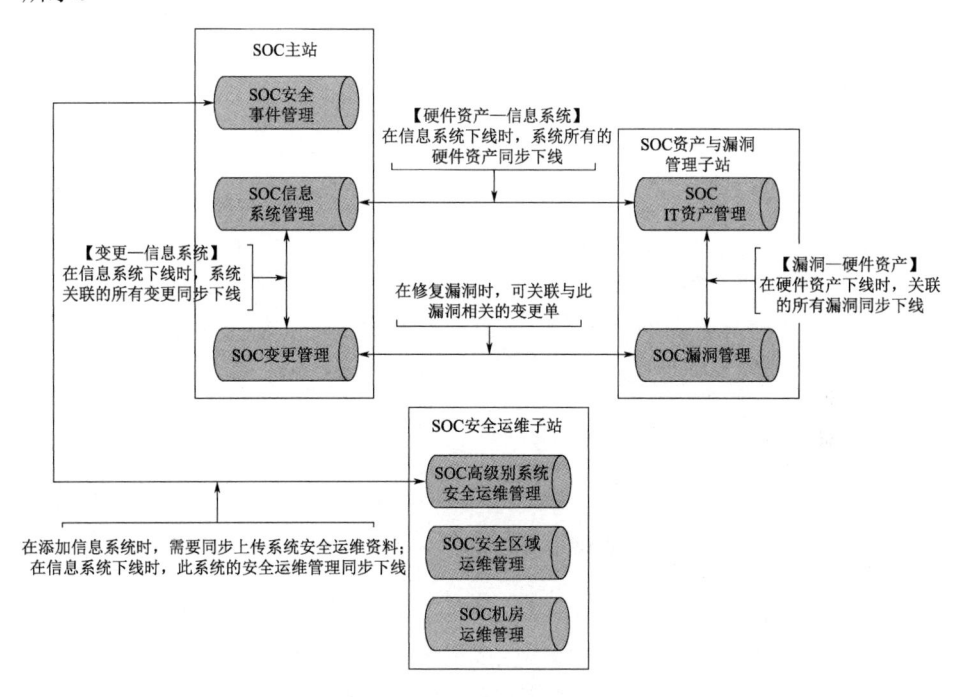

图 4-8　安全运营中心构成

SOC 采用 SharePoint 集成了大学安全运营方面的各系统，为安全运营工作提供了统一入口，安全运营中心主页面如图 4-9 所示。

2. 资产分类分级管理

IT 资产是整个大学信息系统的基础设施。为保证 WeMust 及各类系统的安全稳定运行，必须将所有 IT 资产纳入统一管控，包括分散在各处的各类服务器、工作站、网络设备、移动设备等。根据 WeMust 运维规范，运维团队需要管理 IT 资产的整个生命周期（从采购、部署、维护到报废），需要记录和管理 IT 资产的配置，包括硬件规格、固件版本、安装的软件等，也需要监控 IT 资产的安全状态，确保设备符合安全标准和政策，及时处理安全漏洞和威胁，同时生成各种报表，提供资产使用情况、库存状态、维护记录等信息。

图 4-9　安全运营中心主页面

安全运营中心的 IT 资产管理模块（如图 4-10 所示）主要以 IP 为标识对大学 IT 资产及环境进行分类、分级，生成资产的唯一识别码并将责任分配到人，让所有 IT 资产可知、可控。SOC 目前标记的 IT 资产总量达到 1000 个以上，超过 80%为服务器，其中与 WeMust 相关的超过 50%，且该值仍在变大。被记录的 IT 资产通常关联信息系统管理模块，信息系统管理必须与 IT 资产管理同步，IT 资产管理下线必须考虑所运行的信息系统，信息系统上线所选择的硬件必须满足其环境要求，且应属于正常可用的硬件资源。

3. 信息系统全面统管

ITDO 负责的所有系统都纳入 SOC 信息系统管理模块，并上传与该系统相关的安全运维文件。当信息系统上线、变更或下线时，SOC 内与该信息系统相关的资源会同步变化。

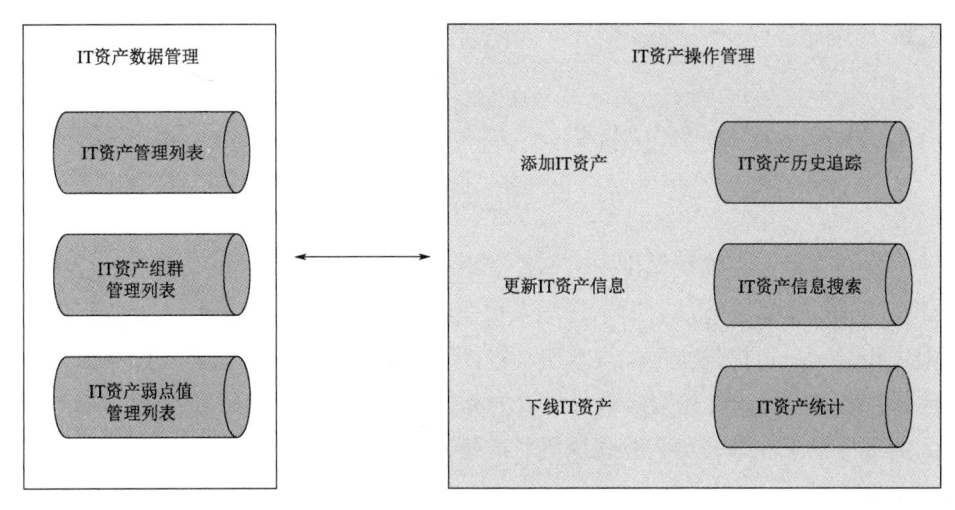

```
IT资产数据管理
    IT资产管理列表
    IT资产组群管理列表
    IT资产弱点值管理列表

IT资产操作管理
    添加IT资产        IT资产历史追踪
    更新IT资产信息     IT资产信息搜索
    下线IT资产        IT资产统计
```

图 4-10 安全运营中心的 IT 资产管理模块

在新的信息系统上线后，可产生该系统的数据，并上传归属该系统的 IT 资产及该系统的安全运维文件。应为每个信息系统指定负责人，当系统负责人变更时，所有归属该系统的资源负责人会同步变更。在系统下线后，与该系统相关的未完成的变更、与该系统相关的 IT 资产、与这些 IT 资产相关的系统漏洞，以及与该系统相关的安全运维文档等会同步下线。

4. 安全事件责任到人

根据网络安全规则要求，在各渠道产生安全事件（如监管机构发布的安全预警、内部安全事件、内部系统扫描检测及第三方机构发布的安全预警）后，安全运维管理人员需要进行安全事件登记，创建对应的安全事件管理单，对安全事件进行现象描述、初步分析、分类及分级；在分级后，令相关负责人制定和执行响应计划，采取措施遏制、缓解和解决安全事件，防止出现进一步损害；在事件响应完成后，详细记录安全事件的处理过程和结果，并生成报告，以供管理人员和相关部门参考。安全事件管理流程如图 4-11 所示。

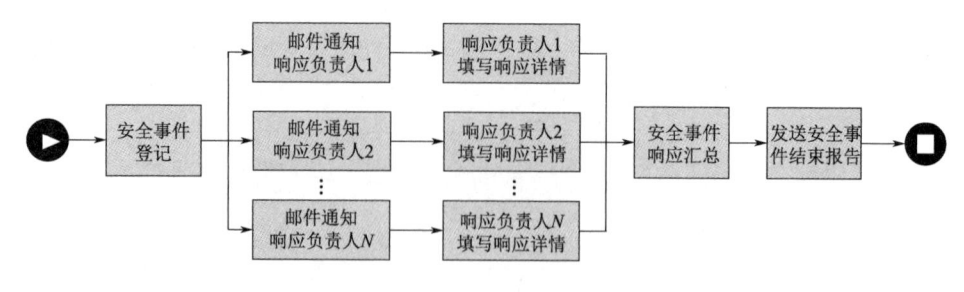

图 4-11 安全事件管理流程

安全事件管理模块提供安全事件管理单的创建、分发、处理响应、汇总统计及超时提醒等功能，有助于运维人员快速识别和定位相应事件，减小潜在的损失和影响；可提供全面的安全事件视图，帮助团队更好地理解和管理安全风险，并根据事件的优先级合理分配人力和技术资源，提高 SOC 的整体效率；详细的事件记录和报告可为管理层提供准确的数据支持，帮助团队制定更有效的安全策略。

5. 变更全程精细管控

根据网络安全要求，任何形式的变更都需要经过评估和审批才可以实施。由于投入开发和运维的各类系统较多，随着业务的发展，变更是不可避免的，为不断满足发展需要，同时持续增强系统的稳定性、安全性，需要对各类系统进行大量的变更操作，包括服务器变更、网络设备变更、系统环境变更、软件变更等，这些变更操作会对 WeMust 的稳定运行产生直接影响。SOC 变更管理流程如图 4-12 所示。变更人员在进行变更之前必须创建相应的变更单，详细阐述变更的理由、变更类型、变更过程、变更操作时间、预期的变更结果及变更失败后的应急方案，并提交技术经理、风险评估人员、部门经理、变更管理小组审核，同时需要由测试人员指定该变更的测试计划与流程，在变更完成后，变更人员需要更新该变更是否成功的相关信息。

变更管理模块提供变更单的创建、审批、实施、汇总统计、超时提醒等功能，通过严格的变更控制和管理，确保所有变更过程经过安全评估和批准，防止引入新的安全漏洞或风险，并减少由变更导致的系统故障和服务中断。通过计划和调度变更，优化资源分配和使用，提高实施效率。变更管理模块详细记录每个变更过程及相关文档，提高透明度和可追溯性，便于进行审计和问题追踪。对变更过程的监控和回顾，有助于不断优化变更管理流程，提高整体管理水平，满足变更的管理要求。

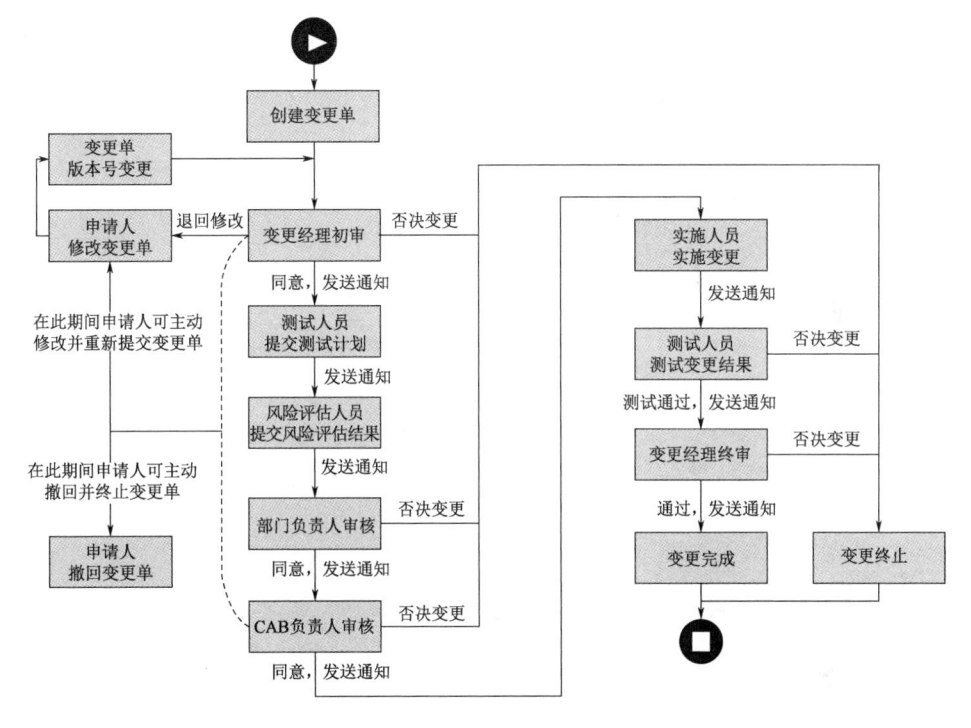

图 4-12　SOC 变更管理流程

6. 漏洞定期扫描修复

SOC 漏洞管理流程如图 4-13 所示，其重点是在对 IT 资产环境定期组织漏洞扫描的基础上，发现未被正式记录或监控的 IP 地址（Shadow IP）和环境漏洞，将漏洞扫描结果导入漏洞管理模块。系统会自动对 IT 资产和漏洞进行匹配，并将所有漏洞进行分级、分类并划分责任到人。根据安全管理规范，各类漏洞必须在其规定的时间内完成修复，记录漏洞的修复时间、修复方案、测试方案及修复负责人，并对漏洞的整个生命周期进行记录和存档。漏洞管理模块同时会把已修复的漏洞记录归入漏洞资料库，为后续类似的漏洞类型提供修复参考。漏洞管理模块与 IT 资产关联，当 IT 资产发生变更时，如更换资产负责人，与其相关的漏洞负责人会同时变更；当 IT 资产下线时，与其相关的所有漏洞也会同步下线。

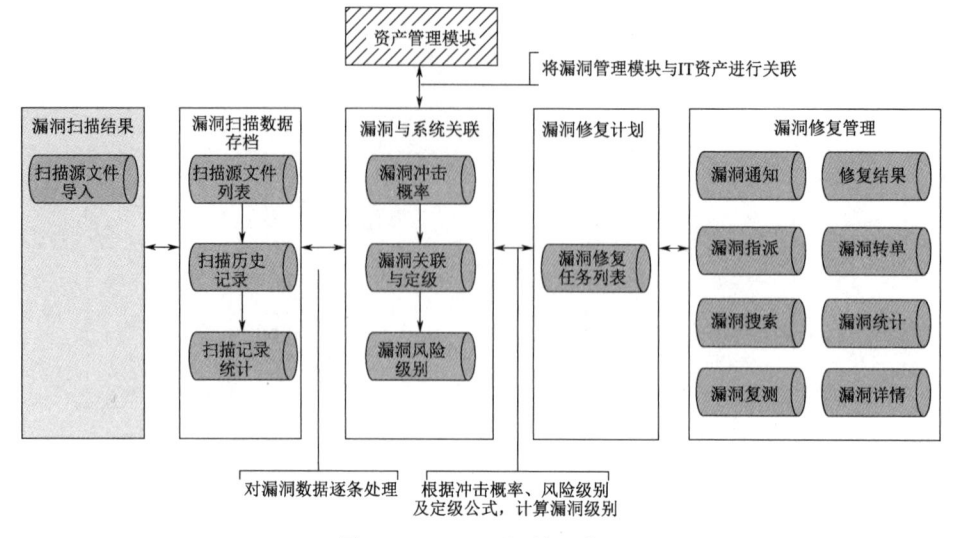

图 4-13　SOC 漏洞管理流程

4.2　基础设施升级与重构

澳门科技大学结合大学整体发展与 WeMust 智慧服务平台建设的需要，实施了校园主干光纤网络改建升级项目、全校一张网络与专线建设项目、WiFi6 无线网络全覆盖项目、IPv6 下一代互联网建设项目、数据中心迁移升级项目、专有云平台建设项目、人工智能设施建设项目、5G 随身校园项目、智慧安防建设项目等。引入人工智能设施，支持 AI 科研与 WeMust AI 应用；积极参与 IPv6 下一代互联网建设，与下一代互联网国家工程中心合作建成"澳门根"，逐步构建起多校区一体化、安全、可用、可扩展的应用环境。

4.2.1　校园网升级提供基础保障

1. 校园主干光纤网络改建升级

2001 年，在澳门科技大学入驻氹仔校区时，以 A 座 403 为数据中心，与新建的 B、C、D 座陆续连接。2009 年，大学将数据中心迁移至 N 座 417，实际网络汇聚依然通过 A 座数据中心实现，且各楼宇之间主要为一段段的串接方式，缺乏整体规划，光纤容量不均衡，无法适应大学的新发展要求。

2021 年，大学启动校园主干光纤网络改建升级工作，以 N 座数据中心为核心进行星形扩展，使每个建筑光纤直连数据中心（96 芯）。2022 年，完成教学楼和行政楼网络建设；2023 年，完成宿舍楼网络建设。目前已建成双中心（N 座、R 座）核心光纤机房，实现了骨干线路的冗余，提高了网络可靠性。校外宿舍网络由澳门电讯（CTM）管理改为大学统一管理。在物理架构上优化升级为大二层结构，广泛使用设备虚拟化和链路聚合技术，优化了网络架构。采用虚拟交换机技术，实现了多校区多数据中心互通互联，满足了跨数据中心迁移、灾备、业务负载分担等需求。部署了光纤资源管理系统，可详细记录光纤资源的基本情况。

校园主干光纤网络改建升级前后的部署分别如图 4-14 和图 4-15 所示。

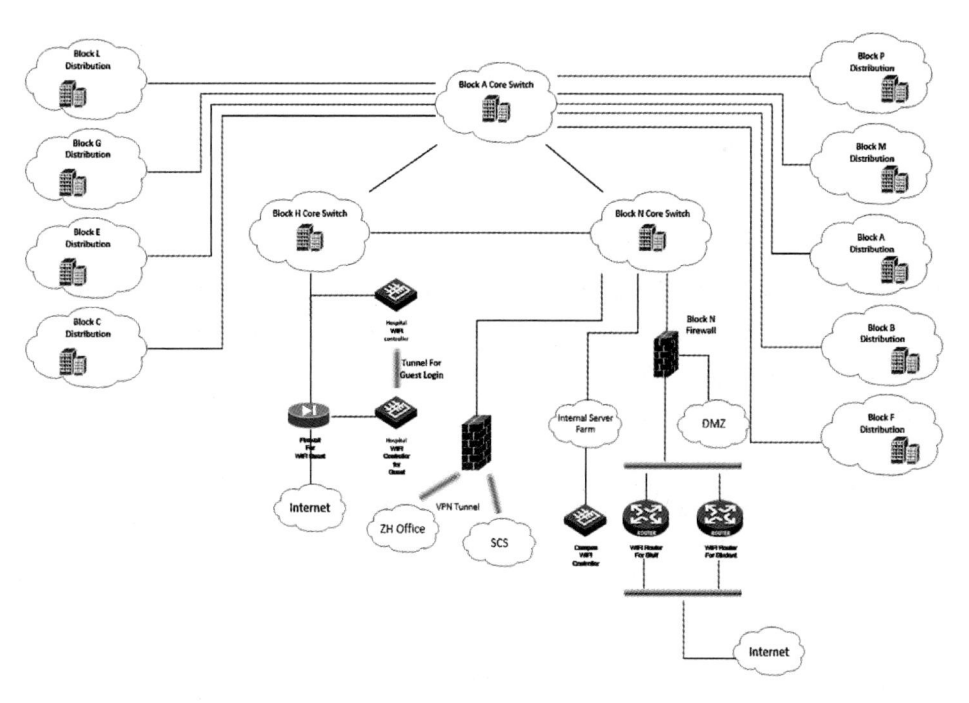

图 4-14　校园主干光纤网络改建升级前的部署

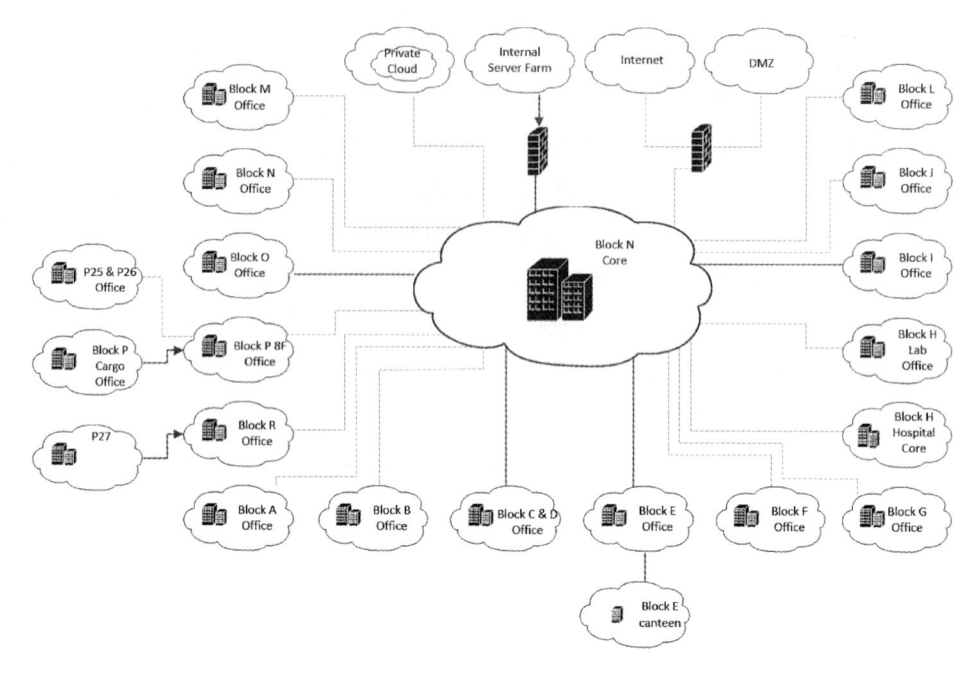

图 4-15　校园主干光纤网络改建升级后的部署

2. 全校一张网络与专线建设

在校园主干光纤网络改建升级的基础上，澳门科技大学全面推进全校一张网络与专线建设，开启全网 DIA 专线时代。目前，已拥有含专属身份标识的 IPv4 地址 1536 个，IPv6 地址 $2^{96}+2^{80}$ 个；采用 2 条 25G 负载均衡光纤专线接入澳门电讯（CTM）核心网，可保障峰值带宽达到 12Gbps；具有 CDN 服务，能降低访问延迟，提升了上网体验；具备基于 IP 的 Anti-DDOS 服务，提升了安全性能。

宿舍区网络管理从按住宿生数量向 CTM 购买上网账号的方式，转变为将宿舍管理纳入全校网络统一管理。其中校外区域主要采用 IpsecVPN 方式接入校园网。

同时，大学全面加强网络监控，及时优化网络策略，提升网络性能。在校园网及校外各区域网络设备上设置了 1820 探针，覆盖网络各重要节点和上联端口。

大学将各类网络设备（含 AP，合计近 4000 台）纳入 NCE-Campus 管理，包括设备上线、在线、替换、下线管理。

3. WiFi6 无线网络全覆盖

WeMust 应用体系建设极大地依赖无线网络。显然，无线网络的接入量会远超过有线网络的接入量，成为校园内教职员与学生获取信息的主要方式，很多学习、生活场景会转移至移动网络。

2021 年，大学加大无线网络建设力度，与有线网络分开独立组网。2023 年，大学完成 WiFi6 无线网络全面升级，覆盖全校区。校园 WiFi6 室外部署如图 4-16 所示。

（1）大学户外区域实现 WiFi6 全覆盖。
（2）大学运动场采用高密度、定向方式，确保满足赛事网络通信需求。
（3）构建全无线教室，智慧屏与手机互动，支持授课高密度、高并发网络。
（4）行政大楼极简办公网，保证大带宽、高密度部署。
（5）实现阶梯教室等大型场所的网络高密度部署。
（6）加强宿舍无线网络部署，提升师生体验。
（7）实现校园网延伸，涉及校外宿舍、横琴粤澳深度合作区等。

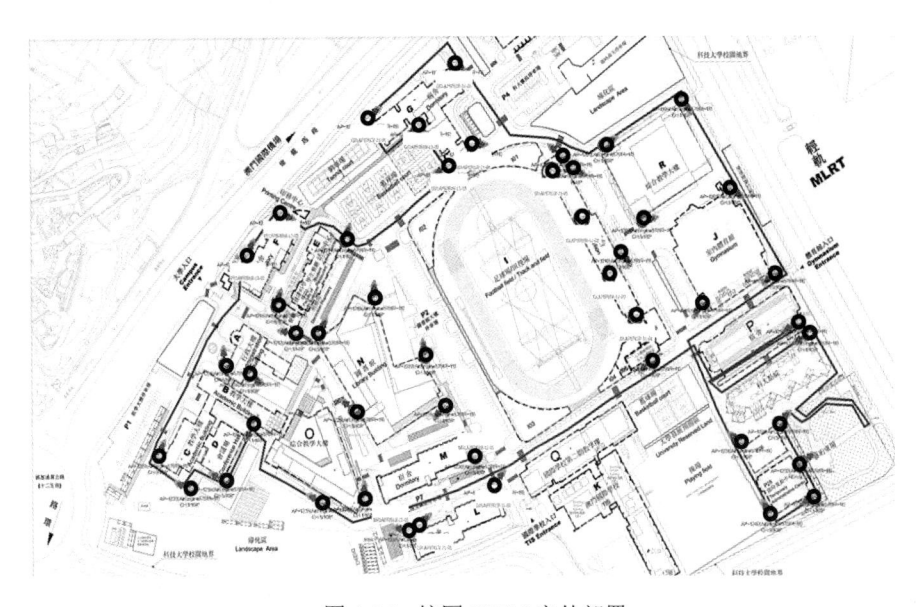

图 4-16 校园 WiFi6 室外部署

4. IPv6 下一代互联网建设

澳门科技大学大力支持 IPv6 下一代互联网建设，通过与下一代互联网国家工程中心合作，打造"技术创新+稳定运行+规范运营"的"澳门根"模式和示范性服务体系，使之成为横琴粤澳深度合作区的重要互联网基础设施，并辐射拓展至东南亚国家及地区，提升澳门国际互联网重要基础设施的服务能力及国际影响力。IPv6 下一代互联网建设也为大学下一代校园网建设和 WeMust 运行提供了有力支撑。

2023 年年底，大学搭建 IPv6 地址服务器、公共递归服务器、数据分析和展示服务器、监控服务器组群，同步提升网络出口能力，部署 IPv6 根节点和公共 DNS 节点。2024 年 1 月，"澳门根"启动对外公测，解析服务已覆盖巴西、新加坡、马来西亚、泰国、菲律宾、印度尼西亚、越南、缅甸、日本、韩国等国家。

4.2.2　云平台建设打造智慧基座

1. 数据中心迁移升级

2001 年，澳门科技大学在 A 座 403 建了数据中心，集中放置服务器。2009 年，大学在 N 座 417 建了新的数据中心，配置了 32 个传统机柜，其中超算设备占用 8 个。2019 年，大学启动 IDC 扩容项目，在 N 座 418 引进两组华为 FusionModule2000 智能微模块，将供电、制冷、监控、机柜、通道和布线系统有效融合，配备 32 个机柜，并与原 IDC 打通，为数据中心柔性扩容和各类产品快速部署奠定了坚实基础。2020 年，R 座投入使用，在 R 座 207 建设 DR-Site，即灾备数据中心。2023 年，将 N 座 417 数据中心的 4 个传统机柜，整改为两组冷热通道隔离封闭机柜，实现了基础设施标准化。

2. 专有云平台建设

2016 年，澳门科技大学数据中心搭建 Cisco UCS+VMware 虚拟平台，2017 年进行了扩容，运行着 DMZ、基础设施等的 VM。2019 年，结合 WeMust 建设需求，部署深信服 HCI 的超融合架构，由 HCI 平台提供云网络、云主机、云存储等服务，承载了 WeMust 80%的业务。2020 年，基于腾讯 TCE 3.6.0 版本搭建了大学专有云平台，由 133 台服务器和网络设备构成，提供云计算与网络、云数据库、云存储，以及安全、管理和审计服务。在数据灾备中心部署了一套深信服 HCI。2023 年，对 N 座 417 数据中心的设备进行重新规划和升级，并与TCE有效整合；针对双中心和灾备数据中心进行网络优化，升级优化交换机，对TCE、HCI设备扩容，新部署870TB的Astor存储系统。2024年，腾讯TCE升级到3.10.0版本。

目前，数据中心总计拥有1000$^+$VM、4200$^+$TB存储容量、5500$^+$核CPU、34$^+$TB内存。通过采用云技术全面提高了资源部署效率和资源利用率，支持应用系统快速部署、灵活扩展和跨数据中心调配，可以满足5～10年的大学数字化基础设施发展需求。

3. 人工智能设施建设

澳门科技大学高度重视人工智能和AI技术应用。为满足深度学习的训练负载、深度学习在线推理等场景需求，先后引进5台H800、2台A100，集中部署在数据中心，为AI和高性能计算打造功能强大的GPU服务平台。新设备已投入大语言模型训练，并支持WeMust多个AI场景应用。

4.2.3 5G随身校园无限延伸服务

随着现代高等教育的发展，多校园、多校区、校外住宿模式已普遍存在。为助力大学跨越式发展，构建安全且具有流动性的科研学习网络环境，澳门科技大学与澳门电讯深度合作，打造澳门首个5G随身校园（Campus Anywhere），有效提升校园数字化、网络化及智慧化水平，实现了WeMust的无限延伸服务。

澳门电讯从其5G核心网专线接入校园网，同时为澳门科技大学提供直接路由。澳门科技大学师生通过5G专网技术及专线直接接入校园服务平台，无须经过公共网络，更快速、更安全、更稳定。5G随身校园通过设置独立UPF（User Plane Function），即用户数据面功能实体，基于网络资源优先、网络安全隔离等技术，在无线、承载、核心网等环节提供全面的澳门科技大学专用网络。澳门电讯5G网络采用最先进和最新的5G技术，以SA网络架构支持网络切片能力，为满足校园特定需求部署构建专用网络，同时支持NSA和SA两种网络架构，提供超高速、超可靠、低延迟、大连接及超安全的5G特性，可充分适配各类5G智能应用。5G随身校园如图4-17所示。

澳门科技大学师生通过澳门电讯5G网络浏览校园网或校内应用程序产生的本地5G数据流量可完全豁免；如果师生使用三地计划，则在内地、香港、澳门都可以豁免数据流量。

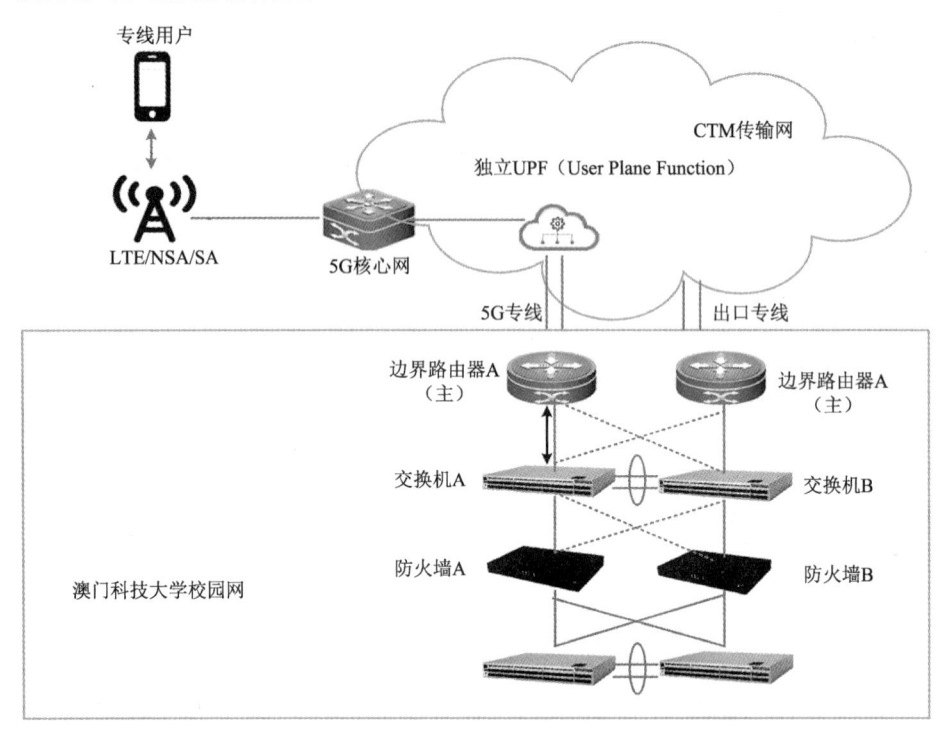

图 4-17　5G 随身校园

"5G 随身校园"是澳门科技大学、澳门电讯携手共建的创新项目，是 5G 技术与大学校园网融合建设的突出成果，为进一步深化智慧服务平台建设，打造更优质、便捷的智能应用服务场景奠定了基础。

4.2.4　智慧安防建设提升安保水平

澳门科技大学在智慧服务平台建设中，对大学安防系统进行全面升级，采用先进的智慧安防整体方案，升级、引进一系列智能系统，实现多系统整合和联动，提升校园安保智能化管理水平。

1）门禁系统

门禁和监控是校园安防系统的重要组成部分。WeMust 已集成了主要区域的门禁，用户可通过门禁动态二维码和校园卡出入指定区域。

2）车辆道闸系统

澳门科技大学针对 12 个道口、17 个车闸进行改造，升级车辆道闸系统，全部采用车牌识别，特别是摩托车车牌识别，帮助学校实现对车辆的闭环管理，并支持 VIP 车辆通行，提升车行系统的管理效率和服务水平。WeMust 在接待管理、会议管理、活动管理等应用中，对已列入计划并在相关系统中获批的会议、接待、活动等，通过数据共享，将已录入的车牌、事由发送至车辆道闸系统，让相关车辆无须再次预约，可直接出入。

3）视频监控系统

澳门科技大学替换原有 371 路模拟视频，升级为 1361 路数字视频接入和 200$^+$路 AI 识别，将安防事件由事后管理向事前管理转变，全面提升对校园异常事件的智慧化预防能力。课室、活动场所、公共区域是监控的重点，在推进监控移动化的同时，WeMust 也能获取监控异常信息，并推送给相关人员。

澳门科技大学引进 7 台采用 AI 识别技术的高点校园 360°安防机器人系统，通过巡逻实现无死角覆盖，重点实现在高峰期对人员进行提前疏导，解决对夜间违停车辆的识别等长期困扰学校的问题。

4）网络电话系统

WeMust 网络电话让安防的响应更快捷，无论管理人员身在何处，都可以通过在排班期间关联值班电话的手机网络电话接听，及时响应并排除故障，解决问题。

4.3 WeMust 效益与影响力

经过 6 年多的努力，WeMust 体系基本建成并不断创新、拓展，在教学模式创新、科研能力强化、师生服务优化、管理效率提升、校园文化传播、信息安全保障、数据驱动决策等方面，WeMust 都发挥了重要作用，产生了巨大的效益，影响力不断增大。

4.3.1 体系渐成，助力大学跨越式发展

WeMust 通过五期共 183 个项目，构建了 227 个应用组群，实现了 676 个

微应用，涉及 2000 多个授权项，覆盖全校近 90%的业务，基本实现了面向教学、科研、图书馆、校园生活、招生、管理和决策的全流程、全方位、全场景的数字化与智慧化服务，基础数据中心、集成服务平台、基础服务平台和大数据服务平台作用突出，AI 应用逐步展开。

WeMust 始终围绕大学发展需要，不断优化服务流程与创新服务模式，破解业务难点，提升工作效率，持续不断地推出各种方便师生的服务，提升师生的体验与自豪感。WeMust 改善住宿模式，由分配制改为自选制，极大地方便了学生，提高了学生满意度；WeMust 重构选课应用，改进选课算法，优化资源配置，在选课集中时间段采取专门化响应机制，实现了"秒选"；WeMust 推出"报修"应用，教职员和学生都可以方便地用手机拍照报修，报修量增长数倍，维修速度也提升数倍，营造出人人关心大学设施设备的氛围；WeMust 创新"存包柜"应用模式，看似事情很小，但学生对存包的需求很大，将按年排队租借改为可随时随地选择按天、按月、按年等多种租用方式，引入扫码开柜方式，备受学生好评；WeMust 注重学生入学体检，与科大医院的管理系统深度对接，学生可直接在 WeMust 上预约体检时间和查看体检结果；WeMust 精心打造全流程科研服务应用，节省了教研人员从项目申请到立项、实施、结项等环节的时间。

WeMust 服务大学快速发展需要，通过数智转型挖掘内部潜力，致力于节省人力、有效利用资源。澳门科技大学近 5 年的在校学生由 1.1 万人增至 2.1 万人，但行政管理人员数量增长甚微；校园也由氹仔校区扩展到路环的擎天汇校区和康泽创新中心，并随着珠海澳科大科技研究院的发展，将业务延伸至横琴粤澳深度合作区，形成了多校区、跨地域、两种制度并行并重的办学模式。WeMust 在各业务领域为大学的快速发展提供了重要支撑，如 5G 随身校园项目让广大师生无论身在何处都能方便地使用 WeMust；校园支付平台让来自世界各地的师生能方便地享受校园服务；人力资源服务平台统一实现异地"请假"；办公服务平台让各类申请、审批在线上顺畅流转，实现了无纸化办公，提高了工作效率。早期新生在注册报到时要走遍 7 个部门，现在全部在 WeMust 平台线上一站式完成，校园正常工作秩序未因学生的增多而受影响。

4.3.2 影响提升，成为大学的靓丽名片

随着 WeMust 智慧服务平台的应用日益广泛，WeMust 品牌作用日益凸显，

成为澳门科技大学一张靓丽的名片，提升了大学的影响力。

2022 年 5 月，澳门科技大学通过英国高等教育质量保障局（QAA）高等教育素质评鉴——院校认证（Institutional Accreditation）。QAA 认证报告充分肯定了澳门科技大学智慧服务平台建设的完备性与作用，认为 WeMust 建立了师生沟通渠道，是澳门科技大学发展的亮点之一。同时，WeMust 在各学院课程认证过程中也发挥了重要作用，如助力商学院通过国际商学院联合会（The Association to Advance Collegiate Schools of Business，AACSB）认证。

2023 年，WeMust 荣获英国泰晤士高等教育（Times Higher Education，THE）2023 年度亚洲"技术或数字创新将"提名奖，（The Awards Asia 2023-Technological or Digital Innovation of the Year），被评价为"任何员工和老师都可以在任何地方工作，整个办公室都装在他们的口袋里，一次登入即可为教师、学生和工作人员提供 100 多个微服务"。

2020 年 2 月，澳门科技大学在 WeMust 平台仅用 10 天就搭建了 WeMust 云课堂，保证师生"一键上课"。《云端战"疫"，澳门科技大学 WeMust 云课堂》入选全国高校质量保障机构联盟（CIQA）"在线教学状况及优秀案例"，被评价为"澳门科技大学迅速构建以教学为核心、全面嵌入教学管理、完全按原教学计划（课表）和原教学管理模式开展在线教学的创新型在线虚拟教学平台——WeMust 云课堂"。

4.3.3 能力凸显，促进大学产学研落地

WeMust 在智慧平台建设过程中，不断夯实技术基础设施，加强资讯体系规范化管理，显示了较强的新技术应用能力、技术管理与安全保障能力，促进并支撑了澳门科技大学以资讯科技为主的产学研项目在校园落地实施。

2021 年，澳门科技大学与普华永道（PwC）合作，建立"澳门网络安全联合中心"，中心环境由澳门科技大学 ITDO 搭建并负责运维。该中心是澳门唯一一家将产学研结合的网络安全中心，为政府、企业及教育机构提供网络安全服务，也为澳门科技大学的学生提供多层次的实习和实训机会，学生和研究人员可在真实环境中进行网络安全的研究和实验，可从事高级的网络攻防演习。

2022 年，澳门科技大学与下一代互联网国家工程中心合作，开展"数据跨境流动政策与个人信息保护合规实践"研究，澳门科技大学 ITDO 深度参与，

依据个人信息保护认证进行数据跨境转移，搭建对接粤澳两地数据保护要求的管理和制度体系，为粤港澳大湾区的科研合作交流提供数据转移的合规保障。在该项目研究成果的基础上，2023 年，珠海澳科大科技研究院获得中国网络安全审查技术与认证中心颁发的"个人信息保护认证"证书（证书编号：CCRC-PIP-0001），澳门科技大学获得了澳门特别行政区政府个人资料保护办公室颁发的"个人资料跨境转移许可"（第 02/A//2023/GPDP）。

2023 年，澳门科技大学以 WeMust 为基础，与澳门电讯（CTM）合作，推出"5G 随身校园"专网项目，率先在大学落地 5G 应用。澳门科技大学师生只要开通澳门电讯的 5G 功能，就可以在全球任何地方通过专网接入 WeMust，免流量享受 WeMust 的所有服务，同时通过 5G 专网传输各类科研数据。该项目获由国家工业和信息化部主办的第六届"绽放杯"5G 应用征集大赛国际专题赛一等奖。

2024 年年初，IPv6 澳门根服务器落地澳门科技大学，成为全球 25 个 IPv6 根服务器之一。IPv6 澳门根服务器建在澳门科技大学 ITDO 数据中心，由澳门科技大学与下一代互联网国家工程中心联合运营，主要为亚太地区国家、葡语系国家提供安全快捷的网络服务。

4.3.4 数据积累，成为创新发展的新能源

数据是创新发展的新能源，是科学决策的重要支撑，是 WeMust 持续发展的重要根基。WeMust 在建设之初就确定了建设数据基座和数据仓库的目标，并在各应用的开发、集成与部署中，严格履行统一数据和数据归集相关规范。经过多年运行，已积累了大量反映大学发展的各类业务数据。截至 2024 年 5 月，WeMust 共有数据表 4846 个，有超过 24 亿行记录。这些数据不断丰富，并形成体系，持续为大学业务创新发展和决策提供大数据服务。

WeMust 通过对各学院的排课情况和现有课室的使用情况进行深度分析，不仅优化了课室的使用率，还能预测未来的课室需求。对于大学现有各类资源是否能满足师生不断增长的需求，WeMust 用数据给出了明确的答案。大学制定有效的科研成果管理与奖励政策，也由 WeMust 提供数据支撑。甚至连存包柜应该摆放在哪里，WeMust 也能根据统计数据回答。各学院各年级学生的 GPA 分布、学生学业情况的分析与预警，都是由 WeMust 生成的。

WeMust 不仅提供各种详细的统计表报，还将数据服务嵌入应用，用户可以在相关应用中直接了解相关数据，如学生在选课时直接给出目前的 GPA 和学分情况，教职员在请假时直接给出剩余假期，在体检环节直接给出预约人数、已体检人数、体检合格人数等。

4.3.5 生态发展，展示资讯科技治理能力

澳门科技大学在建成 WeMust 服务平台的同时，展示了资讯科技治理能力、新技术应用能力、服务持续提升能力，以及全面安全保障能力，为大学未来发展与创新奠定了基础，提振了信心。

澳门科技大学是一所私立大学，具有决策迅速、高度集中、注重效益等特点，强调大学各方面的治理能力，既要通过有效进行规划和管理来保证战略目标的实现，又要在高效调配资源的基础上跟上时代的快速发展。WeMust 的建设得益于大学领导的强有力支持、经费的持续投入，以及上下一致、高度统一的管理模式。从 WeMust 自身来看，对标大学整体发展战略，注重将长远规划与短期实现结合，始终以用户为中心，追求资源利用的最大化，追求服务带来的最佳体验。随着 WeMust 的建设，在大学形成了业务协作与流程再造、紧跟发展、整体构思的服务意识与管理氛围，形成了良好的大学发展生态，也培养了一批有能力、有担当、精通业务的资讯科技人才。

1）建立了有效的用户沟通机制

在业务部门提出需求后，ITDO 首先通过评估确定优先级与时间表，与相关业务部门详细沟通，如果有业务重叠或冲突的情况，则反复协商直到达成一致。然后，开展原型设计，会同相关业务部门细化需求，直到原型设计通过。在应用系统开发完成后，ITDO 会与业务部门共同测试验收（UAT），测试通过才能上线。在此过程中，不仅能够深度掌握用户需求，提高用户的参与度，更培养了用户的整体意识，达到共同提升的目标。

2）建立了合理的资源配置机制

ITDO 在 WeMust 建设过程中，对全校资讯基础设施的建设与配置进行统筹，根据 WeMust 的建设需要，分期分批地升级校园网，实现 WiFi6 全覆盖；建立专有云与超融合系统环境，并根据需要持续扩容；升级改造数据中心（机房），保障设备安全，同时满足节能减排要求；建立智慧运维机制，根据应用需求配

置算力资源。

3）建立了有效的风险控制机制

随着 WeMust 的应用日益广泛，ITDO 也在同步提升识别和评估与资讯科技发展相关的各种风险的能力，不断完善数据共享与授权模式，持续实施系统安全加固，建立起一整套智能化风险监测与保护机制，以及应急预案，可以有效防止数据泄露，保障系统运行安全。

4）追求合理的价值交付

WeMust 价值交付不仅体现在为教学与科研提供支撑及提升师生满意度上，更注重 WeMust 给大学创造的实际价值与收益，在建设中引入"运营"理念，以保证 WeMust 的长期稳定发展。例如，宿舍管理、餐饮、存包柜等，都从运营角度出发，融入了运营策略与支付、结算等，在方便师生的同时，为大学创造价值。

第 5 章

WeMust 展望：AI 赋能　重构基座　智慧运维

WeMust 正构建 AI 强大基座并以此重塑智慧服务平台，从"应用+AI"模式转型至"AI+应用"，以实现未来校园的愿景。未来校园将融合全模态大模型，打造个性化学习路径，进一步优化教学与科研管理流程，提升校园生活品质。AI 技术的深度融合要求基础设施全面升级，包括智算、智数、智网服务平台的构建，以及 AI 基座能力的强化。WeMust 致力于围绕 AI 核心应用，持续推动创新，提升用户体验，并实现基础设施运维的智慧化，确保技术应用符合伦理和法规标准要求。WeMust 将建立 AI 伦理和合规框架，确保 AI 实践遵守法律法规和道德标准，保障用户隐私和数据安全。同时，增加对 AI 人才的投资，推行 AI 知识共享，确保团队能够快速掌握并应用 AI 领域的最新研究和技术。

5.1 未来已来：AI 技术的全面融合

未来校园将是一个高度智能化、个性化、互动性强的教育生态环境。人工智能技术将贯穿教学、科研、管理与生活的各环节，实现信息技术与教育实践的深度融合。未来校园不仅是物理空间的集合，更是智慧教育的体现，可以利用先进的人工智能技术，提供定制化教育内容，优化师生互动，增强学习效果，同时通过应用数字分身，极大地提升管理效率与服务质量。

AI 全模态大模型将是未来教育活动的核心基础设施，用于处理语言、文字、图像、声音等多种模态的信息，并通过不断的自我学习与优化，实现与师生数字分身的无缝对话。每位师生的数字分身不仅能够代表其本体进行交流，还能够理解本体的指示并自动执行任务，如预约资源、安排日程、提供个性化学习建议等，从而形成高效智能的校园服务闭环。

未来校园将全面改变学习、科研、管理和生活方式。AI 重构学习方式（AI for Learning）：通过对学生学习行为、偏好及成效的深入理解，实现教学内容与方法的自适应调整，从而为每个学生量身定制最合适的学习方案。AI 重构科研方式（AI for Research）：AI 不仅能够有力支撑科研活动，还能够理解复杂的科研需求，并提供智能化解决方案，加速科研创新过程。AI 重构管理方式（AI for Administration）：数字分身根据实时数据和预设策略，自动执行管理任务，确保校园运营的顺畅与安全。AI 重构校园生活方式（AI for Campus Life）：未来校园将提供一个高度互动的环境，师生之间、师生与环境之间的交流将更加流畅。

为实现未来校园的愿景，必须在实践与运营层面进行深入探索与创新。其一，需要构建一个开放、灵活的大模型架构，以支持不断的学习与进化，并升级基础设施。其二，需要夯实并持续丰富数据基础，实现数据的无缝整合与共享，确保各应用系统之间的高效协同。其三，必须重视数字伦理和隐私保护，确保技术应用符合道德标准与法律法规。其四，需要培养一支既懂技术又懂教育的复合型人才队伍，以驱动未来校园的持续发展和创新。

5.2 应用+AI：利用 AI 增强应用

构建未来校园，首先要利用 AI 增强应用，即"应用+AI"（Application + AI），将 AI 作为一个增强工具来推动应用的智慧化。"应用+AI"指 AI 作为一个增强工具被附加到应用上。WeMust 未来在多个领域探索基于 AI 重构应用的模式，持续拓展"应用+AI"场景，为实现"AI+应用"积累经验、奠定基础。

WeMust 运用 AI 能力已在多个领域开展探索，如智能客服、ChatLib、智能检索等，可以通过结合 AI 技术，重构业务流程，使应用变得更智慧，以适应用户的多元化需求，为用户提供更高质量和更具价值的服务，为用户带来全新的体验。未来，WeMust 将继续利用 AI 技术提升这些服务的体验，同时将推进在更多应用中利用 AI 技术增强服务，使之成为提升应用性能、改善用户体验和提高业务效率的关键因素，"应用+AI"服务方式如下。

（1）公文应用+AI：在公文起草环节，AI 可以提供模板建议、自动化语法和风格检查，甚至可以根据历史数据推荐相似案例的处理方式，以提升起草效率。在提交环节，利用 AI 预审功能可以检查文件的完整性、合规性，并确保所有必要的信息都已准确填写。这样的 AI 辅助功能可以减少人为错误，加快公文的处理速度。

（2）招聘应用+AI：在招聘过程中，AI 不仅可以根据关键词和经验匹配简历，还可以进行更深层次的分析，如评估候选人的工作态度、团队合作能力和其他软技能。通过利用自然语言处理技术，AI 可以从非结构化数据中提取有价值的信息，帮助招聘团队更快地识别合适的候选人。

（3）会议应用+AI：AI 会议助手可以自动记录会议内容，并使用语音识别技术实时转录对话。它可以识别关键议题和决策点，生成精确的会议纪要。此外，AI 助手可以分析参与者的情绪和参与度，提供对会议效率的洞察，并建议改进措施。

（4）日志应用+AI：通过利用机器学习算法，AI 可以监控系统日志，识别正常的行为模式和异常活动。这种实时监控能力对于早期发现和防范网络攻击、系统故障和其他安全威胁至关重要。AI 分析师还可以自动对日志进行分类和归档，简化事后审计和问题追踪过程。

（5）论文应用+AI：AI 可以协助学生在撰写学位论文的过程中，提供即时的文献管理和引用格式校对。它还可以评估论文的原创性，通过比对大量的文献数据库，帮助学生避免抄袭问题。此外，AI 可以基于论文质量提供反馈，包括结构、论点的清晰度和逻辑性等。

（6）活动应用+AI：通过分析学生的历史参与数据和兴趣点，AI 可以提供个性化活动推荐。它还可以预测活动的受欢迎程度，帮助活动组织者优化资源分配。通过情感分析，AI 可以评估活动的反馈，为未来的活动规划提供洞察。

（7）学习进展应用+AI：AI 可以个性化学生的学习体验，通过分析学生的学习习惯、进度和成绩，提供定制化学习路径和资源推荐。智能辅导系统能够根据学生的弱点提供额外的练习和解释，以加强理解。

（8）校园安防应用+AI：通过视频监控和实时分析，AI 可以帮助提高校园的安全性。它可以识别异常行为，如未授权的入侵或在不寻常的时间和地点的活动，从而快速通知安全人员。

（9）能源管理应用+AI：AI 可以用于优化校园的能源消耗，通过智能分析建筑物的使用模式和能源使用数据来调整供暖、照明和空调系统，减少浪费并降低成本。

以上只是部分可以预见的"应用+AI"服务方式，随着技术的进步和学校需求的不断变化，未来可能会出现更多新的融合方式，推动大学向更智能、更高效、更互联的方向发展。

5.3 升级基础设施，夯实 AI 基座

未来，AI 技术将成为应用系统发展的中心和基础。WeMust 向 "AI+应用" 转型，既要有一定的 "应用+AI" 加持，又要依赖以 AI 为核心的基础设施升级，在硬件、网络、存储、计算能力和安全层面进行全面创新。WeMust 在基础设施建设方面将采取一系列措施，升级构建新平台，以支撑 AI 技术的广泛应用和深度融合，主要包括以下 4 个方面。

1）智算服务平台构建

为满足 AI 应用的大量数据处理和计算需求，投资建设与 WeMust 集成的智算服务平台，包括采用 GPU 加速计算、分布式计算框架及云计算资源，以保证 AI 模型的训练和推理快速、高效。同时，平台将支持弹性伸缩，以应对不同应用场景下的算力需求变化。

2）智数服务平台构建

AI 的核心是数据。WeMust 将持续完善集中式数据管理和存储系统，确保数据的安全、完整和高效访问，包括重构高性能数据湖、数据仓库，以及全面实现数据的分类、标准化和元数据管理。建立支持大规模数据存取的系统，集存储和快速的数据检索能力于一体，支持机器学习和深度学习等 AI 技术与 WeMust 应用的深度融合。

3）智网服务平台构建

AI 应用需要高速、稳定的网络连接，网络的低延迟和高可靠性是实现实时 AI 应用（如在线学习、远程监控等）的关键。WeMust 将升级现有的网络基础设施，包括部署更高速度的以太网、无线网络和 5G 技术，以确保数据在设备和平台之间的快速传输。

4）AI 基座能力强化

WeMust 将致力于采取战略性措施强化 AI 基座能力，以确保其基础设施能够支持日益复杂的 AI 应用。关键行动包括集成和自主开发多样化 AI 模型，特别是在自然语言处理、计算机视觉等领域，以及模型训练和部署流程的优化。WeMust 还将重点提升数据处理和分析能力，以便更有效地从海量数据中提取价值。

5.4 AI+应用：围绕 AI 融合应用

依托以 AI 为核心的基础设施，WeMust 将从 AI 的能力出发，重新设计和构建应用，围绕 AI 实现应用集成，使 AI 的潜力得到最大化发挥，成为推动业务创新、改善用户体验、开拓新业务领域的驱动力和关键因素。WeMust 未来将更多地围绕 AI 基座展开应用，成为用户的"数字分身"，通过用户"口头指示"的意图完成相应操作，主要涉及以下内容。

（1）协助学者进行信息检索、数据分析和研究成果评估，提供深度学习和数据挖掘能力。

（2）提供个性化学习建议、智能作业批改、实时反馈和学习分析等，根据每个学生的学习习惯、知识掌握情况和学习效果，自动调整课程内容和难度。

（3）在文档审批、会议安排等行政工作中，理解复杂的流程，并自动执行任务，减少人工干预，提高工作效率和准确性。

（4）分析学生的能力、兴趣和职业发展趋势，提供定制化职业建议和发展路径。

（5）预测校园资源需求，优化校园资源的使用和分配，确保资源的高效利用。

（6）识别师生个体的情绪状态，提供个性化健康建议、心理支持，甚至给予及时的干预和帮助。

（7）改善校园生活服务，提升校园生活体验，包括智能餐厅推荐、智能交通规划和智能生活辅助，能够根据用户的喜好和习惯，提供个性化服务和建议。

（8）校园环境智能监测和管理，包括空气质量、能耗和噪声水平。能够实时监测环境状况，并自动调整设施运行状况，以维持最佳的环境质量。

（9）优化校园资产管理，包括设备维护、库存管理和资产配置。能够预测设备的维护需求，并自动安排维护工作，确保资产的高效运行。

5.5 全面实现基础设施即代码

随着 WeMust 从"应用+AI"向"AI+应用"转型，基础设施的角色也在发生根本性变化。基础设施即代码（Infrastructure as Code，IaC）是一种 IT 自动化管理实践，它使用代码来管理和配置基础设施，而不是手动设置和修改基础设施。践行 IaC 运维理念，对于 WeMust 来说是一个持续的进化过程。WeMust 较早启动了相关的探索和局部实践，未来将全面推进 IaC 运维，以应对日益复杂的 IT 基础设施运维管理，主要涉及以下领域。

（1）计算资源：包括物理服务器、虚拟机、容器等可以执行应用程序的资源。

（2）存储系统：包括文件存储、块存储、对象存储等数据存储解决方案。

（3）网络设施：包括交换机、路由器、防火墙、DNS、负载均衡器、CDN 等网络连接和保护设施。

（4）中间件和服务：如数据库、消息队列、缓存、API 网关等。

（5）部署环境：如开发环境、测试环境、生产环境等。

践行 IaC 的关键原因如下。

（1）版本控制：将基础设施定义为代码，可以像管理软件代码一样管理配置文件，包括版本控制、代码审查、自动测试等，从而提高配置的透明度和可追溯性。

（2）自动化部署：通过代码来自动化部署基础设施，可以减少人为错误，提高部署的速度和一致性。

（3）可重复性：代码化的基础设施可以确保在不同环境（如开发、测试、生产）下部署的一致性，易于复制和扩展。

（4）成本效益：自动化降低了管理基础设施所需的人工成本，同时提高了资源利用率，因为可以根据需求快速调整基础设施规模。

（5）响应速度：对于业务需求的变化，基础设施可以快速调整，提供更灵活的服务支撑。

（6）灾难恢复：代码化的基础设施便于在发生故障时快速恢复，因为所有的配置都已经是自动化和文档化的。

采用专业的 IaC 工具构建基础设施运维管理平台，可以帮助 IT 团队以更高效、可靠的方式管理基础设施，让基础设施运维走向智慧化。

附录

WeMust 主要微应用版本及建设方式

序号	应用组群/应用	微应用/功能	首次上线	版本	建设方式	教职员前端 Web/App	学生前端 Web/App
一、集成服务平台							
1	内部门户	教职员 Web	一期	v5.*	新开发	Y/N	N/N
2		学生 Web	二期	v5.*	新开发	N/N	Y/N
3		教职员 App	一期	v5.*	新开发	N/Y	N/N
4		学生 App	二期	v5.*	新开发	N/N	N/Y
5	外部门户	微信门户	三期	v1.*	新开发	Y/N	N/N
6		大学官网	五期	v1.*	迁移重构	Y/Y	Y/Y
7	平台帮助中心	帮助	一期	v2.*	新开发	Y/Y	Y/Y
二、基础数据中心							
8	统一数据	部门数据	一期	v4.*	迁移重构	Y/N	N/N
9		人员数据	一期	v4.*	迁移重构	Y/N	N/N
10		资产数据	一期	v3.*	新开发	Y/N	N/N
11		教学数据	二期	v3.*	迁移重构	Y/N	N/N
12	统一认证	账号管理	一期	v2.*	迁移重构	Y/Y	N/N
13		密码管理	一期	v2.*	新开发	Y/Y	Y/Y
14		登录方式	一期	v4.*	新开发	Y/Y	Y/Y
15	统一授权	角色管理	一期	v1.*	新开发	Y/N	N/N
16		岗位管理	一期	v1.*	新开发	Y/N	N/N
17		应用授权	二期	v1.*	新开发	Y/N	N/N
18		应用范围组	二期	v1.*	新开发	Y/N	N/N
19		数据授权	二期	v2.*	新开发	Y/N	N/N
20	外部机构	关联机构	三期	v1.*	新开发	Y/N	N/N
21		合作机构	五期	v1.*	新开发	Y/N	N/N
22		供应商	二期	v2.*	迁移重构	Y/N	N/N
23		校园商户	二期	v1.*	新开发	Y/N	N/N
24	应用管理	应用注册	二期	v2.*	新开发	Y/N	N/N
25		应用结构	二期	v2.*	新开发	Y/N	N/N
26		应用身份证	二期	v2.*	新开发	Y/N	N/N
27		App 版本管理	二期	v2.*	新开发	Y/N	N/N
28		接口说明书	二期	v2.*	新开发	Y/N	N/N
三、基础服务平台							
29	消息应用/组件[消息]	消息通知	一期	v2.*	新开发	Y/Y	Y/Y
30		消息推送计划	二期	v3.*	新开发	Y/N	N/N
31		渠道管理	二期	v3.*	新开发	Y/N	N/N
32		模板管理	二期	v3.*	新开发	Y/N	N/N
33		推送管理	二期	v3.*	新开发	Y/N	N/N

续表

序号	应用组群/应用	微应用/功能	首次上线	版本	建设方式	教职员前端 Web/App	学生前端 Web/App
34	待办应用/组件 [待办]	待办事项提醒	一期	v2.*	新开发	Y/Y	Y/Y
35		待办事项处理与反馈	一期	v2.*	新开发	Y/Y	Y/Y
36		已办事项	一期	v2.*	新开发	Y/Y	Y/Y
37	申请表	申请表制定	三期	v2.*	新开发	Y/N	N/N
38		申请表分类呈现	三期	v2.*	新开发	Y/Y	Y/Y
39		提出申请	三期	v2.*	新开发	Y/Y	Y/Y
40		申请审批	三期	v2.*	新开发	Y/Y	Y/Y
41		申请事项执行	三期	v2.*	新开发	Y/Y	Y/Y
42	日程应用/组件 [日程]	日历/周历/月历/日程列表	一期	v3.*	新开发	Y/Y	Y/Y
43		日程汇集	二期	v2.*	新开发	Y/Y	Y/Y
44		日程同步	二期	v2.*	新开发	Y/Y	Y/Y
45	问卷	问卷管理	三期	v2.*	新开发	Y/N	N/N
46		问卷填写	三期	v2.*	新开发	Y/Y	Y/Y
47		问卷统计	三期	v2.*	新开发	Y/N	N/N
48	文档应用/组件 [文档]	个人文档	一期	v2.*	新开发	Y/Y	Y/Y
49		公共文档	二期	v1.*	迁移重构	Y/Y	Y/Y
50		共享文档	一期	v2.*	新开发	Y/Y	Y/Y
51		应用文档	二期	v1.*	新开发	Y/N	N/N
52		声明管理	二期	v1.*	新开发	Y/Y	Y/Y
53		文档统一存储	一期	v2.*	新开发	N/N	N/N
54		文档访问控制	二期	v1.*	新开发	Y/N	N/N
55		文档数字签名	四期	v2.*	新开发	N/N	N/N
56		文档在线验证	四期	v2.*	新开发	Y/Y	Y/Y
57	通讯录/选人组件	公共通讯录	一期	v2.*	迁移重构	Y/Y	N/N
58		自定义群组/最近联系人	一期	v2.*	新开发	Y/Y	N/N
59		一键呼叫	一期	v2.*	新开发	Y/Y	N/N
60		Web/App选人组件	二期	v3.*	新开发	Y/Y	Y/Y
61	审批流组件	通用审批流	三期	v2.*	新开发	Y/N	N/N
62		特殊审批流	三期	v2.*	新开发	Y/N	N/N
63		专用审批流	三期	v2.*	新开发	Y/N	N/N
64	空间调度组件	空间预留	三期	v2.*	新开发	Y/N	N/N
65		空间占用	三期	v2.*	新开发	Y/N	N/N
66		空间匹配	三期	v2.*	新开发	Y/N	N/N

续表

序号	应用组群/应用	微应用/功能	首次上线	版本	建设方式	教职员前端 Web/App	学生前端 Web/App
67	位置服务	蓝牙/WiFi/GPS	二期	v2.*	新开发	Y/Y	Y/Y
68		蓝牙设备管理	二期	v2.*	新开发	Y/Y	N/N
69		打卡项目管理	二期	v2.*	新开发	Y/N	N/N
70	物联中台/控制台	门禁	四期	v2.*	新开发	Y/Y	N/Y
71		空调/照明/其他电器	五期	v1.*	新开发	Y/Y	N/Y
72	支付中间件	银行	二期	v2.*	新开发	Y/Y	N/Y
73		微信/支付宝	二期	v2.*	新开发	Y/Y	N/Y
74		钱包	二期	v2.*	新开发	Y/Y	N/Y
75	AI 中台/AI 控制台	WeMust GPT	五期	v1.*	新开发	Y/Y	Y/Y
76		人脸/图像/语音	五期	v1.*	新开发	Y/Y	Y/Y
77		大语言模型基座	五期	v1.*	新开发	Y/N	N/N
四、教学服务平台							
78	教学基础数据管理	课程、专业、科目等	三期	v3.*	新开发	Y/N	N/N
79	课程管理	学习计划	三期	v2.*	迁移重构	Y/N	N/N
80		排课	四期	v3.*	迁移重构	Y/N	N/N
81		选课	四期	v3.*	迁移重构	Y/Y	Y/Y
82		课表	二期	v4.*	新开发	Y/Y	Y/Y
83		云课堂	二期	v2.*	新开发	Y/Y	Y/Y
84		上课签到	二期	v2.*	新开发	Y/Y	N/Y
85		Moodle（第三方课程管理系统）	二期	v4.*	新集成	Y/Y	Y/Y
86		科目评估	二期	v3.*	新开发	Y/Y	Y/Y
87		空课室	五期	v1.*	新开发	Y/Y	N/Y
88	考试管理[考试]	考试计划	三期	v3.*	迁移重构	Y/N	N/N
89		排考	三期	v2.*	新开发	Y/N	N/N
90		考试行事历	三期	v2.*	新开发	Y/Y	Y/Y
91		巡考计划	四期	v1.*	新开发	Y/Y	N/N
92		监考员综合报告	四期	v1.*	新开发	Y/Y	N/N
93		登分	四期	v1.*	迁移重构	Y/N	N/N
94		成绩核对/发布	五期	v1.*	迁移重构	Y/N	N/N
95		成绩查询	五期	v1.*	迁移重构	Y/N	Y/Y

续表

序号	应用组群/应用	微应用/功能	首次上线	版本	建设方式	教职员前端 Web/App	学生前端 Web/App
96	论文指导 [论文]	论文导师	三期	v3.*	新开发	Y/Y	Y/Y
97		论文开题/题目申请	三期	v3.*	新开发	Y/N	Y/N
98		论文查重（查重申请/教师审核）	四期	v2.*	新开发	Y/N	Y/N
99		论文提交	二期	v4.*	新开发	Y/N	Y/N
100		论文答辩	三期	v3.*	新开发	Y/Y	N/N
101	学业/学生服务	学业进展	五期	v1.*	新开发	Y/N	Y/Y
102		证明信	四期	v2.*	迁移重构	Y/N	Y/Y
103		学生资料查询/确认	二期	v3.*	迁移重构	Y/N	N/N
104		导师学长	三期	v2.*	新开发	Y/Y	Y/Y
五、科研服务平台							
105	项目申报	项目申报	三期	v2.*	新开发	Y/N	N/N
106		项目查询	三期	v2.*	新开发	Y/N	N/N
107	项目审批	形式审查	三期	v2.*	新开发	Y/N	N/N
108		学院审核	三期	v2.*	新开发	Y/N	N/N
109		专家评审	三期	v2.*	新开发	Y/N	N/N
110	项目启动与实施	项目启动	四期	v2.*	新开发	Y/N	N/N
111		阶段性成果	四期	v1.*	新开发	Y/N	N/N
112		中期检查	四期	v1.*	新开发	Y/N	N/N
113	经费使用	经费申请	四期	v1.*	新开发	Y/N	N/N
114		经费审批	四期	v1.*	新开发	Y/Y	N/N
115	项目结题/终止	申请结题/项目结题	五期	v1.*	新开发	Y/N	N/N
116		申请终止/项目终止	五期	v1.*	新开发	Y/N	N/N
117		资产回收	五期	v1.*	新开发	Y/N	N/N
118	成果评鉴	成果定级	五期	v1.*	新开发	Y/N	N/N
119		成果奖励	五期	v1.*	新开发	Y/Y	N/N
六、图书馆服务平台							
120	知识服务	文献检索	一期	v2.*	新集成	Y/Y	Y/Y
121		ChatLib	五期	v1.*	新开发	Y/N	Y/Y
122		查收查引	五期	v1.*	新开发	Y/N	N/N
123	借还服务	扫码借书	三期	v3.*	新开发	Y/Y	Y/Y
124		预借取书	五期	v1.*	新开发	Y/Y	Y/Y
125		扫码转借	五期	v1.*	新开发	Y/Y	Y/Y

续表

序号	应用组群/应用	微应用/功能	首次上线	版本	建设方式	教职员前端 Web/App	学生前端 Web/App
126	设备设施服务	研究间预约	三期	v2.*	新集成	Y/Y	Y/Y
127		座位预约	五期	v1.*	新开发	Y/Y	Y/Y
128		文印服务（云打印）	二期	v1.*	新集成	Y/N	Y/N
129	教材服务 [教材]	订单	三期	v3.*	迁移重构	Y/N	N/Y
130		采购	三期	v2.*	新开发	Y/N	N/N
131		入库/出库	三期	v2.*	新开发	Y/N	N/N
132		配书/领书	三期	v3.*	迁移重构	Y/N	N/Y
133	教参服务[教参]	教参推荐/教参查阅（Leganto）	三期	v1.*	新集成	Y/Y	Y/Y
134	学位论文 [论文]	论文查重（查重服务）	三期	v3.*	新开发	Y/N	Y/N
135		终稿审核	二期	v2.*	新开发	Y/N	Y/N
136		开放获取	三期	v1.*	新开发	Y/N	Y/N
137	学者库	学者与成果展示	二期	v1.*	新集成	Y/N	N/N
138		成果认领与提交	二期	v1.*	新集成	Y/N	N/N
139		数据收割与清洗	二期	v1.*	新集成	Y/N	N/N
140	成果库	文献库/项目库/专利库	四期	v2.*	新开发	Y/N	N/N
七、招生与注册服务平台							
141	报名	招生计划	二期	v4.*	新集成	Y/N	Y/N
142		研究生报名	二期	v4.*	新集成	Y/N	Y/N
143		本科生报名	二期	v4.*	新集成	Y/N	Y/N
144	自主招生考试	研究生考试	二期	v4.*	新集成	Y/N	Y/N
145		本科生考试	二期	v4.*	新集成	Y/N	Y/N
146	录取	研究生录取	二期	v4.*	新集成	Y/N	Y/N
147		本科生录取	五期	v1.*	迁移重构	Y/N	Y/N
148	注册	注册文件提交/审核	四期	v2.*	迁移重构	Y/Y	Y/Y
149		预约报到	四期	v1.*	迁移重构	Y/Y	Y/Y
150		延期入学	四期	v1.*	迁移重构	Y/Y	Y/Y
151		港澳通行证	三期	v3.*	新开发	Y/Y	N/Y
152	迎新	编制报到计划	三期	v3.*	新开发	Y/N	N/Y
153		体检	四期	v2.*	新开发	Y/N	N/Y
154		报到过程	三期	v3.*	新开发	Y/Y	N/Y
155		团体保险	三期	v2.*	新开发	Y/N	N/Y
156		新生指南	三期	v2.*	新开发	Y/N	Y/Y

续表

序号	应用组群/应用	微应用/功能	首次上线	版本	建设方式	教职员前端 Web/App	学生前端 Web/App
157	学籍	休学/退学	五期	v1.*	迁移重构	Y/N	Y/Y
158		终止学籍	五期	v1.*	迁移重构	Y/N	Y/Y
159		毕业离校	五期	v1.*	迁移重构	Y/N	Y/Y
160	校友会	校友申请管理	四期	v2.*	新开发	Y/Y	N/Y
161		电子校友卡	四期	v2.*	新开发	Y/Y	N/Y
162		校友数据库	四期	v2.*	新开发	Y/Y	N/N
163		未认证校友	四期	v2.*	新开发	Y/Y	N/N
八、支付服务平台							
164	钱包	钱包密码管理	二期	v2.*	新开发	Y/Y	N/Y
165		充值	二期	v2.*	新开发	Y/Y	N/Y
166		余额查询	二期	v2.*	新开发	Y/Y	N/Y
167		钱包退款	二期	v2.*	新开发	Y/Y	N/Y
168	收费管理	收费项目	二期	v2.*	新开发	Y/Y	N/N
169		收费计划管理	二期	v2.*	新开发	Y/Y	N/N
170		生成账单/通知单	二期	v2.*	新开发	Y/Y	Y/Y
171	缴费	通知书缴费	三期	v2.*	新开发	Y/Y	Y/Y
172		账单缴费	二期	v2.*	新开发	Y/Y	Y/Y
173		扫码缴费	二期	v2.*	新开发	N/Y	N/Y
174		线上直接缴费	二期	v2.*	新开发	Y/Y	Y/Y
175		缴费退款	二期	v2.*	新开发	Y/Y	N/Y
176	消费	钱包零钱消费	二期	v2.*	新开发	N/Y	N/Y
177		使用消费券	二期	v2.*	新开发	Y/Y	N/N
178		钱包余额查询	二期	v2.*	新开发	N/Y	N/Y
179	交易	充值记录	二期	v1.*	新开发	Y/Y	N/N
180		消费记录	二期	v2.*	新开发	Y/Y	N/Y
181		退款记录	二期	v2.*	新开发	Y/Y	N/Y
182		交易总账	二期	v2.*	新开发	Y/N	N/N
九、生活服务平台							
183	校园卡	校园卡资料管理	二期	v2.*	迁移重构	Y/Y	N/Y
184		快速领卡	三期	v1.*	新开发	Y/Y	N/N
185		挂失管理	二期	v2.*	新开发	Y/Y	N/Y
186		补换卡管理	二期	v2.*	新开发	Y/Y	N/Y

续表

序号	应用组群/应用	微应用/功能	首次上线	版本	建设方式	教职员前端 Web/App	学生前端 Web/App
187	活动管理 [活动]	活动管理	三期	v2.*	新开发	Y/N	N/N
188		活动报名	三期	v2.*	新开发	Y/Y	N/Y
189		预约放票	三期	v1.*	新开发	Y/Y	N/Y
190		入场登记	三期	v1.*	新开发	Y/Y	N/Y
191		活动记录	三期	v2.*	新开发	Y/Y	N/Y
192	空间预约	房间预约	二期	v2.*	迁移重构	Y/N	N/N
193		康体场地预约	三期	v2.*	迁移重构	Y/Y	N/Y
194		空间预约审批	二期	v2.*	迁移重构	Y/Y	N/N
195	储物柜	储物柜管理	二期	v1.*	新开发	Y/N	N/N
196		申请储物柜	二期	v2.*	新开发	N/Y	N/Y
197		申请名单	二期	v1.*	新开发	Y/N	N/N
198		使用储物柜（开柜）	二期	v1.*	新开发	Y/Y	N/Y
199		续租/退租	二期	v2.*	新开发	Y/Y	N/Y
200		联系管理员	二期	v1.*	新开发	Y/Y	N/Y
201	宿舍管理 [宿舍]	宿舍/床位信息管理	三期	v3.*	新开发	Y/N	N/N
202		宿舍套餐管理	三期	v2.*	新开发	Y/N	N/N
203		选房计划	三期	v3.*	新开发	Y/N	N/N
204		宿舍申请/分配	三期	v3.*	新开发	Y/N	N/Y
205		调房	三期	v2.*	新开发	Y/N	N/Y
206		入住	三期	v2.*	新开发	Y/Y	N/Y
207		续住/退宿	三期	v3.*	新开发	Y/Y	N/Y
208		宿管人员	三期	v2.*	新开发	Y/N	N/N
209		宿舍打卡/外宿申请	四期	v1.*	新开发	Y/N	N/Y
210		访客预订	二期	v2.*	新开发	Y/N	N/Y
211	报修	维修项目	二期	v2.*	新开发	Y/N	N/N
212		申请报修	二期	v2.*	新开发	Y/Y	N/Y
213		报修申请单	二期	v2.*	新开发	Y/Y	N/N
214		审批组/维修组/管理组设置	二期	v2.*	新开发	Y/Y	N/N
215		报修审批	二期	v2.*	新开发	Y/Y	N/N
216		维修派工	二期	v2.*	新开发	Y/Y	N/N
217		维修任务	二期	v2.*	新开发	Y/Y	N/N

续表

序号	应用组群/应用	微应用/功能	首次上线	版本	建设方式	教职员前端 Web/App	学生前端 Web/App
218	客服中心 [客服]	AI智能客服	五期	v1.*	新开发	Y/Y	Y/Y
219		人工客服	三期	v3.*	新开发	Y/Y	Y/Y
220		用户反馈	三期	v3.*	新开发	Y/Y	Y/Y
221		常见问题	三期	v2.*	新开发	Y/Y	Y/Y
222		线下柜台预约/签到	四期	v1.*	新开发	Y/N	N/N
223		线下柜台服务/叫号屏	四期	v1.*	新开发	Y/N	N/N
224	美食	门店/档口及菜单、服务时间	四期	v2.*	新集成	N/Y	N/Y
225		订餐/我的订餐记录	四期	v2.*	新集成	N/Y	N/Y
226		门店/档口后厨接单、通知取餐	四期	v2.*	新集成	N/Y	N/Y
227		门店/档口订餐记录	四期	v2.*	新集成	N/Y	N/Y
十、办公服务平台							
228	公文管理	收文箱、发文箱、草稿箱	一期	v2.*	新开发	Y/Y	N/N
229		公文查询	一期	v2.*	新开发	Y/Y	N/N
230		新拟公文	一期	v2.*	新开发	Y/Y	N/N
231		待阅公文	一期	v2.*	新开发	Y/Y	N/N
232		待办公文	一期	v2.*	新开发	Y/Y	N/N
233		公文归档	一期	v2.*	新开发	Y/Y	N/N
234	资讯管理	全部资讯	一期	v2.*	新开发	Y/Y	Y/Y
235		资讯发布	一期	v3.*	新开发	Y/Y	Y/Y
236		资讯审批	一期	v2.*	新开发	Y/Y	Y/Y
237		我的资讯	一期	v2.*	新开发	Y/Y	Y/Y
238		资讯查询	一期	v2.*	新开发	Y/Y	Y/Y
239		新生资讯	一期	v1.*	新开发	Y/Y	Y/Y
240	接待管理	申请接待、我的接待	一期	v1.*	新开发	Y/N	N/N
241		接待审批	一期	v1.*	新开发	Y/N	N/N
242		接待邀请	一期	v1.*	新开发	Y/N	N/N
243		接待查询	一期	v1.*	新开发	Y/N	N/N
244	会议管理	申请会议、我的会议	一期	v1.*	新开发	Y/N	N/N
245		会议审批	一期	v1.*	新开发	Y/N	N/N
246		会议邀请	一期	v1.*	新开发	Y/N	N/N
247		会议查询	一期	v1.*	新开发	Y/N	N/N
248		云会议	二期	v3.*	新开发	Y/Y	Y/Y

续表

序号	应用组群/应用	微应用/功能	首次上线	版本	建设方式	教职员前端 Web/App	学生前端 Web/App
249	办公用品	物品查询	四期	v3.*	新开发	Y/Y	Y/Y
250		物品借用/归还、借用/归还记录	四期	v3.*	新开发	Y/Y	Y/Y
251		耗品查询	四期	v3.*	新开发	Y/Y	Y/Y
252		耗品出入库、出入库记录	四期	v3.*	新开发	Y/Y	Y/Y
253		耗品领用、领用记录	四期	v3.*	新开发	Y/Y	Y/Y
254	合同/协议	合同管理	二期	v1.*	新开发	Y/N	N/N
255		协议管理	五期	v1.*	新开发	Y/N	N/N
256		合作方管理	五期	v1.*	新开发	Y/N	N/N
257	内线电话 [内线]	号码注册	四期	v1.*	新开发	Y/Y	N/N
258		电话拨打/接听	四期	v1.*	新开发	Y/Y	N/N
259		拨打/接听记录	四期	v1.*	新开发	Y/Y	N/N
十一、人力资源服务平台							
260	招聘管理 [招聘]	招聘需求管理	五期	v1.*	迁移重构	Y/N	N/N
261		招聘资讯发布	五期	v1.*	迁移重构	Y/N	N/N
262		简历管理	五期	v1.*	迁移重构	Y/N	N/N
263		面试管理	五期	v1.*	迁移重构	Y/N	N/N
264		录取管理	五期	v1.*	迁移重构	Y/N	N/N
265		录用审批	五期	v1.*	迁移重构	Y/N	N/N
266	职位管理	入职管理	三期	v1.*	新集成	Y/N	N/N
267		职位变更	三期	v1.*	新集成	Y/N	N/N
268		晋级升职	三期	v1.*	新集成	Y/N	N/N
269		离职管理	三期	v1.*	新集成	Y/N	N/N
270		职位设置	三期	v1.*	新集成	Y/N	N/N
271	薪资/福利	薪资核算、税务核算	四期	v1.*	新集成	Y/N	N/N
272		薪资发放	四期	v1.*	新集成	Y/N	N/N
273		团体保险	四期	v1.*	新集成	Y/N	N/N
274		养老公积金	四期	v1.*	新集成	Y/N	N/N
275		薪资查询	四期	v1.*	新集成	Y/N	N/N
276	考勤管理 [考勤]	排班	三期	v2.*	新开发	Y/N	N/N
277		坐班	五期	V1.*	新开发	Y/N	N/N
278		考勤免除	三期	v2.*	新开发	Y/N	N/N
279		出勤修正	三期	v2.*	新开发	Y/N	N/N

续表

序号	应用组群/应用	微应用/功能	首次上线	版本	建设方式	教职员前端 Web/App	学生前端 Web/App
280	考勤管理 [考勤]	出勤设置	三期	v2.*	新开发	Y/N	N/N
281		考勤打卡	三期	v1.*	新开发	Y/Y	N/N
282		考勤报表	三期	v1.*	新开发	Y/N	N/N
283	请假管理 [请假]	申请休假、我的休假	一期	v3.*	迁移重构	Y/Y	N/N
284		休假行事历	一期	v2.*	迁移重构	Y/Y	N/N
285		休假审批	一期	v3.*	迁移重构	Y/Y	N/N
286		无薪假结算	一期	v2.*	新开发	Y/Y	N/N
287		休假查询	一期	v2.*	迁移重构	Y/Y	N/N
288		假期结余报表	一期	v2.*	新开发	Y/Y	N/N
289	加班管理 [加班]	申请加班、我的加班	二期	v2.*	新开发	Y/Y	N/N
290		加班审批	二期	v2.*	新开发	Y/Y	N/N
291		加班查询	二期	v2.*	新开发	Y/Y	N/N
292		加班结算	二期	v2.*	新开发	Y/N	N/N
293	业绩评核	教学工作量	五期	v1.*	新开发	Y/N	N/N
294		科研工作量	五期	v1.*	新开发	Y/N	N/N
295		其他工作量	五期	v1.*	新开发	Y/N	N/N
296		员工教研工作量总表	五期	v1.*	新开发	Y/N	N/N
297		年度考核	四期	v1.*	新集成	Y/N	N/N
298	员工培训	培训计划	四期	v1.*	新集成	Y/N	N/N
299		培训报名	四期	v1.*	新集成	Y/Y	N/N
300		培训签到	四期	v1.*	新集成	Y/Y	N/N
301		培训考核	四期	v1.*	新集成	Y/Y	N/N
302		培训行事历	四期	v1.*	新集成	Y/Y	N/N
303	档案管理 与服务	教职员基本资料管理	三期	v1.*	迁移重构	Y/N	N/N
304		在职证明信	四期	v1.*	新集成	Y/N	N/N
305		蓝卡管理	四期	v1.*	新集成	Y/N	N/N
306		申请报销	五期	v1.*	新开发	Y/N	N/N
十二、财经服务平台							
307	账户管理	消费券发放	二期	v2.*	新开发	Y/Y	N/Y
308		保证金管理	五期	v1.*	新开发	Y/N	N/Y
309		校方账户	二期	v2.*	新开发	Y/Y	N/Y
310		商户账户/门店账户	二期	v2.*	新开发	Y/Y	N/Y
311		渠道账户	二期	v3.*	新开发	Y/Y	N/Y

续表

序号	应用组群/应用	微应用/功能	首次上线	版本	建设方式	教职员前端 Web/App	学生前端 Web/App
312	采购管理	采购项目立项	五期	v1.*	新开发	Y/N	N/N
313	采购管理	采购项目执行	五期	v1.*	新开发	Y/N	N/N
314	采购管理	采购经费使用	五期	v1.*	新开发	Y/N	N/N
315	应收管理[应收]	账单、科研项目资助、学费、住宿费、…	五期	v1.*	迁移重构	Y/N	N/N
316	应付管理[应付]	采购、薪资、代收、退款、…	五期	v1.*	迁移重构	Y/N	N/N
317	结算与对账	应收结算	二期	v1.*	新开发	Y/N	N/N
318	结算与对账	应付结算	二期	v1.*	新开发	Y/N	N/N
319	结算与对账	应收对账	二期	v1.*	新开发	Y/N	N/N
320	结算与对账	应付对账	二期	v1.*	新开发	Y/N	N/N
321	财务柜台	柜台充值	二期	v1.*	新开发	Y/N	N/N
322	财务柜台	柜台退款	二期	v1.*	新开发	Y/N	N/N
323	财务柜台	充值/退款查询	二期	v1.*	新开发	Y/N	N/N
324	财务柜台	待退款名单/退款名单	二期	v2.*	新开发	Y/N	N/N
325	资产管理	资产申请	一期	v3.*	新开发	Y/N	N/N
326	资产管理	资产登记/入库	一期	v3.*	新开发	Y/N	N/N
327	资产管理	资产折旧	四期	v2.*	新开发	Y/N	N/N
328	资产管理	资产追踪	四期	v2.*	新开发	Y/N	N/N
329	资产管理	资产剔旧	四期	v2.*	新开发	Y/N	N/N
330	资产管理	房屋管理	一期	v2.*	新开发	Y/N	N/N
十三、大数据服务平台								
331	数据仓库	数据抽取、转换、加载和仓储	二期	v3.*	新开发	Y/N	N/N
332	数据发布	数据屏发布	二期	v3.*	新开发	Y/N	N/N
333	数据发布	App、大学官网数据栏	二期	v3.*	新开发	Y/Y	Y/Y
334	数据分析	嵌入式、集中式数据分析	二期	v3.*	新开发	Y/Y	Y/Y
335	数据分析	专业化数据分析	二期	v3.*	新开发	Y/Y	N/N
336	数据预警	嵌入式、集中式数据预警	二期	v3.*	新开发	Y/Y	N/N
337	数据报表	Qlik	二期	v3.*	新集成	Y/Y	N/N
338	数据报表	水晶报表	四期	v2.*	新集成	Y/Y	N/N
339	数据报送	数据报送	四期	v2.*	新开发	Y/N	N/N

续表

序号	应用组群/应用	微应用/功能	首次上线	版本	建设方式	教职员前端 Web/App	学生前端 Web/App
十四、运营服务平台							
340	统一日志	服务器与存储日志	三期	v2.*	新集成	Y/N	N/N
341		网络设备日志	三期	v2.*	新集成	Y/N	N/N
342		活动目录日志	三期	v2.*	新集成	Y/N	N/N
343		操作系统日志	三期	v2.*	新集成	Y/N	N/N
344		应用系统日志	二期	v3.*	新集成	Y/N	N/N
345	统一监控	机房动环监控	二期	v2.*	新集成	Y/N	N/N
346		网络监控	二期	v2.*	新集成	Y/N	N/N
347		服务器与存储监控	二期	v2.*	新集成	Y/N	N/N
348		操作系统监控	二期	v2.*	新集成	Y/N	N/N
349		应用系统监控	二期	v3.*	新集成	Y/N	N/N
350	运营中心	数据中心管理	三期	v2.*	新集成	Y/N	N/N
351		资讯资产管理	三期	v2.*	新集成	Y/N	N/N
352		漏洞管理	三期	v2.*	新集成	Y/N	N/N
353		变更管理	三期	v2.*	新集成	Y/N	N/N
354		安全事件历	三期	v2.*	新集成	Y/N	N/N
355	自动化发布	持续集成	四期	v2.*	新集成	Y/N	N/N
356		持续部署	四期	v2.*	新集成	Y/N	N/N

参考资料

1. 《高等教育制度》（澳门特别行政区第 10/2017 号法律）。
2. 《澳门科技大学策略规划（2014—2020）》。
3. 《澳门科技大学策略规划（2021—2025）》。
4. 《大数据产业发展规划（2016—2020 年）》（工信部规[2016]412 号）。
5. 《澳门高等教育中长期发展纲要（2021—2030）》（澳门特别行政区政府编制，2020 年 12 月 28 日正式发布）。
6. CoSolutions Consulting Inc. Limited. ICT-RAP Program Key Findings, Benchmark & Recommendations. 2016.8。
7. 普华永道（PwC），澳门科技大学网络安全成熟度及网络架构评估报告，2019.11。
8. 《智慧校园总体框架》（GB/T 36342—2018）。
9. 《网络安全法》（澳门特别行政区第 13/2019 号法律）。
10. 国际标准化组织，《信息安全管理要求》（ISO 27001）。
11. 国际标准化组织，《IT 服务管理体系标准》（ISO/IEC 20000）。
12. 信息技术基础架构库（Information Technology Infrastructure Library，ITIL）。
13. 《澳门科技大学资讯安全管理及工作规范》（上、下册）。
14. 《澳门科技大学智慧校园策略规划（2018—2020）》。
15. 《澳门科技大学 WeMust 项目方案》（2017）。
16. 华为企业架构与变革管理部. 华为数字化转型之道[M]. 北京：机械工业出版社, 2022。
17. 《澳门科技大学 WeMust 项目（二期）方案》（2019 年）。
18. 《澳门科技大学智慧校园策略规划（2020—2025）》。
19. 《澳门科技大学 WeMust 项目（三期）方案》（2020 年）。
20. 《澳门科技大学 WeMust 项目（四期）方案》（2022 年）。
21. 《澳门科技大学 WeMust 项目（五期）方案》（2023 年）。

致　谢

　　WeMust 的构建和完善是澳门科技大学迈向世界一流大学的重要举措。这一系统工程的成功，得益于校园内外无数人的心血与付出，他们以智慧和勇气共绘这幅壮丽的画卷。

　　我们要向澳门科技大学基金会和大学管理层表示最深的敬意和感谢。他们不仅提供了宏观指导和战略规划，更在关键时刻给予了坚定的支持和信任。在他们的领导下，WeMust 得以在正确的轨道上稳步前行。

　　各院系、研究院所和行政部门的负责人及同仁，是这个项目得以顺利进行的坚强后盾与践行者。他们在日常工作中不断推广和融入 WeMust，为系统的完善和升级提供了宝贵的意见和建议。他们的努力与奉献，让 WeMust 在实际应用中更贴近需求，更高效便捷。

　　对资讯科技发展办公室（ITDO）的全体成员，我们更是怀有无比的敬意。他们是 WeMust 的开拓者、建设者和守护者。在这个团队的不懈努力下，WeMust 不仅在技术上追求卓越，还在功能上力求完善。他们以超乎寻常的毅力和智慧面对各种挑战，不断突破技术瓶颈，以一种令人敬畏的速度推动项目前进。

　　在此，我们特别感谢黄海彬、陈建超、殷超、杨泓睿、艾利克斯、洪忠伟、彭咏龙等同事，在本书的撰写与校对过程中所付出的辛勤劳动。他们不仅是技术的专家，更是协作的典范，他们的每份努力都为 WeMust 的完善增添了一笔亮色。另外，我们还要特别感谢赵殿红教授，他为本书的完成提出了宝贵意见和建议。

　　我们更要向全体师生表达最诚挚的感激之情。在 WeMust 的使用过程中，他们展现了极高的理解力和合作精神，不断地提供宝贵的用户反馈。他们的参与和支持，不仅让 WeMust 的功能更加人性化，更让这个平台成为了真正的大学智慧服务平台。师生对 WeMust 的关心与支持，更是让我们深感温暖。他们的期待与鼓励是我们不断前进的动力。

　　在对 WeMust 项目的所有内部成员表示由衷的感谢之余，我们更不能忘记那些在幕后默默付出的合作伙伴们。他们与 WeMust 团队紧密合作，成为了这个项目不可或缺的一部分，他们的努力和贡献，同样是 WeMust 能够取得成功的关键因素。

每个合作伙伴，无论是技术支持、策略咨询还是资源共享，都以最专业的态度和最高效的工作为 WeMust 的建设添砖加瓦。他们的专业知识和市场经验为 WeMust 的发展提供了宝贵的外部视角和创新思路。在面临技术难题和市场挑战时，他们与我们并肩作战，共同寻找解决方案，确保项目能够按计划稳步推进。

最后，再次感谢所有为 WeMust 付出努力的同仁，是这样的共同努力，让 WeMust 不断超越，不断前行。在澳门科技大学"卓越创新、迈向世界"的征途上，WeMust 将助力发展、成为我们的骄傲与荣耀。让我们携手并进，将 WeMust 打造成智慧服务典范。

著者

2024 年 5 月 30 日